粟田明子

海の向こうに本を届ける

著作権輸出への道

晶文社

装幀　クラフト・エヴィング商會

海の向こうに本を届ける

目次

1

商社から出版界に

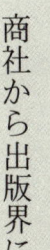

商社から出版社へ

タイム・インコーポレイテッド（通称〝タイム・ライフ〟）という当時世界最大の出版社への入社が決まったのは、１９６３年のはじめでした。それまで働いていた商社とはまったく異なった新世界に踏み出す興奮に私は胸をときめかせたものです。日本の出版社に入るには、大学卒でなくては採用されないと聞いていました。それが「資格を問わず」というタイム社の求人広告に応募して採用されたのでした。面接のときに「今まで何を学んできたかよりも、今何ができるか」が大切だと、北岡靖男氏（当時アジア総支配人、ＴＯＥＩＣテストの発案者・故人）に言葉をかけられ勇気づけられたものです。

北岡氏は、戦争中に軍国少年として「予科練」（海軍甲種飛行予科練習生）で訓練を受けており、終戦直後は、世の価値観の急激な変化についていけず、未来に希望が持てず、自殺を図りたいと思ったこともあったのを、やっと思いとどまり、高知から上京したそうです。駐留軍将校の家庭でハウスボーイとなり、料理、洗濯などの家事をしながら、青山学院大学の夜学で英語を学びました。運転を習い、「タイム」のデリバリー・ボーイから出発して、広告部に配属されました。アメリカの勤務で成績を認められ、アジア全体の責任者、総支配人になられたとのことでした。「タイム」にトヨタ、東芝、ソニー、キヤノンなど日本企業の広告を載せはじめたことで、日本の輸出産業の発展に貢献できたことがご自慢でした。

タイム社に就職する前の私は、高校を卒業してすぐに伊藤忠商事大阪本社に入社、貿易統括部（後、外国部と変更）の北中南米チームに配属されました。海外から取引先のご夫婦が来日すると、ご主人が仕事の間に、その夫人を京都や奈良に観光案内をすることも仕事のひとつでした。週二度の英会話クラスでイギリス人に英語を習っていましたが、それだけでは実力不十分で身につかないと自覚していましたので、別に英文速記を習いはじめました。

黒縁の丸めがねと茶色系の背広が似合う知恵者という風貌の企画調査部調査課長、林俊範氏（後に伊藤忠商事常務取締役・故人）を、ひそかに「ふくろう先生」と呼んでいたのですが、ある日、商社で勤め続けることへの疑問を相談したところ、「マックス・ウェーバーをお読みなさい」と言われました。ふくろう先生らしい回答だな、と思い『職業としての学問』は買い求めましたがそれを熟読することなく、出版界への憧れを持ち、その機会を待っていたのです。

考えてみれば、私は絶えず実学を優先して自分を形成してきたと思います。英文速記のできる秘書としての実績を積み実力を持つことが先決でした。二十四歳で上京後、ユダヤ系アメリカ人の経営による鉄鋼商社、フィリップ・ブラザーズで部長秘書として、恥をかきながらも、うんと鍛えられました。

「タイム」広告部長の秘書として勤めはじめてまもなく、ケネディ大統領暗殺という衝撃的な事件がありました。その日、土曜日早朝のテレビは、はじめての衛星中継が行われました。

どのような映像が見られるのかと思っていたところ、まさに現大統領が銃弾で撃たれる映画のようなシーンが映ったのです。

テニスの約束をキャンセルして出社すると、社には興奮気味の何名かがすでに出ており、テレックスから吐き出される差し替えの長い長いテキストを見守っていました。冷静で、詩的とも思える格調高い文章、そして、表紙はジョンソン新大統領の就任式でした。星条旗を巻いた演台の後ろに宣誓するジョンソンが立っていました。当然表紙はケネディ大統領であると思いこんでいましたが、予想は外れました。「『タイム』は後ろを振り返らない」と北岡氏の説明です。ジャーナリズムの冷たいとさえ思える冷静な判断に衝撃を覚えました。

「タイム」アジア版は毎週金曜の夜中が締め切りでした。その印刷を請け負っている大日本印刷にすでに表紙の原版が発送された後でしたから、製作部ではそれをキャンセルして、四色のフィルムの到着を待ち、通関、点検後、直ちに大日本印刷に届けなくてはなりませんでした。

入社するときに「エキサイティングなことがありますよ」と言われて期待感を持っていましたが、まさかこんな事が起こるとは夢にも考えませんでした。アメリカの、いや世界中の「希望の星」が一瞬にして消えてしまったのです。これはあまりにも「エキサイティング」な出来事でした。

「タイム」広告部という営業部門への配属ではありましたが、私は時間ができると編集部に出向いて記者たちの新鮮な話に耳を傾けては好奇心を満足させていました。特に記者のS・チャン氏（故人）の部屋に行くと、写真家の田沼武能氏、カール・マイダンス氏、彫刻家の流政之氏たちに紹介され、その方々のお話をうかがったり、会食に招待されたりもしました。広告主に先入観を与えないという配慮のために、タイム社では、同じビルを使用していても編集部と営業部は完全に切り離されていました。

「タイム」の広告部の仕事というのは、各企業から宣伝の予算を確保することです。セールスマン（と社内では呼んでいました）が「タイム」がいかにすぐれた宣伝媒体であるかを示すプレゼンテーションを、電通、博報堂など広告代理店の協力を得て行い、「ニューズウィーク」などのライバル誌より少しでも多くの広告スペースを獲得しなければなりません。「タイム」がUS版、ヨーロッパ版、アジア版と地域別にわかれていたのは広告主のためで、記事本文は同じでした。

たとえば、広告主が自社製品を重点的にアジア向けに宣伝したい場合は、そのような内容の広告を、最小1／12頁から最大は観音開き（見開き二頁＋左右を折りたたんだ四頁）までのスペースに合わせて作成して、締切日までにフィルム原版をニューヨーク本社に送ります。本社で記事と組み合わせてアジア版のレイアウトをし、東京の印刷所に送られて印刷、製本され、アジア諸国の配送元に出荷される仕組みでした。その広告の成果を取りまとめて、ニューヨーク本社に随時報告し、何頁の広告枠がどの社に売れて、何千万円の予算を獲得したという企業別の数字を常に管理するのが部長の役目でした。セールスマンたちは、競争の激しいなかで営業活動を行っており、広告主の会社や、広告代理店の人々の出入りも多く、広告部は社内でも華やかな存在でした。

やがてタイム社の看板雑誌でもある雑誌「ライフ」アジア版の発行が決まると、部長と一緒に、私も異動しました。日本語版は「アポロの月面着陸」を1969年に特別号を組んで発行され、多くの部数が売れました。しかし、購読料だけでは利益は大きくありません。広告料がどのくらい見込めるかというシミュレーションを行ってみると、採算的に無理があり、結局テスト版も作成されることなく、特別号のみで日本語版発行は中止となりました。

タイム・ライフ・ブックスへ

タイム・インコーポレイテッドのニューヨーク本社では、「ライフ」の〝副産物〟として、1964年から質のよいグラフィックな出版物を、富裕層向けに出版しはじめていました。日本でもタイム・ライフ・ブックス部門が新設され『ライフ・ネイチャー・ライブラリー』『ライフ・サイエンス・ライブラリー』のシリーズが1964年から出版されはじめました。続いて、大判の『ライフ・人間世界史』のシリーズが、日本では1967年から出版され、訪問販売の経験者をスカウトして「タイム」「ライフ」「フォーチュン」といった雑誌購読者への訪問販売の企画を増やしていました。

戦後すぐ日本に進出した「リーダーズダイジェスト」は、すでに訪問販売用のシリーズを試みていました。タイム社はその後追いをする形で、スタッフをそろえて滑り出しました。しかし、日本の市場で日本の出版社と競合して書店販売を定着させるには、シリーズものだけでなく、単行本を手がけなくては取次にも相手にされないという結論に営業部、編集部ともに達していたのです。

タイム・ライフ・ブックスは、本社と関係なく独自に〝正常ルート〟を利用して書店で販売する単行本を翻訳出版することにしました。1962年に、若くしてノーベル生理学・医学賞を受けたジェームス・ワトソンとフランシス・クリックによるDNAの構造解明の経緯を記した『二重らせん』（1968年刊）、フランス人女性従軍記者ミシェル・レイによる『わたしのベトナム戦記』（1968年刊）、アレクサンドル・ソルジェニーツィンの『煉獄のなかで』（1969年刊）、フランスの脱獄者の実話を基に書かれたアンリ・シャリエールによる『パピヨン』（1970年刊）、『フルシチョフ回想録』（1972年刊）など話題作の日本語版を出版することが決まりました。

著作権への認識

それらの出版権を獲得するには、著作権の所有者あるいは代理人と交渉、多くの場合、日本の著作権エージェントを介さなくてはならないことをはじめて知りました。まず、著作権者を探し出すことからはじめなくてはならず、作品によって交渉すべきエージェントが異なるので、日本の書店市場では新参者であるタイム・ライフ・ブックスにとっては一苦労でした。

特にソルジェニーツィンの場合は、当時まだ鉄のカーテンがありましたから、ソ連国内では同氏の反体制的内容の小説発表が不可能であったために、地下組織を通じて西側に持ちこまれ、スイスに住む個人が権利の代行をしているといった複雑な事情がありました。１９６５年にソルジェニーツィンの友人宅で発見された原稿第六稿が没収され、紆余曲折の末、アメリカのハーパー・アンド・ロウ社が、第七稿を英語とロシア語で出版したという経緯がありました。『煉獄のなかで』の木村浩氏による翻訳は、そのロシア語版を元になされたものです。そのころ、日本側のエージェントの返事がなかなか来なかったため、ニューヨークのタイム本社や、子会社の一社であったフランスのロベール・ラフォン社を通じて交渉することが多かったようです。

時には多くの著作権料が必要であることを知りましたが、『二重らせん』は拍子抜けするくらい安い著作権料で出版権を入手できた、と当時の担当者、中山善之氏（翻訳家）から聞きました。

私は英国から赴任したエド・スクーラー氏の秘書になりました。英語で行われるタイム・ライフ・ブックスの企画、編集会議の議事録やスクーラー氏のニューヨーク本社宛の手紙を速記でとることの他に、日本の出版界のことについて何も知らないスクーラー氏のために、日本の出版界の事情を伝えることも仕事のひとつでした。

業界紙を読み、日本エディタースクールにも通って、「上司に教える」役目を担いました。編集、校正、印刷、製本、流通、著作権――と学ぶことは新鮮なことばかりで、選び抜かれた出版界の重鎮たちの講義を受ける光栄に浴しつつ学習しました。

少人数の新しい部門であるために、仕事は泉のように湧いてきて、たとえば『ライフ・人間世界史』の一冊、第十七巻『古代アメリカ』（1968年刊）の翻訳を、英語の原本と比較する仕事にも携わりました。マヤやアステカ文明に関する本を買っては読んで、知識を蓄えつつ、夜遅くまで楽しんでやっていました。

日本の出版界に

日本の出版界への足がかりらしきものができたのは、タイム社がドイツのベルテルスマンと共同で、ブッククラブを日本に定着させようと計画していた1967年ごろのことです。出版界の〝ご意見番〟と目されていた未来社の西谷能雄社長（当時・故人）にブッククラブの案について意見をうかがいたいと、北岡氏は面会を申しこみました。日ごろから、日本の流通組織にさまざまな矛盾があることを西谷氏は月刊誌「未来」を通じて訴えておられたので、辛口のご意見がうかがえると思ったからです。北岡氏の未来社への訪問に、私も同道させていただきました。

日本の出版界に外資のブッククラブが入りこむ困難さは十分納得していたと思うのですが、北岡氏は日本側の協力者として、大日本印刷の北島織衛社長（当時・故人）や、トーハンの遠藤健一専務（当時・故人）と会合を重ねて協力の内諾を得ておられたようです。

しかし、いざ公式に発表するや否や、案の定日本の出版界は「黒船来る」と大反対で、その案はたちまちつぶされてしまいました。穴埋めのために急遽作られた「全日本ブッククラブ」も長続きはしなかったと思います。全国どこに行っても書店のある日本の土壌では、読者は実物を見てから本を買う習慣がありますから、諸外国のようには、ブッククラブは根付きにくかったことは容易に想像がつきます。しかし、問答無用に近い日本の出版界の反応には、閉ざされた出版界という印象を強くしました（ブッククラブについては5章を参照）。

日本の流通で〝正常ルート〟といえば、トーハン、日販の二大取次を通して全国隅々まで本が届けられ、送料を支払うことなく返品できる委託制度が当たり前です。買い切り制度は岩波書店ほかごくわずかの出版社のみが行っていました。西谷氏は返本を10％以内のみ認める「注文制度」を提唱しておられました。同社のように、少部数しか出せない専門書や学術書類には、そのような措置が必要ということでした。

『東は東、西は西』

そのころ、宮田昇氏の『東は東、西は西　戦後翻訳出版の変遷』（1968年、早川書房刊）を読み、戦後日本の翻訳出版の変遷についてはじめて実情を知ります。美作《みまさか》太郎、鈴木敏夫氏（両氏共、故人）から、日本エディタースクールで著作権に関する講義を受けてはいましたが、今思うと、それを十分咀嚼《そしゃく》していたかどうかは疑問です。宮田氏の著書は、著作権を身近に感じさせてくれる教科書でした。戦後のフォルスターのあくどい商法、タトル商会への期待からはじまり、著作権の戦後の事情、交渉の必要性、重要さ、時には複雑な問題があることを学びます。それまでは図書を手にしても、奥付や表題裏のコピーライト表示などにまったく関心がなかったのですが、その後は本を手にすると、必ずその頁を見る習慣ができました。

著作権代理店というと当時は、タトル商会、カーン・アソシエイツ、矢野著作権事務所がありました。宮田氏は労使紛争がこじれてタトル商会退社を余儀なくされて、執筆活動に専念する傍ら、矢野著作権事務所の創設にかかわり、その応援をされていました。その事務所と同じビルの一室にある「少年文藝作家クラブ」をお訪ねしたのは、著書を読んで何かと相談に乗っていただけそうな気がしたからだったと思います。著書の紹介にあるとおり、宮田氏は「一本気の江戸っ子気質」で何事にも真剣な方という印象を持ちました。「リアリスチックな戦術家」と知るのはもっと後のことです。その後宮田氏が、私のエージェント生活において深くかかわってくださる大きな存在になることは予想していませんでした。

日本著作権輸出センター感謝の会（東京會舘）にて宮田昇氏と。2008 年

転機

1960年代は、タイム社は黄金時代といってもよい絶頂期だったと思います。「ライフ」では、時の話題を捉えては、美しい写真集を出していました。1965年1月24日にウィンストン・チャーチルが逝去したとき、セント・ポール大聖堂での国葬の模様や六〇万人もの参列者の様子を飛行機をチャーターして空から撮影しました。それだけでなく飛行機のなかで現像、フィルムの分解も行い、実況を伝える記者のレポートの組版とともにシカゴの印刷所に運ぶといった「芸当」をやってのけました。それは取材費を存分に使える「ライフ」だからこそできたこと、と当時大きな話題にもなりました。

また、東京でオリンピックが開催された1964年に、タイム社東京支社は、創立者のヘンリー・ルースを迎え、政財界の著名人たちや広告主である企業人を招いた大パーティーを開きました。アメリカのジャーナリズムの一翼を担うタイム社の活動が、印刷媒体を超えて、テレビ局、ラジオ局、CATVシステムにまで及び、世界を制覇する勢いであることをアピールしました。ルース氏は4月に長年の編集長の座をヘドリー・ドノバン氏に譲りましたが、1923年の創業時の理念は脈々と引き継がれていました。惜しくもルース氏は1967年に他界しました。私は、"Time Inc."(ロバート・エルソン著、1968年、アセニアム社刊、邦訳なし)を読み、四〇年前のルース青年の熱い志が実を結んだことに強く打たれ、ルース氏への尊敬をますます深めました。

そのような時に、私がタイム社を離れるこれといった理由はありませんでした。しかしはっきりした理由はなかったものの、今後一生働く職場ではないと思っていたのも事実です。ブッククラブのことで、未来社の西谷氏に接し、出版は志が最初にあってこそ手がけるべき仕事だと痛感していました。タイム社の場合は、まず「タイム」「ライフ」などの読者があり、その読者層向けにどういう本を選ぶかを考えています。どうしても選本の上でニューヨーク本社と日本支社との間に考え方のギャップが出てきます。そのようなことを経験するなかで、どうせ出版界に身を置くならば、小さなところでもいいから日本の出版社で働きたい、と秘かに思っていました。お目にかかったばかりの西谷氏のインパクトが大きかったのだと思います。

十八歳で高校を卒業してからずっと働いていたこともあり、いろんな意味で、そろそろ自分に一年間の休暇のプレゼントをしようという気持ちが起こりかけていました。そこで思い切ってタイム社を辞めて、「日本の文芸書を海外で出版させる可能性を探る」をテーマに世界一周をしよう、と思いはじめました。

私の通った甲南女子中学・高校では、知育と並行して徳育・体育を教え、「全人教育」をめざしていました。たとえば、海に囲まれている日本で子どもたちに水泳を教えるのは母親の役目であるという見識から、魚崎の海岸を借り切り、夏の二週間は水泳訓練が義務になっていました。水府流《すいふりゅう》の先生を招いてまず人命救助の訓練、川の激流などもロープを伝って渡れるような早い煽り泳ぎを含む二〇種以上の〝のし〟（横泳ぎ）、グループで立ち泳ぎをして千鳥のように両手で水しぶきを上げて一列に泳いだり、抜き手をそろえて切るといった「見せる泳法」も学びました。

このように、体育祭、文化祭、音楽会といった行事が多く、偏差値とはまったく関係のない教育を受けたことは、幸いだったと思っています。古い考えの父は、女が大学に行くことさえ反対していました。しばらく会社勤めをしたら、ふつうに結婚をすればよいと思っていたのでしょう。その父が亡くなってはじめて上京して、遂にこれと思う仕事に出会ったつもりでした。

しかし、「七年目の浮気」の虫が出てしまったようです。スクーラー氏からは一年間の休暇扱いにするから戻ってくればよいと、寛大な申し出でを受けたのですが、それでは、考え方が縛られてしまう。さまざまなしがらみを解き放ち自由な地球市民として一歩を踏み出すことが、私の人生にとってたいへん価値あることのように思えたのです。１９６９年（昭和44年）、私は三十五歳になっていました。

著作権輸出への関心

日本の出版社は、英米からは競って翻訳出版権を獲得していて、エージェントは数社あるのに、その逆をしているエージェントがない。自動車、カメラ、電化製品など多くのモノを輸出している日本で、ココロを積極的に輸出している人はいないのではないか？　と思い至り、タトル商会を辞め『東は東、西は西』を出された宮田昇氏に相談にうかがいました。

しかし宮田氏からは、すでに先人たちのなかに日本の出版文化の紹介に心を配っておられた方が存在していたことを教えていただきます。たとえば、高野仁太郎氏（故人）が１９５２年に設立されたオリオンプレスは、日本の作家の作品の何点かを海外出版社に仲介していました。写真とコミックストリップの権利を扱う同社は、矢野著作権事務所ができるまで唯一日本人の資本によるエージェントでした。遠藤周作、安部公房などの日本の作家の著作権を扱っていたようです。谷崎潤一郎の作品は、当時の中央公論社の依頼で宮田氏がタトル商会時代に扱っていたとのことでした。

宮田氏は、著作権の輸出の場合は、文化のちがい、翻訳の難しさなどがあって、アメリカでさえも大使館の広報文化交流局（ＵＳＩＳ）を設け、「米書だより」を出し、翻訳料の負担や一定部数の買い上げなどの援助をしている。国と出版界と、手数料《コミッション》を払うのに抵抗がある著者、その三者の理解と協力がないと難しいという現状を話されました。

日本のどこからも、日本の出版情報を発信していないことを憂慮して、日本の学術図書、雑誌をアメリカの大学図書館に輸出をされていた宮田氏のタトル商会時代の友人、守田協氏（当時協和図書社長・故人）が呼びかけ、古山高麗雄氏（作家・当時「季刊芸術」編集長・故人）と宮田氏の三人が資金を出し合って〝Japan Book News〟（ＪＢＮ）を発行していたことも知り、その実物を見せていただきました。のちにトヨタの海外PRを担当したトーマス・エリオット氏が英訳に当たり、ICU（国際基督教大学）卒の小沢敦子さんが編集をしていました。B5版の上部二箇所をホッチキスで留めた簡易印刷ですが、内容は充実していました。話題の文芸作品、出版社、著者の紹介、ベストセラーリスト、日本の出版界の話題などをまとめた情報誌で、JBNの寄稿者のなかには、加島祥造氏（詩人／翻訳家、当時横浜国立大学教授）、常盤新平氏（作家／翻訳家、当時早川書房編集者）らの名前が連なっていたと思います。

私が、まず海外への紹介に値すると思っていた作品のひとつは、北杜夫著『楡家の人びと』でしたが、その紹介もあり、とても大きな「拾い物」をしたような気がしました。自分が苦労して英語の紹介文を書かないまでも、十分な作品紹介がなされており、三島由紀夫の推薦も含まれていました。これを「武器」にして、アメリカの編集者に打診をすることができます。また、このJBNの購読者を募ることも、私のするべきことのひとつに加わると思えました。タイム社では、「米書だより」を購読しており、その出版元のアメリカ文化センターに、鷺村達也氏を訪問したことがありました。豊かな国、アメリカの文化政策のことをうかがい、ため息が出るほどでした。

アメリカばかりではなく、イギリスはブリティッシュ・カウンシル、ドイツはゲーテ・インスティトゥートやドイツ日本研究所、フランスは日仏協会、イタリアはイタリア文化会館と、それぞれの国やそれに準じる機関が運営する団体では、全世界で自国の文化普及にさまざまな方策を用いていました。その点、日本にはこれといった海外向けの文化団体はまだなかったと思います。私の考えていることが容易なことではないということがお話をうかがう途中でわかりました。しかし、だからといって引き下がろうとは思わず、とにかく、その可能性を探ってみるためにも外に出てみよう、という気持ちを抑えることができない段階に来ていました。

押しかけ臨時社員

1970年に矢野著作権事務所は発展的に解消されて㈱日本ユニ・エージェンシーとして新発足します。社長は宮田昇氏、取締役が矢野浩三郎氏（故人）と守田協氏であることを業界紙の広告で知り、著書で親しんでいた宮田氏を再度お訪ねしました。

宮田氏は、「なぜ、今、タイム社を辞めるのか？」と不思議そうに問われましたが、日本の出版物の紹介が容易ではないことを十分承知の上で、ニューヨークを中心に世界の出版社を訪問したいと自分の考えを述べました。個人では出版社でとりあって貰えないであろうから、日本ユニ・エージェンシーの名刺を持たせていただけないだろうかと、恐る恐る申し出ました。

宮田氏は即座に快く承諾してくださったばかりか、日本ユニ・エージェンシーの仕事も多少手伝ってほしい、できて間もないエージェントが女性社員を派遣したということで、会社としても助かる、とまで言ってくださいました。それは願ってもないことで、よろこんでお手伝いをしたいと引き受けました。日本ユニ・エージェンシーの仕事の一翼を担うことで、出版人に会いやすいでしょうし、実地でエージェントとしての仕事も学べますから、私にとっては一石二鳥です。

また、未来社の西谷氏からは、「何でもいいから同社の月刊誌『未来』に寄稿するように。催促もしないし、枚数の制限もしないから、書けたら送るように」とのご親切な申し出を受けました。アメリカの出版社の編集長クラスや、エージェントと会うに際して、取材という目的をはっきりさせることができるわけです。そこでは、学んだ英文速記も役立ちそうです。

こうして実務に携わったことがないのにもかかわらず、エージェントの何たるかを知るよい機会が与えられました。二〇歳前後のときに初心者にもかかわらず、志賀高原の京大ヒュッテから、ベテランスキーヤーにくっついてスキーを担いで横手山の頂上まで行き、斜滑降とキックターンを繰り返し、時には雪のなかに転び、「浦島花子のようだ」と笑われながらも、何とかヒュッテに辿り着いたときのことを思い出していました。まだリフトもないころのことで、私に雪の上を滑る技術はなく、あったのは勇気と度胸だけ。京大スキー部の男たちからは、「勇敢賞」を受けました。

JAPAN BOOK NEWS

edited and published by

PUBLISHING RESEARCH ASSOCIATES
c/o Kyowa Book Company
Kanda P. O. Box 173
TOKYO, JAPAN

Tel 293-0727
Cable KYOWATOSHO TOKYO

Advance copy

Aug. 15, 1969

CONTENTS

宮田昇氏ら有志による最初の JAPAN BOOK NEWS　1969.8.15

PROFILE OF AUTHOR

KITA, Morio (1927-)

Morio KITA is not only one of the most distinguished novelists of contemporary Japanese literature but a most extraordinary person. We can see here a talent not at all inferior to Yukio MISHIMA and Kenzaburo OE, yet he is neither a modern-type "Samurai" like MISHIMA nor an intellectual young man like OE. At times he appears like an over-sensitive, spoiled child. Thus, when he was on television for a talk with a friend, he committed a breach of etiquette by drinking heavily. A doctor of medicine (psychiatry), he reads German literature and can discuss on a high level the stylistic quality of Thomas Mann or Schtifter, yet he insists that his knowledge is all borrowed from friends. When he was asked to write a serial novel in the literary magazine of a leading Japanese publisher, he again behaved erratically and wrote a farce-like entertainment, "Kaito Zibako" (Mysterious thief "Zibako"). He also wrote, to the surprise of the editor, the rather strange "Kibyo Renmei" (A group of peculiarly diseased patients), for the Asahi, the most respected newspaper in Japan with a circulation of 5 millions. Thus, we can almost guarantee that KITA will never receive the Nobel Prize for literature. However, perhaps he will write two or three masterpieces which will remain as classics in both Japanese and world literature. One such work, the novel published in 1964 by SHINCHOSHA COMPANY, "NIRE-KE NO HITOBITO" (People of Nire's Family), already qualifies.

He was born in 1927 as the second son of a famous Waka poet, Mokichi SAITO, M.D., but in his childhood, he dreamed not of being a novelist but an entomologist. At age 20, he began to write both poetry and fiction and chose the pen name, Morio KITA (it means "northern forest"). He finished the course in medicine at Tohoku University according to his father's wish and worked hard as a clinical doctor of psychiatry up to 1963. In 1960 he received the Ryunosuke Akutagawa Literary Prize, the most authoritative prize of the literary world in Japan given to a new figure every half year. Object of the prize was his novel "YORU TO KIRI NO SUMI DE" (At the Corner of Night and Fog), about a doctor in a country hospital in Germany who performed unusually difficult surgical operations on psychiatric patients and weak-minded children to save as many as possible from being sent to Nazi asylums in World War II. Nazi brutality itself is not primary in this novel; instead, he shows us clearly how good faith and madness have a close connection. In 1959, he cruised the Atlantic Ocean as ship's doctor of a tuna fishing boat of only 600 tons and wrote a long essay entitled "DOKUTORU MANBOU KOKAIKI" (Voyages of Dr. Manbou: "Manbou" is Japanese for a strange fish, molamola) and the book ranked as a bestseller and sold over one million copies including the paperback edition because its freshness came like a healing sea breeze to Japanese people who have had many kinds of complexes since the War.

After receiving the Akutagawa Prize, he wrote some short stories and several light-toned pieces for a "Dr. Manbou" series, but there was no work which could be called a novel.

北杜夫著『楡家の人びと』の英文での紹介、推薦文

いざ、アメリカへ

1970年7月末でタイム社を退社し、8月の初旬には羽田から機上の人となりました。富士山のよく見える朝で、空から見る海は縮織《ちぢみおり》のようできらきらと輝き、さまざまな形の雲が絨毯のように広がっています。夜には北斗七星をはじめ多くの星たちが歓迎してくれ、太陽はまばゆいばかりの荘厳な光を放って姿を現しました。眠るのも惜しく、いつまでも空を見守っていました。日付変更線を越えると、機長のサイン入り「証明書」が配られて、日本から海外に出たという実感が湧きました。

はじめてのアメリカの土は、ハワイではなくサンフランシスコを選びました。長身のモールトン夫人が出迎えてくださいました。モールトン夫人は、私が商社に勤務していたころ、原子力関係の会社社長をしているご主人とともに来日され、その折に京都にご案内したことで知り合いになりました。夫人から出迎えのキスを受け、パロアルトのご自宅までキャデラックでハイウェイを走りはじめました。「あなたの夢が、とうとう叶いましたね。家族一同で待っていましたよ」とあたたかい声が胸に響きました。

工事中の場所には「あなたの税金がここで使われています」と看板があり、アメリカ人の納税者意識を高めようと、こんなところにも努力されていることに感心しました。機中、空から見えた、コバルト色の宝石のように輝いていたたくさんの矩形がプールであることを知り、「お金持ちのアメリカ」をまざまざと見る思いでした。そのプールを囲むようにして建てられたしゃれた赤レンガの家は、グラビア雑誌に出てくるようなスペイン風のデザインのものです。夏休みなので、二人の娘たちと息子が飛び出して来ました。庭にはジャンボサイズのレモンがたくさんなっているのを見て、何でも大きいアメリカだなあ、と感じ入ったものです。興奮して時差ぼけなどはなく、まずプールでひと泳ぎして、カリフォルニアの珍しい果物とチーズの昼食をいただきながら、十二年前の思い出やらその間の出来事やらを夢中で話し続けました。

一週間後に、タコマに住むフィリップ・ブラザーズ時代の友人、クレイグ・恵美さんご夫妻の家に着き、ゆったりとした一ヶ月を過ごしました。その後は、シアトルからヴィクトリアに船で渡り、無事通関を終え、バンクーバー経由でカナダを三日間かけて汽車で横断することにしました。その時間はたいへん贅沢な時間でした。初日はカナディアン・ロッキー。二日目はエルクたちが走る草原に突然ウィニペグという都市が出現すると思うと、また草原だけ。三日目は森と湖が次々に現れました。変化に富んだ景色を楽しむうちに、目的地のトロントに着きました。

食事つきコンパートメントの汽車賃二五〇ドルは、その旅では最も豪華であったと思います。一人用のコンパートメントは大変よくできていて、シャワーこそついていませんが、ベッドを持ち上げると洗面台とトイレがあり、窓側を向いているので、景色を見ながらの用足しは〝天皇陛下でもご経験あるまい〟などと友人に書き送るほどで、悦に入って贅沢を享受していました。

食事のたびごとにパートナーが異なることも、得がたい経験でした。デトロイトのクライスラーで働いているという中年のご夫妻は、「自動車産業のメッカだからぜひ自宅に泊まって見学に来るように」と。スコットランドからボストンに移民し、バンフで山登りを楽しんできたという若い学者夫婦も、ボストンの美しさを自慢して、「近くの山を一緒に登ろう」などと、自己紹介をしながら会話が弾み、まるで、今までも友人であったかのような会話を交わし、ここでも、日本とはちがうアメリカの側面を知ることができました。

バンクーバーからトロントまでを汽車で行くことにしたのは、タイム社の元同僚の三人がそれぞれの理由でトロントに移民していたからです。アメリカでは独身女性の旅は、滞在期間も限定されていたため、私はカナダへの移民ビザを取得して出かけました。世界一周の航空券だけは用意していましたが、いざお金がなくなったときには、タイム・ライフのトロント支社で働かせてもらうつもりでした。幸いなことに、広告部の元ボス（日本人の部長の上に、必ずアメリカ人のボスがいました）、スティーブン・ラルー氏がトロントの支店長でしたから、挨拶に行きました。

2
アメリカの出版社訪問

いよいよニューヨークへ

カナダを後にして、私ははじめてのニューヨーク入りを果たします。トロントからワシントンD.C.に、そこからはフィラデルフィアの友人宅、そしてグレイハウンドのバスでマンハッタンのグランドセントラル着という径路を通じてです。

希望に満ちたニューヨーク入りでしたが、問題は、とぼしい予算で物価の高いニューヨークのホテルに何週間、あるいは何日滞在できるか、ということでした。

しかし、幸運としかいいようのないことが起こって、その不安は、直ちに解消しました。ワシントンD.C.で情報局の仕事をしておられた元「フォーチュン」編集長、ジョン・スーザ（ジュニア）氏にお目にかかり、ニューヨークに長居をしたい理由を話しました。

私は三年前、スーザ氏がご夫妻で来日された時に鎌倉に案内したのですが、日本の伝統文化に対して大変興味を持たれ、とりわけ仏教のこと、禅のことなど、私がたじたじとするような質問をされました。夫人とともに、日本料理を楽しまれる機会もありました。その最愛の夫人を最近亡くされた由で、「今は一人住いだが、仕事で当分ワシントンD.C.に滞在するので、五七丁目東にある自分のアパートをお使いなさい」とその場で鍵を手渡してくださったのです。

スーザ氏は行進曲「星条旗よ、永遠なれ」の作曲で知られるジョン・フィリップ・スーザの孫であり、五七丁目東といえば、ティファニーもある高級住宅地として知られていました。週に一度掃除の人を頼んでいるのでその人と、ビルのガードマンには電話をしておくから心配しなくてよいとのこと。一日目のみマディソン・スクエアに近いＹＷＣＡに宿泊の予約をしていたので泊りましたが、スーザ氏の申し出でに大いに感謝し、ＹＷＣＡからうきうきして移転しました。

マンハッタンで始動

こうして、１９７０年の初秋、私は夢にまで見たマンハッタンで動き出すことになりました。スーザ氏のフラットは五七丁目東の北側一角にあるビルの十五階でした。ガードマンに挨拶をし、たくさんの鍵をがちゃがちゃいわせて入ると、部屋は整然と片付いていて、大きな窓からはマンハッタンのビルが一望できます。人気のない広い部屋で何ともいえぬ寂寥感を、この旅にしてはじめて味わいました。

大きなベッドの端っこに腰掛けて、まずハーパー・アンド・ロウ・パブリッシャーズの赤石正副社長（当時）に電話をかけることにしました。西海岸のパロアルトに行ったとき、当時の講談社インターナショナルの営業責任者、赤野間征盛氏から、赤石氏がハーパー・アンド・ロウ・パブリッシャーズのトレード部門の全責任者として副社長に昇進されたとうかがっていました。

その後パブリッシャーズ・ウィークリーでも人事異動の記事を読んでおり、なんといっても日本語でお話できる心強さから、まずお会いしようと思ったわけです。さぞかし「生き馬の目を抜く」ような切れ味の鋭い〝すごい〟方ではなかろうか、日本語も話さないようなビジネスマンだったらどうしよう、と、恐る恐る電話を掛けました。すると、低い声で口数は少ない日本的紳士のようです。すぐさま会いましょうとのことで、パークアベニュー南三三丁目東四九番地のどっしりした構えの威厳のあるビルを訪ねました。ビルの床の大理石には、１８１７という創立年の上に大きなトーチのロゴが埋めこまれていて、いかにも歴史ある出版社の雰囲気です。「知識の灯を絶やさずに燃やし続けよう」という創立者の願いをこめたマークだそうです。

最初の挨拶がお辞儀ではなく、握手であったこと以外は、私の勝手な「赤石像」を裏切り、赤石氏が礼儀正しい〝純粋の〟日本人であったことにほっとしました。背丈は平均的日本人なみで、アメリカ人を見慣れていた目にはむしろ低いくらいです。優しく光っている牧師さんのような目が印象的です。落ち着いた物腰で訥々と話をされます。しばらく話していて気がついたのは、「いや」と時々おっしゃるのが、日本語ではなく英語の〝Ｙｅａｈ〟つまり、「イエス」の意味であることがわかりました。二年間の滞米予定が二十二年間になった経緯は、おおよそ次のような事情だとうかがいました。

東京神学大学を卒業後、修士課程に進むために１９４９年にサンフランシスコ・セオロジカル・セミナリーに留学、教授の推薦で学位を得ることになり、二年の滞在期間を延長します。

さらに、1957年ロサンゼルスで教会を持たないかと勧められて牧師生活に入りますが、四年後、リッチモンドの宗教書出版社、ジョン・ノックス・プレスから誘いがかかり、編集に携わるため俗界に転身。1966年ハーパーの宗教書部門編集長として迎えられます。以後着々と実績を挙げ、トレードグループ（一般書、宗教書、ペーパーバックス）のアシスタント・パブリッシャー、そしてディレクターを経て、1970年8月には副社長に選ばれ、同時にトレード部門のパブリッシャーに就任します。ハーパーでは押しも押されもせぬ実力者で、社員たちからは親しく「タッド」という愛称で呼ばれ、改まるときには「ドクター・赤石」と呼ばれ、周囲から尊敬されているのがわかりました。

独占エージェント

ハーパーではちょうど、日本における翻訳権の総代理店（exclusive agent）を物色するために、著作権部の担当者、クロンボールさんが日本訪問に旅立ったところでした。私はフランクフルト国際図書展から戻ったばかりの国際部部長、ロバート・ベンチ氏に紹介されました。最近日本ユニ・エージェンシーが扱った本の題名などを出発前に矢野氏から聞いており、それをタイプでリストにして持参していたのでお見せしました。

アーネスト・ヘミングウェイ著『海流のなかの島々』、マリオ・プーゾ著『ゴッド・ファーザー』、ジャック・モノー著『偶然と必然』、ジョイス・キャロル・オーツの全作品などです。ベンチ氏は「ベリー　インプレッシブ！」と、その場で、「日本ユニ・エージェンシーを訪問するように」とクロンボールさんへの打電を秘書に指示されました。クロンボールさんは数社の出版社を訪問するなど独自の調査をし、日本ユニ・エージェンシーへの訪問も終え、総代理店は日本ユニ・エージェンシーと決めていたらしいことが後でわかりました。ハーパーと取引のあった日本の出版社が、ユニの人たちを非常に信頼していたこと、検討本の送付先カードを作成するなど、どこよりも合理的なシステムで処理されていたことが決め手となったようです。

やがて、矢野浩三郎、青木日出夫両取締役（いずれも当時・故人）が、フランクフルト国際図書展で商談を終えてニューヨークに立ち寄られたので、すぐさま、ハーパーにお連れして赤石氏と話し合っていただきました。ハーパーの出版物を何点か出版していた創元社の矢部文治社長（当時・故人）もご一緒でした。相互に交換する契約書をどのような内容にするかと切り出され、日本ユニ・エージェンシーが総代理店に決まったことを知ります。

「ああ、これだけでもニューヨークに来た甲斐があった！」と青木氏がつぶやかれるのを聞いて「独占エージェントになることは、どうやらとても大切なことであったらしい」と悟ったものです。満面によろこびの表情を隠さない青木氏、うれしさを隠そうとしていっそうまじめな顔の矢野氏、対照的なお二人の表情を今でも思い出します。後でわかるのですが、当時の日本ユニ・エージェンシーは、矢野著作権事務所として創業した時から、創業以前に関係のあった海外の権利者を一切引き継ぐことなく、徒手空拳で出発し、独占で扱える出版社、エージェントなど一社もなく出発し、苦闘していました。ふつうならば独立する前に権利者と交渉して何社かを独占的に扱えるように画策するところでしょうが、そのような事前工作を潔しとせず、なにもしないまま独立したということでした。

赤石氏は、隣室のキャス・キャンフィールド氏に私たちを「日本の独占エージェントの人たちです」と早速紹介してくださいました。キャンフィールド氏の名前は、ハーパーのカタログにある〝キャンフィールド・プレス〟から知ってはいましたが、同氏がハーパーばかりか、アメリカの出版界の歴史に残る名編集者であることを知ったのは、大分後のことでした。上背のある同氏の機敏な動作はとても七十五歳とは思えず、握手の手は柔らかくてあたたかく、「慈父」という印象を受けました。

そんなことがあってほどなく、赤石氏が宗教書関係の集会に出席のため「訪日」されることになりました。短い期間ながら、ぜひお会いいただきたいと宮田氏に知らせ、「ウィスキーをあがりますか?」と聞いたとき、「イヤ」と言われたら、それは「はい、いただきます」のことなのでお間違いのないように、と追記しました。グラスを片手に、赤石氏が宮田氏をはじめユニの人たちと親しく話し合われたことは想像に難くありません。

私の本来の目的である「日本の出版物の権利の輸出」については、大変難しいという赤石氏の厳しいご意見でした。アメリカ人は一般的に、他国のことに関心を持っていない。書店で見てもわかるだろうが、ヨーロッパ諸国のことでさえも、あまり関心を持っていない。元来多人種の移民で成り立っている国だが、自分が住んでいる場所については大きな関心を持っているが、よその国のことを進んで知ろうと思う人たちは少ない。まして、日本のような小国に対する関心はほとんどないと思う、とのことです。

私が持参した北杜夫著の『楡家の人びと』の文庫本、上・下巻を赤石氏にお見せしたところ、JBNの英文の紹介にさっと目を通し、内容は面白いと思うが、いかにも長すぎる。半分の長さでなら可能性はあるかもしれない。英文にして何語くらいになるのか、翻訳費がどれくらいかかるのか、計算をしてみましたか？　と問われ、私は答えることができず、赤面するばかりでした。はじめて、翻訳に「お金がかかる」ことを知るほどに、金銭的に無頓着で、出版についての知識が皆無なのでした。

大体、家でも「お金」についての認識がなく、甥や姪がお年玉を嬉々として数えているのを見て、幼いころ自分はお正月にお年玉を手にしたことがあっただろうか？　などと振り返っていました。誕生日が正月に近いからと、小学一年生の新年に、台紙に金箔がちりばめられた豪華な「百人一首」を両親から贈られて大喜びでした。家族や友だちと、意味はわからないながらカルタ取りに興じたことは記憶にありますが、さて、自分でお小遣いをもらって何かを買った記憶は？　というとはっきりしません。戦後、父が京城《けいじょう》（現ソウル）から引揚者として帰国した前後は、買出しに出かけたりしましたが、そのときも兄が家計の面倒を見ていました。伊藤忠で働いていたときはわずかな金額を家に入れて、後はほとんど山登りや洋裁を習うなど自分のことに使っており、父を亡くしてはじめて経済的に甘やかされていたことを知ります。タイム社に入社してやっと自分の小さな城を持ちはじめたものの、経済的に計画性のある生活とはいえませんでした。

これでは、具体的に日本の出版物の売りこみはできないと悟ります。今回は、編集者への打診をする調査を主目的にしようと割り切ることにしました。赤石氏の出版に関するご意見をうかがい、自分に仕事に対する厳しさが欠けていることを自覚しました。

ハーパー・アンド・ロウ・パブリッシャーズ（Harper & Row, Publishers Inc.）

1817年に創立されたハーパーは、アメリカの出版界のうねりとほぼ並行した浮沈の歴史をたどり、発展してきたようです。兄弟四名のうち、上の二名、ジェームズが二十二歳、ジョンが二〇歳のときにニューヨークのある街角に小さな看板を掲げたことからはじまります。二人とも十六歳で印刷所で修行した挙句に宿願を果たしました。

当時は、人口約十二万のニューヨークで、書店、印刷業など、出版関係社はまだ三十三軒に過ぎなかったといいます。宗教書、専門書が本領でしたが、実益の上がる小説や児童書も手がけ、弟ウェズレー、フレッチャーの二人も加わり、それぞれが得意分野を受け持って四名体制の調和の取れた経営方針を打ち立てました。原稿の採否については合議制で、みなが同等の否認権を持ちました。社名が〝ハーパー・アンド・ロウ・パブリッシャーズ・インコーポレイテッド〟とパブリッシャーが複数になっています。それは、各部門のパブリッシャーがそれぞれ決定権を持っており、著者との契約書にはパブリッシャーのみがサインする権限を持っており、営業、編集ともに全責任を負う仕組みだから、とうかがいました。それは、今でも踏襲されているそうです。

しかし、彼ら四名の関心はもっぱらアメリカの出版文化振興にあり、はじめのうちは、国際著作権条約に徹頭徹尾反対であったといいます。つまり、アメリカの読者に低価格の出版物を普及することが第一で、そのためには、英国で出版された本の著作権の使用料を支払わずリプリントし、アメリカの読者に原本とほぼ同じ価格で提供することが許されるべきだ、というのが主張でした。そのことは、アメリカの出版界に利益をもたらしたばかりか、英国で売れた以上に、アメリカで英国の本を普及することに寄与しました。

しかも、後年国際著作権協定に先鞭をつけたのも、ほかならぬハーパー兄弟だったといいます。南北戦争後のインフレ到来で、本の値上げが余儀なくされているとき、英国から輸入された低廉本が市場を荒らし、アメリカの作家の本がカナダで印刷されて英国に輸出されるといった混乱が起きたためです。バランスの取れたチームワークは、十九世紀後半に入ったころ、ハーパーを名実ともにアメリカ第一の出版社にします。

「ハーパーズ・ニュー・マンスリー・マガジン」など、三冊の雑誌も発刊し、大火に見舞われた後も、能力ある経営者、優秀な編集者たちに恵まれて作家や読者の信用を勝ち得ました。キャス・キャンフィールド氏が現れたのは、その後1924年のことです。同氏は、1931年から1942年まで社長の座につきますが、その後もシニア・エディターとして八十九歳で他界するまで現役編集者として手腕を発揮しました。

児童書部門のパブリッシャーで副社長でもあるアーシュラ・ノードストロムさんは、1941年来、多くの児童文学者や画家を輩出しました。「タイム」で、「子どもの本のピカソ」と讃えられ、全世界の子どもたちの想像力をかきたて、夢を育んでいるモーリス・センダックを見出したのも彼女です。シュワルツという玩具店のショウウィンドウで飾りつけを担当していた青年を、図書担当者から紹介され、その〝アーティスト〟にチャンスを与えて、センダックの才能を開花させたのでした。また、絵本画家シャーロット・ゾロトウの挿絵でノードストロムさん自身が書き手となって二冊の絵本も出しました。

ピクチャー・ブックス

ハーパーのドル箱、児童書の名編集者として、つとに名をはせていた現役のノードストロムさんにお目にかかる光栄に浴しました。それは、私の聞き間違いから発したことではあったのですが。

「日本では、どのようなピクチャー・ブックスが出ているのか興味があります」と赤石正氏が言われたとき、私は、多分それを「絵本」と訳して、日本ユニ・エージェンシーの宮田昇氏に絵本を選んでお送りいただきたいと書き送ったのでしょう。すぐダンボール箱いっぱいの絵本が届きました。二、三冊を選んで英文梗概を作成、ダンボール箱ごと持参すると、「これなら、アーシュラに見せるといいでしょう」とノードストロムさんを紹介してくださったのです。そのときは、興味があると言われたのに、なぜ赤石氏はご自分で吟味なさらないのだろう、と疑問に思ったのでしたが、実は「ピクチャー・ブックス」とは大人向けの図版本のことだったとしばらく経ってからわかりました。日本の美術などの文化を紹介するビジュアルな本の意味でした。私は早合点してピクチャー・ブックスを絵本だと思いこみ、宮田氏にそのまま伝えたのです。

当時の日本の絵本は、民話を題材にしたものが多く、ほとんどが右開き、縦書きで出版されていました。ノードストロムさんはそのことに驚かれたようで、「絵はとても美しいけど、文字数は多いし、頁数もあるし、判型も大きいのですね。多くの読者には売れないと思います。ところで、フィルム代は何ドルぐらいでしょうか?」と言われました。私には、「フィルム代」のことなど念頭になく、頁数すらその場で数えるという無様さです（私が絵本の世界のことを学ぶのは、五年後にボローニャの国際児童図書展を訪問するまで待たなくてはなりません）。何事にも素人の私に、北欧の出身らしく色白で大柄なノードストロムさんは、おだやかな話し方で、辛抱強く応対してくださいました。

赤石正氏の出版哲学

1970年の12月に赤石正氏は、ハーパーの中軸ともいうべきトレード・グループのパブリッシャー、そして筆頭副社長に昇格されました。トレードというのは、書店経由で販売する書籍のことを指します。主として一般書ですが、宗教書、ペーパーバック、メールオーダー部門、それに吸収したばかりのバーンズ・アンド・ノーブルの教科書部門が入り、主に図書館市場と幅広い範囲の図書が「グループ」に含まれます。その出版と販売の総責任者になられたのです。日ごろから著作権仲介者として日本の出版界のためになにか有意義なことをしたいと願っていた日本ユニ・エージェンシーでは、それまでの経緯から、赤石氏を日本に招いてセミナーを開くことを思いつきました。何回かの手紙のやりとりの後、それは1971年の夏休みに実現することになりました。

話は一年後に飛びますが、私は予定していた一年間の休暇を終えて帰国、セミナーの期間中赤石夫人であるエイミーさんと二人のお嬢さん、キャロラインとジャネットさんを古都にご案内することになりました。途中、春日井市の教会で牧師をされている〝グランパ〟とお孫さんたちとの初対面の場にも立ち会いました。赤石氏のセミナーに参加できないのは残念でしたが、セミナーは未来社西谷能雄社長（当時）の講演も加わり、多くの参加者を得て成功裏に終わったということでした。セミナーの内容は『アメリカの出版界』と題して出版同人から1974年に出版されました。

これによって日本の出版社とアメリカの出版社との間に、大きなちがいがあることに気がつきます。たとえば、(1)出版経営の秘訣は、編集者の持っている理想と、販売後の収支をみてその現実を知るように指導する。編集者の能力《ランク》によって、年間予算を割り当て、編集者が本当に出したい本と売れる本とのバランスを常に考える。本が売れなかったとき、造る人間＝編集者と売る人間＝セールスマンとで、責任を擦《なす》り合うようではいけない。(2)二次使用権：自社で出版した図書の出版権をさまざまな形で売るのが二次使用権の販売である。たとえばクォーリティー・ペーパーバック（単行本サイズのペーパーバック）、マスマーケット・ペーパーバックの出版を専門とする出版社や、ブッククラブ用に権利を売る、あるいはメールオーダーで直接購入者に売る、銀行や大企業などで贈り物にする本を売る。こうした権利を扱う部署がトレード部門にあり、それらの収入が利益を生む、などがその相違です。ブッククラブについては後述したいと思います。

アメリカの出版界Q＆A

1970年12月に赤石氏が昇格された機会に私が行ったインタビューが、『アメリカの出版界』に収録されました。赤石氏の出版哲学、同時にアメリカの出版界の当時の模様が、今でも参考になると思いますので一部載録します。

Q　RCA、CBS、ゼロックスなど大企業が出版社を傘下にいれ、コングロマリットとしてますます発展していくかに見受けられますが、ハーパーでは他社との結びつきに関心はないのでしょうか？

A　出版社は、資本があれば必ずある程度までは成長するものです。合併したら、それだけ資本は大きくなるわけですけれども、利益率は人件費などにとられて下ってくるのがふつうです。その上、あまり出版に詳しくない経営陣からの圧力がかかってきたり、なにかとコントロールがきびしくなったりして、編集者にとっては決して好ましい状態とはならないでしょう。よい例は、ワールド・パブリッシングの場合です。タイムズ・ミラーの傘下に入ってからは、毎年何人かの編集者を解雇していますし、特に児童書部門の損失は大きいと聞いています。出版社は、あまり欲を出さず、自分の能力の範囲内で運営することが望ましいと私は考えています。

Q　出版する場合、企画決定はどのような過程を経て、どなたが決定なさるのでしょうか？

A　ハーパーの正式社名は「ハーパー・アンド・ロウ・パブリッシャーズ・インコーポレイテッド」となっているでしょう。パブリッシャーズと複数になっているのは、各部門のパブリッシャーがそれぞれ決定権を持っているからなのです。著者との契約書には、パブリッシャーだけがサインをする権限を持っています。営業、編集とも責任を負うからです。会議を開くと声が大きい人だとか、よく発言する人の意見がとおりがちになるものでしょう。それにすべての人が賛成するような企画は、最大公約数的な無難なもので、必ずしもベストのもの、面白いものが選ばれるとは限りませんからね。特にトレード部門では、安全性よりも、投機性のほうが大切ですから、私は、企画の決定は会議には持ちこまないことにしています。私は、編集者から提出された企画を販売部長、広告部長といった人たちから個々に意見を聞いて自分で判断し、決定することにしています。ここでは民主主義のルールを通用させちゃいけないと思っています。私は頑固ですからね。編集者は頑固な私をいかに説得するか、一生懸命策を弄しているようですよ。

Q　優れた編集者の資質はどういうものだとお考えですか?

A　まず、よい聞き手であることが大事だと思います。自分の意見を述べるよりも、相手の意見をよく聞いて理解し、さらに相手と同じレベルで話ができるようでなくてはなりません。相手とは、著者がほとんどでしょうが、上司とか同僚も含まれます。次に、編集者はよい人間関係を作り出せる人でなくてはなりません。というのも、著者に対しては、編集者は出版社の代表であり、パブリッシャーに対しては著者の代弁者とならなくてはいけませんから、その橋渡しを上手にやり、双方から信頼されなくてはいけないわけです。三番目には、これは当たり前のことですけれども、常に勉強を怠らず、市場のことを熟知していて、視野を広く持つことが重要です。

最後に大切なことは、いつも営業意識を持つことです。版権料、制作費などの数字から、定価をどのくらいにすれば、どういう層に何部くらい売れて利益率はどのくらいになるか——というように頭のなかで即座に計算し、営業上の価値が判断できなくちゃなりません。たとえば、１９２４年にハーパーに入社して以来、数多くの秀れた作品を掘り出して、ハーパーに一方ならぬ貢献をしてきたキャス・キャンフィールド氏は、七十五歳の今でも即座に計算する能力と習慣を持っています。一言でいいかえるなら、判断力ということになるかもしれませんね。

この他に、編集者にとって大切なことは、常に新しい企画を生み出すことを考えていなくちゃならないことです。雑誌や新聞に始終気を配ることはもちろん、だれが何について書けるか、書きたがっているかを探し出したり、旅行をして人々と会って話をしている間に相手に何を書かせることができるかを探り出します。著者に依頼して書いてもらう場合は、過去の著者との結びつきとか、実績によって判断します。または、エージェントから持ちこまれた原稿の場合は、編集者が丹念に目を通して、版権料の高いものや、注目すべき作品は、パブリッシャーも目を通します。

Q　年間のプログラムはいつどのようにして決めているのでしょうか?

A　毎年五月と十二月に販売会議を開きます。五月には八月から一月までの、十二月には二月から七月までの販売作戦を練ります。そのためのカタログを用意しておかなくちゃならないので、編集部では契約書のリストとにらみ合わせて、大体何ヶ月で編集が完了していつ配本が可能かといったことを製作部と検討して計画を具体的にたてます。緊急の企画がでたときには別刷りにしたものを作ってカタログに挿入して用います。本の完成は原稿入手から約七ヶ月と見ていますが至急のときは二ヶ月で完成することもあります。

Q　販売会議ではどのようなことが決められるのでしょうか?

A　全国からセールスマンを招集して、関係者が一堂に会し、個々の本について具体的に検討します。他社の本の動きとか、読者の傾向などを報告し合い、どの本が何ヶ月にわたって何部ぐらい売れるかといったことを数字で表して、人件費を差し引いた純利益率はどのくらいになるかを検討します。これは予算を組む参考になります。それから、お互いに意見を出し合って戦略を編みだしたりします。

Q　予算はどのくらい長期にわたって組むのでしょうか?

A　あまり長期の予算を立てようとすると、一般書の場合は特に予測がつきにくいですから、数字の遊びになって失敗してしまう恐れがあります。せいぜい一年から、長くて三年ですけど、確かな将来の予算を組む建前です。

Q　セールスマンの訓練はどのような方法でなさっていますか？

A　カレジ部門のセールスマンは大学出を採用して、大学の教室と同じようにコースを選択させてゼミナール形式で集中的に教育し、訓練します。点数制のテストもします。講師は外部から招かないで、社内の編集者がやります。それというのも、ハーパーの優秀な編集者は、セールスマンの経験を経てきた人が多いからです。カレジ部門の販売の相手が教授たちですから、対等に会話ができるよう、それぞれの分野の知識が必要です。セールスマンといっても、教授たちとの会話のなかから、教授が関心を持っているのは何か、今何を執筆中か、などを聞き出して、販売すると同時に、編集者のような役割もするわけです。彼らは自分の商品である本をよく読んで内容をよく知ることはもちろん、同じ著者が今までに何を書いているか題名を覚え、さらに他社の類書がどのように販売されて、どのように動いたか、を知っていなくちゃなりません。

トレード部門のセールスマンは、すべて経験者を雇います。つまり、すでに他社で訓練されてすぐに役立つ人たちです。その人たちにとって必要なことは、過去にさかのぼってハーパーの本のリストの内容をよく把握し、今までどの本が何部売れたか、どの地域で売れたか、などの販売記録をよく知ることです。セールスの大きなこつはなんだと思いますか？　本屋に対して決して売りすぎをしないことですよ。たとえば、本屋が五〇冊引き受けるといっても、それを三〇冊に抑えるぐらいでなくちゃいけない。自分の受け持ちの本屋の販売能力をよくつかんでおくことがとても大切です。

以下は、セミナーでの質疑応答からの再録です。『アメリカの出版界』（出版同人、1974年刊）より。

Q　年間の売り上げはどのくらいですか？

A　ネットセールスで六〇〇〇万ドルです。そのうち一七〇〇万ドルがペーパーバックを含めた一般書部門、八〇〇万ドルが児童書部門、この二つで半分近いわけです。

アメリカの出版社で売り上げの多いのはやはりマグローヒル社でしょうね。あそこは雑誌をたくさん出していますから。一般書についていえばハーパーとランダムハウスとダブルディでしょう。みな年間二〇〇点ぐらい出しています。その次のクラスはホルト・ラインハルトとかハーコート・ブレイスとかがあり、少しさがってスクリブナーということになりましょうか。

Q　六〇〇〇万ドルというのは新刊と重版と両方ですか？

A　そうです。比率は、部門によって多少ちがうが、一般書の場合はだいたい半々ですね。1970年は『ラブ・ストーリィ』（エリック・シーガル著）とか『シヴィリゼーション』（ケネス・クラーク著）とかのベストセラーがありましたが、それでも重版の売り上げは47％でした。

重版が半分ですから新刊で失敗しても50％は保障されるということになります。これはたいへん経営的にはよいことなので、アメリカのふつうの出版社の場合は、もっと新刊のウェイトが高い。70～80％が新刊の売り上げでしょう。その点ハーパーはちがうわけです。

私がアメリカを去る1971年6月までには、ハーパーはマンハッタンの中心、五六丁目、マディソン・アヴェニューの東角に移転しました。三箇所にわかれていた事務所を統合したのですが、その後、さまざまな経緯を経て1989年にはイギリスのコリンズに吸収される形で、オーストラリア出身のメディア王、ルパート・マードックに買われてニュー・ハウスの傘下になり、ハーパーコリンズという名称になりました。

その間、1970年代後半に赤石氏は講談社インターナショナル（USA）の副社長になり、ハーパーの同じビルに事務所を持たれました。約一〇年後には同社を去り、2008年に惜しくもこの世を去られました。私の個人的な感想ですが、赤石氏には最後までハーパーで活躍していただきたかったと思います。赤石氏は、日本の出版界にはなかった新しい編集者像を描いてくださったと言えるのではないでしょうか。それに日本の出版人がどう答えたか。答えはまだ出ていないような気がします。

ニューヨークの出版社訪問

ニューヨークでの出版社訪問の予定については、特に決めていたわけではありませんでしたが、日本ユニ・エージェンシーの当時の取締役、矢野浩三郎、青木日出夫両氏のニューヨーク到着によって、ペースはにわかに速くなりました。ニューヨークとボストンにある百社近くの出版社やエージェントのリストから選びつつ、矢野、青木両氏で手分けして訪問することに決め、一日平均四社、昼食を入れると五社というペースで電話で約束を取り付けて、私は二人のどちらかに同道して各社を回ることになりました。約束時間に遅れまいと、時には赤信号を走って渡るようなことをしてふうふう言いながらも、充実した毎日で、私にとっては、またとない実地勉強の機会でもありました。ニューヨークでは、一ブロックごとに左右片側通行ですから、通勤者も自己責任で赤信号を渡っています。「ドント・ウォーク」のサインが出ても、車の来ないことを確かめると、「ラン」ならいいだろうと冗談を言いながら、小走りで横断していました。

翻訳権の交渉はときに粘り強く、あるときは断固として譲らず、また、鮮やかな引き際のタイミングも心得ていなくてはなりませんでした。作品の内容も一点ずつ異なり、交渉相手も異なるのですから、臨機応変に対応して折衝しなくてはなりません。そのさじ加減が微妙でした。

アメリカ側のエージェントですから、コミッション10％の収入を得る「テン・パーセンター」ともいわれるエージェントとしては、契約時に支払われる印税前渡保証金《アドバンス》の数字が大きいほどメリットが大きいわけですが、相手に十分理解してもらった適正な金額でなくてはなりません。日本側の出版や流通の事情などを正確に伝えながら、根気よく交渉を重ねました。

その年のピューリッツァー賞受賞作、ジョン・トーランド著『大日本帝国の興亡』は、青木氏が交渉し、連載権も含めて、日本側からするとかなりの金額で落着しました。

後日、パブリッシャーズ・ウィークリーのコラムニスト、ポール・ネイサン氏からインタビューを受けたときに金額を尋ねられましたが、明かすことはしませんでした。そのコラムでは日本の出版社のアドバンスの金額について言及した他社の例がありましたが、金額の高さよりも、評判になる前の作品を見つけ出すことに、より大きなよろこびを持つことがエージェントの役目であり、金額を公表しないことが権利者への礼儀であることなどを、日本ユニ・エージェンシーの役員たちから学んでいました。他社と争って法外な金額で翻訳権を確保すると、定価をどのように設定して、初版を何部刷ればよいかの見当をつけなくてはなりません。編集者と同じような役割をエージェントは担っていることも知りました。

矢野、青木両氏の帰国の日となり、訪問予定のリストにはまだ、四〇社ばかりが取り残されました。具体的な案件についてのフォローが必要で、自分の調査目的以外に、私がニューヨークに留まる意義はまだありそうでした。

さらなる幸運

スーザ邸での生活は快適でした。環境も申し分なく、マンハッタンのどこに行くにも地理的に便利です。しかし、かなり年上とはいえ男性のひとり住居の部屋で長逗留することへの躊躇がありました。

ある日、タイム社にプロフィット・シェアリング（退職金の代わりの社員に対する利益配分）を受け取りに出向いたとき、同社の社内報"f.y.i."（for your information の略）に、「八、十、十二歳の娘たちのベビーシッターを求む。夫婦で外出する夜に週一、二回娘たちの面倒を見てくれたら食事と部屋を無料提供。住所はパークアベニュー九五丁目」とあるのが目につきました。早速そのパリッシュ家に電話をしてインタビューに行くと、タイム社で契約社員として働いている夫人はスーザ氏とも知り合いであることがわかり、スーザ氏のお宅にいることが身元保証にもなりました。パリッシュ氏は、大手チューインガム会社の副社長で、私に面接のために帰宅していました。眉毛の濃い、意思の強そうな印象の紳士です。

文化のちがう人と一緒に過ごせれば、娘たちも自然に学ぶことがあるだろう、最近まではフランス航空の地上勤務の女性が住んでいたのだが転勤で帰国したため困っていた、今夜は夫婦で外出の予定があるので、すぐにでも来てほしいと請われました。私は、スーザ氏に書き置きをして、何名ものガードマンがいるパークアベニュー九五丁目の新住居に移動しました。細長い個室には机もあり、パリッシュ一家とは別のバスルームまでついていました。こういうことでもなければ、タイム社で入手した一〇〇〇ドルなどは二週間もすれば消えていたかもしれません。外貨持ち出し制限は五〇〇ドル、一ドル＝三六〇円の時代のことです。わずかな義務だけで、アメリカ人の上流家庭に住む僥倖《ぎょうこう》にスキップする思いでした。

ベビーシッターという仕事をするのは、実ははじめてです。夕食を食べさせて夜八時までに三人の娘を寝かせつけることが義務でしたが、それがそう簡単ではありません。夕食は大抵ハンバーグステーキで粉末のマッシュポテトを熱湯で溶き、ふにゃふにゃに茹でた缶詰の人参と、缶詰のえんどう豆がつけあわせという質素なものです。それを西洋皿に盛ると、子どもたちはおしゃべりしながらたちまち食べてしまいます。食後のアイスクリームが楽しみで食事をしているようでした。三人はさまざまな理由をつけては、少しでも長い時間テレビを見ようとします。比較的素直なのは長女のリンで、末っ子のスコッティは、昼間よく動いているせいか早くベッドに入りますが、真ん中のウェンディーが〝問題児〟でした。あの手この手で「あと三〇分だけ」と懇願したり、ふくれてみたり、多分新人の私を試そうとしているのでしょう。なだめたり、すかしたりで、慣れるまでは一苦労でした（三姉妹のなかで父親似の眉の濃い一番個性的なウェンディーは、成長してモデルとして活躍しています）。

ニューヨーク市内では、親は十二歳以下の子どもたちだけを家に残して出かけてはいけない、一人で歩かせてはいけないことが法律で決まっていたようです。犯罪が多く、実際、長女リンのクラスメートの母親は部屋着で子どもを学校に送り届けたまま、車ごと戻ってこなかったというような事件もありました。たった一ブロックちがうだけで雰囲気ががらりと変わるのがマンハッタンです。いつも、緊張しなくてはなりませんでした。高層ビルではエレベーターが密室になりますから、事件も起きていました。緊張を強いられる毎日でした。しかし、一方ではバスで毛皮を着た淑女の隣にジーパンの黒人が座っていて話し合っていてもおかしくない気楽さもありました。

パリッシュ夫妻は、私の仕事に理解があり、タイプライターを使わせてくれ、電話代の実費を支払うだけで、私が、昼間自由に動くことに異存はありませんでした。

最初の成約

日本の作品で最初に成約した作品は、小松左京著『日本沈没』（1973年、光文社刊）でした。この作品が赤石正氏のハーパー・アンド・ロウの副社長在任中に、出版されたことはとても心強いことでした。私は日本に帰国して二年目には、日本ユニ・エージェンシーに勤務していましたが、神保町の交差点近くで、ＳＦ作家の福島正実氏（故人）とぱったり出会ったことを思い出します。『日本沈没』をぜひ海外出版社に紹介したいと、当時の社長、宮田昇に相談すると、それは福島氏を通じてお願いするのが一番よいだろうと取り次いでくださり、福島氏は小松氏の快諾を得てくださいました。私は英文資料を作成し、ハーパーの赤石氏に打診しました。日本の作品への否定的な反応をうかがってはいましたが、この作品に対しては色よい返事があり、「二〇〇万部売れているという情報を得た」と、他の出版社からの興味も寄せられましたが、著者とも相談の上、ハーパー・アンド・ロウからの出版が決まりました。しかし、著者にとっては大変辛い条件が付きました。アメリカ人にとって未知の作家の作品を上・下に分けて出すことはできない。長すぎては定価もつけられず、売りにくいので、頁数を3分の1ぐらい減らしてほしいというのです。作品の生みの親である著者にとっては身を切られる思いにちがいありません。小松氏が信頼している編集者、森優氏にその作業をお願いして、日本版の3分の2くらいの長さの作品として1977年に初版七〇〇〇部で出版されました。ハーパーのカタログに載った途端に方々の国から問い合わせがありました。そして英語版からの重訳で、ドイツ語版はオーストリアのポール・チョルナイ（1979年）、東ドイツ（当時）のフォルク・ウント・ヴェルト（1991年）、フランス語版はアルバン・ミシェル（1977年）、スペイン語版はメキシコのディアナ（1978年）からそれぞれ出版されました。

二〇年経った阪神・淡路大震災後に、講談社インターナショナルから、日本語原本通りで出版したいと申し出でがありましたが、訳者のマイケル・ガラガー氏は宗教活動に専念したいから、と全訳の依頼を断ったため、ハーパー版のまま、英語での復刊がなされました。フランス語版では、フィリップ・ピキエ社から出版されました。日本語から全訳で出版したのは中国語版のみで四川科学技術出版社から2005年に刊行されました。

その後、新田次郎著『アラスカ物語』を読んで興奮し、これはきっとアメリカの読者にも受け入れられると思って著者の了承を得、ハーパーの赤石副社長に推薦しましたが、「アラスカのモーゼと称えられた主人公、フランク安田が日本人だからだめです。アメリカ人ならば売れますが」ときっぱり断られたときにはがっかりしたものです。五番街では英語以外の言語を話す人のほうが多い多人種のアメリカでも、まだそのような差別感があることを知りました。赤石氏は、その差別を乗り越えて現在の要職に就かれたのではなかったのでしょうか？　人知れず、ご苦労があったのかもしれません。

アメリカに立ちこもる閉塞感

1970年10月、五番街では大きな星条旗がはためいて、何のお祭りだろうか？　といぶかるほどのアメリカ人の「愛国心」ぶりに感心していましたが、寒風が吹きはじめ、不景気風のいや増すマンハッタンで、私は再始動をすることになりました。

ばら色の未来論はどこへやら、『未来の衝撃』（A・トフラー）、『人間に未来はあるか』（G・テイラー）と一転、終末論が出はじめ、既成道徳や宗教への疑問が持たれはじめました。声高らかに喋りまくるニクソン大統領お気に入りの説教師ビリー・グラハムよりも、徴兵カードを破り、キッシンジャー補佐官（当時）誘拐計画の廉《かど》でＦＢＩに捕らえられたカソリック神父兄弟ダニエル・ベリガン、フィリップ・ベリガンへの人気のほうが高まっていました。ＣＢＳのアンカーマン、ウォルター・クロンカイト氏は、「攻勢ではなく、交渉を」とベトナム撤退を呼びかけていました。社会問題に取り組もうとする人たちは『怪物ネーダー』（Ｇ・マッカリー）や『全地球カタログ』（Ｓ・ブランド）を読み、世代の断絶を埋めようとする親たちは『緑色革命』（Ｃ・ライク）を読み、画一的な教育に反発を感じて価値観の揺らぎ出した若者たちはジョン・ダンの詩集、そして映画にもなったエリック・シーガルの『ラブ・ストーリィ』を読んでいました。

ベトナム戦争による閉塞感のようなものが、アメリカ全体を覆っているような気がしました。パブリッシャーズ・ウィークリーのポール・ネイサン氏に誘われて、ある日、東二番街八八丁目の「イレーネ」という小さなバーでのボビー・ショートの出版記念会に出向きました。主人公は奥の方にいたのでしょう。挨拶することもできませんでした。店内からあふれた人たちが通りに出てきておしゃべりをしています。窓際の止まり木に場所を見つけてネイサン氏と話をしていたら、エバン・ハンター夫人のアニタさんが加わり、当時上映していた「ソルジャー・ブルー」と「小さな巨人」の話になりました。アニタ・ハンターさんは、「両方ともインディアンの話でしょう？　私は意識して観に行ったのよ。『ソルジャー・ブルー』ではインディアンの家を焼き払い、女、子どもを殺し、虐殺が終わった後で、『祖国の自由とアメリカの栄光は守られた』なんて、騎兵隊長が平気で演説するのよ。あれと同じことをベトナムでやっているというのに、耐えられなかったわ」とアニタさんは、アルコールの助けもあってか、興奮して手を広げて叫ぶように話すのでした。「小さな巨人」は、私も観に行きましたが、ダスティン・ホフマンをいかしてコミカルに描いているせいか、テーマの焦点がぼやけているように思えました。白人部隊がインディアンに包囲される場面にくると、隣に座っていた品のよい中年紳士が〝ベリー・グッド！〟と手を叩いたので、びっくりしてしまいました。インディアンとベトナムはアメリカ人に無意識にわだかまっていることだったのかもしれません。

ニューヨーク・タイムズでは、大きな広告が目につきました。「『ＨＯ』――この本を読めば、なぜアメリカがベトナムで勝利を収めることができないかがわかります」と、ランダムハウスでは大胆な広告を載せました。〝ＨＯ〟とは、故ホー・チ・ミン大統領のことで、ピューリッツアー賞を受賞したデイヴィッド・ハルバースタムの著書のことです。タイムズの別冊書評誌では、ワシントン支局のニール・シーハンが、過去数ヶ月間に出版されたベトナム関係の三十三冊をずらりと並べて論評を掲げています。アメリカ全土がベトナム戦争に対して大きな関心を寄せ、悩めるアメリカの姿をあらわにしていました。

マンハッタンの五番街にある、ブレンターノ、スクリブナーといった書店は歴史を感じさせる重厚な構えで店に入るだけで気分が落ち着くような雰囲気を持っていました。セントラル・パークに近いリッツォーリも多くの美術本や写真集を置いていて、見るだけでも楽しい本がたくさん並べてあり、心が豊かになりました。そのスクリブナー書店が、いつの間にかスポーツ店、ベネトンになるなど、当時は誰が予想したでしょうか。ブレンターノは、大きな書店チェーンのバーンズ・アンド・ノーブルの趣のない店に入れ変わっていました。

日本の出版物を扱う「ニッポン」という名の書店が、五番街四四丁目にありました。主として日本から輸入した本を並べ、講談社インターナショナルや日本出版貿易刊の「折り紙」や「日本料理」など図版ものの実用書や豪華な美術書、日本語のビジネス書やベストセラー作品などが主体で、日本的な小物も扱っていました。児玉さんという元気な女性が、日販を辞めて興されたと聞きましたが、今はどうなのでしょう？

マンハッタンには古書店もたくさんありました。四番街には、東京の神田には比すべくもありませんが、古書店街が軒を連ねている感じの一画がありました。今ではそういう店はほとんど消えてしまいました。栄枯盛衰は世の習いとは言うものの、ニューヨークの街の変化の速さには驚くばかりです。

三島由紀夫の自決

マンハッタンの四角い空が澄んでとても高く見える朝でした。もうそろそろ訪問してもいいだろうと、私はアルフレッド・クノッフ社の日本文学担当編集者、ハロルド・ストラウス氏との面会を取り付けようと電話しました。日本ユニ・エージェンシーの矢野浩三郎取締役（当時・故人）に同道して同社の版権担当者、エレナー・フレンチさんと商談をした際に、近々ストラウス氏にお目にかかりたいと希望を伝えたところ、「紹介だけでもしておきましょう」と引き合わせてくださっていました。黒いとっくりセーターに黒いズボン、ビア樽腹ですが長身でパイプの似合ういかにも温厚そうな紳士でした。緊張せずに電話がかけられたのは、一度お目にかかっていたからでしょう。しかし「今日は、出社がかなり遅くなります」との交換手の返事で、少し日を置いて連絡することにしました。そこで、私はなぜか新潮社の仕事をしておられる川畑篤彦氏に電話をしているのです。

川畑氏は、「夜中に、クノッフのストラウス氏にインタビューしてその記事を日本に送ったところです。徹夜ですが、どうせ眠れません。よかったらこの事務所にいらっしゃいませんか？ご存知でしょう？　三島の割腹自殺のことを……」

「えっ!?」と驚く私にざっと事件のあらましを話してくださいました。私とて、それを聞いてはなんとなくやり場のない気持ちがあり、それを収めるためには日本人と話をする必要がありました。その朝は、テレビも新聞も見ていなかったので私にとっては寝耳に水の話です。『奔馬』のラストシーンが目に浮かび、三島由紀夫ならこのようなことをしてもおかしくない、と私は心の底で思いました。早速ブルックリンにある川畑氏の自宅兼事務所にお邪魔をし、大国主命《ぬしのみこと》のようなヘアスタイルのアシスタントが手早く作ってくださったスパゲッティを遠慮なくいただきつつ、ワイン片手に、ああでもない、こうでもない、と三島由紀夫の心理分析を三人で試みながら半日を過ごしました。「やっぱり、三島のダンディズムだろうなあ」というのが川畑氏の結論でした。1970年11月25日、ニューヨーク時間では事件の翌日のことでした。

日本のマスコミからのインタビューなどでストラウス氏は当分解放されないだろうと思い、同氏との面会は先に延ばすことにしました。

「三島事件」は、皮肉なことにアメリカの編集者たちの関心を日本の作家に向けやすくするという効果がありました。タイミングよく、ポール・ネイサン氏がパブリッシャーズ・ウィークリーのコラムに「プロモーター」と題して、私のニューヨーク滞在と日本ユニ・エージェンシーの営業活動について紹介してくれたので、編集者たちも待ってましたとばかりに、快く会ってくれました。そのとき役立ったのが宮田昇氏と有志が作成して出していた小冊子"Japan Book News"です。日本の出版業界のトピックス、話題の出版物の梗概または書評、著者や出版社のプロフィール、ベストセラーのリストなどが載っていました。日本からの情報が皆無の状態でしたからこれは助かる、と航空便での購読を申し出る編集者もいました。言葉の壁がまだまだ厚く、編集者の関心を惹くには何よりも基本的な情報が必要でした。日本語では直接本を評価できないいらだたしさがあって、つい敬遠してしまうというのが、一般的な編集者の本音でした。

ハロルド・ストラウス氏

その点で、ストラウス氏は例外でした。「わたしの日本文学に対する興味は第二次大戦の〝落とし子〟といえるでしょう」と、三島事件のほとぼりが冷めたころ訪れた私に話しはじめられました。しゃべるほうはすっかり忘れてしまったけれども、ゆっくりながら日本語を味わいつつ読むのだそうで、梵語《サンスクリット》などの難しい言葉に悩まされながらも、三島の『暁の寺』を読んでいる最中とのことでした。

大戦中空軍で日本語を習わされた氏は、1945年10月にマッカーサー司令部に配属され、日本の新聞記者や出版関係者と関連を持つようになり、日本文学が世界的なレベルに達していることを認識しました。日本の文学者仲間や、ドナルド・キーン、ハワード・ヒベット両教授らの意見を参考に日本文学を読みあさり、川端康成、谷崎潤一郎、大佛《おさらぎ》次郎といった日本の伝統的な作家の諸作品をクノッフのリストに加えました。三島と親しくなったのは、日本ではなく、三島が米国務省の招待で渡米して以来のことです。その後、ストラウス氏が訪日するたびに、三島から安部公房、開高健、野坂昭如など有力作家を紹介されました。

ストラウス氏は、三島の自殺後数日経って11月17日付けの三島の遺書を受け取ります。「彼が私の言ったことを少し誤解しているのは残念でした。わたしは、鬼籍に入った作家の作品には興味がないといったのではなく、漱石や鷗外などの古典といってもいい作品は、大学出版局から出すべきだという意見を述べたのです」。ストラウス氏は、三島の誤解を実行によって正すべく、『春の雪』『奔馬』『暁の寺』『天人五衰』の四部作を着実に出版し続けました。そして、大学出版局から出すべきかもしれない古典中の古典、『源氏物語』をサイデンステッカー氏の翻訳で出版しました。ストラウス氏はまもなく引退されますが、三島由紀夫の最後の四部作が英語で出ると、他の言語で三島作品を出していた出版社が次々と出版し、四部作は世界中に広がっていきました。

ストラウス氏に、日本の優れた短編作家について触れると、アメリカの作家でさえ、長編で名が売れてからでないと短編は売れないので、読者にまだ知られていない日本人作家の短編集を出すのは、非常に難しいという意見でした。しかし、やがて考えを変えて、『日本の現代文学——小説、戯曲など1945年以降の作品集 "*Contemporary Japanese Literature: An Anthology Of Fiction, Film, And Other Writing Since 1945*"』が、ハーバード大学ハワード・ヒベット教授の編集で1977年にハードカバーとソフトカバーで同時に出版されました。『生きる』など黒澤明作品も入りました。ヒベット教授の依頼を受けて、短編作品をクノッフのアンソロジーに入れる交渉のため、私は戦後の有名作家にお目にかかったり、電話でお話したりすることができて、わくわくしました。河野多恵子著『骨の肉』、倉橋由美子著『河口に死す』、吉行淳之介著『娼婦の部屋』、小島信夫著『アメリカン・スクール』、阿部昭著『桃』、永井龍男著『「あいびき」から』、野坂昭如著『アメリカひじき』などです。吉行淳之介氏のお宅では宮城まり子さんも出てこられて会話は賑やかに弾みました。献本をお持ちしたときは、「ヒベット先生の英語はなかなかよくわかる。でも、考えたら自分で書いたのだから、わかるはずだよな」と愉快そうに笑っておられた吉行氏のその声までが耳に残っています。このアンソロジーは一般読者にも売れていますが、日本文学を学ぶ学生たちのあいだで、今でも人気の日本文学入門書です。

1971年にハロルド・ストラウス氏には、恐らく外国人としては初めての菊池寛賞が授与されました。「出版編集人として日本文学を広く海外に紹介した功績」によってです。人物写真が得意なストラウス氏の部屋いっぱいに飾られていた日本の作家たちの写真と、書棚からはみ出るほどの日本の文芸作品のことが思い出されます。

アルフレッド・A・クノップ（Alfred A. Knopf）

クノッフ、パンセオン、ランダムハウスの三社は、1965年にRCAの傘下に入っていました。その三社がある二番街五二丁目東の個性のない四角いビルに、私は何度足を運んだことでしょう。各社は独自の出版活動をしていますが、営業部門はランダムハウスが担っていました。クノッフの作品も、販売はランダムハウスです。各社に版権担当者がおり、児童書にもそれぞれ担当者がいました。その上、日本からの売りこみは各社のしかるべき編集者を探し出さなくてはなりません。版権担当者にヒントを貰って編集者を探しあてる努力をしていました。同じビルのなかでも、異なった担当者に同じ日や近い時間帯に会うのは困難なので、相手の都合で何度でも訪問しなくてはなりませんでした。

ある日、クノッフのエレナー・フレンチさんが、外出直前だけれども、とアルフレッド・クノッフ氏に紹介してくださいました。黒くて濃いまつげに、白い口ひげのダンディーなクノッフ氏は、「きっと、顔なじみの作家の写真が何枚かあるはずですよ。ゆっくりごらんなさい」と言いおき、グレイのコートを羽織って、まもなく八〇歳を迎えるというのに確かな足取りで、颯爽と出てゆかれました。部屋には有名作家の写真が、壁一面にところ狭しと飾ってありました。

日本の場合もそうですが、アメリカの出版社の草創期には、何らかのエピソードが潜んでいて、それを聞き出したり、読んだりするのは、スリリングで興奮させられます。A・A・クノッフの場合にもそれがありました。

コロンビア大学を卒業したら弁護士になる予定だった若き日のクノッフ氏は、イギリスから帰国する前にロンドンでゴールズワージー夫妻に招待される機会を得、一晩語り明かします。ニューヨークに帰り着くまでには、弁護士志望を捨て、出版を志す決心をしていたといいます。ジョセフ・コンラッド、W・H・ハドソンといった作家や作品について、夜を徹して聞いた話は、それほど強い感動を与えたのだと思います。この若者の興奮をわかちあった少女が、当時十八歳のブランチ・ウルフ、後のクノッフ夫人でした。

コロンビア大学を卒業すると、アルフレッド・クノッフは週給八ドルでダブルディの経理部門に入社し、各部門を回っては貪欲に知識を吸収します。1915年、父親の事務所に机ひとつを借りて、三〇〇〇ドルの資金で、クノッフ氏は念願の出版社を設立します。アシスタントはブランチ・ウルフ。社長とはいえ週給二十五ドルの青二才との結婚を、ブランチ・ウルフの両親は最後まで許しませんでした。翌年セント・リジス・ホテルで結婚式を挙げました。そして、1966年には同じ場所で金婚式を祝った夫妻でしたが、その二ヶ月後の6月4日にブランチ・クノッフは帰らぬ人となります。

洗練されたベスト・ドレッサーぶりと長く伸ばした爪、そして小食がクノッフ夫人のトレードマークだったようです。マティーニ一杯と、えび三匹にアスパラガス一本。一日にたったそれだけでブルドーザーのようなエネルギーで仕事に熱中していたといいます。

語学に秀でていたブランチ・クノッフは、ヨーロッパ、特にロシアとラテンアメリカの作家に目をつけました。たとえば、イギリスで印刷されたツルゲーネフやゴンチャロフの本をシートで買うと支払いに六ヶ月のゆとりがあるから、という理由で最初の刊行リスト十一冊のなか、七冊までがロシアの作家によるものでした。経済的には決して成功とはいえませんでしたが、二人は選んだ作品の文学的価値には自信があり、ノーベル賞作家をはじめとして、エレンブルグ、ショーロホフ、フロイト、ボーヴォワール、ジュール・ロマンなどを次々にアメリカの読者に紹介します。アメリカでまだ無名だったレイモンド・チャンドラーを掘り出したのもブランチ・クノッフです。「まるで生化学者が顕微鏡で生命の証を見出そうと夢中になっているように、小さなクノッフ夫人は、大きな拡大鏡で価値ある作品を見つけようと一生懸命でした」とガーディアンの記者だったアリスティア・クックは同紙の追悼文で述べています。アルフレッド・クノッフも、「固い絆でつながれた長くて幸せな結婚生活でした」とブランチ・クノッフの追悼に当てられた「ボルゾイ・クォータリー」の特集号で回想しています。

クノッフ氏の人物写真には定評がありました。アルフレッド・A・クノッフ出版社の六〇周年を記念して、クノッフ氏の写した作家の肖像《プロフィール》六〇枚が選ばれて、「ボルゾイ・ブックス」のインプリントで『六〇枚の写真』と題し、1975年に出版されました。表紙は、コロンビア大学のキャンパスでくつろぐ若き日のクノッフ氏、そして裏表紙は貫禄あるクノッフ氏の近影です。最後の頁はクノッフ氏とアーサー・ルビンスタイン氏。1912年にウィーンで最初に知り合い、1941年に大戦前の思い出〝My Young Years〟を二五〇ドルの印税前渡保証金で契約し、三十二年間その完成を辛抱強く待ち続けて、ようやく1973年に出版しました。

スキーを履いて雪の上に立つヘルマン・ヘッセとトーマス・マン、アンドレ・ジッド、アルベール・カミュ、J・P・サルトル、リリアン・ヘルマン、ジョン・アップダイクなどなど。日本の作家では、三島由紀夫（1964年センチュリー・カントリー・クラブにて）と川端康成（1960年クノッフ氏の部屋にて）が入りました。

クノッフ氏の部屋の壁には作家たちのプロフィールのほかに、クノッフ夫人と二匹のボルゾイ犬の写真がありました。クノッフ社のシンボルマークに選ばれたボルゾイ犬は、夫妻が寵愛していた犬から由来したもので、「ボルゾイ・ブックス」は良書の代名詞と考えられるようになっていました。しかし、このボルゾイ犬は、実際にはバカで、いたずらで、彼らをシンボルに選んだ夫人をたびたび嘆かせたとのことです。左方向に身軽に走るスマートな犬のロゴは、今でもクノッフ社のシンボル・マークです。

クノッフ夫妻のおしゃれは、服装だけでなく、本の装丁にまでおよび、他社から出版されるどの本よりも美しく個性的な本造りを心がけたので、作家はもちろん、読者をも惹きつけるのに役立ちました。小説、詩、戯曲、ルポルタージュ、エッセーなど、数多くの分野に夫妻の足跡は刻まれています。一人息子のアルフレッド・ジュニアが正統の後継者となることを当然期待していましたが、ジュニアは、独立して自分の能力を証明したい野心から新しい出版社、アシニアムを設立するために、1958年社を去り、夫妻を悲しませました。しかし、クノッフの存続という点では、二年後にランダムハウスの創立者、ベネット・サーフ、ドナルド・クレブファーと話し合って、理想的な形で同社との合併が決まりました。両者は同じ屋根の下で経営面では〝結婚〟をしましたが、編集方針は各自そのままで、出版を継続することになりました。

ランダムハウスはその後も『ドクトル・ジバゴ』や『野生のエルザ』をリストにもっているパンセオン、児童書の「ビギナー・ブックス」、教科書会社のシンガー社を吸収しました。その後、RCAの傘下に入ってからも、その方針は貫かれていました。良書を次から次に、アトランダムに出版しました。ユージン・オニール、ハーマン・メルヴィル、ウィリアム・フォークナー、シンクレア・ルイス、ガートルード・スタイン、トルーマン・カポーティ、エドガー・スノーらの名前は、同社のレパートリーの豊かさを語るに十分だと思います。児童書部門では、「ランドマーク（歴史）」「オールアバウト（科学）」の各シリーズ、サーフ夫人のフィリスが編集責任者だったビギナー・シリーズ、そして一〇年の歳月と三〇〇万ドルをかけた『ランダムハウス英語辞典』が、同社の誇る資産です。惜しくも、ベネット・サーフは、1971年8月27日に心臓発作で他界しました。

上記の話は「古きよき時代」のアメリカの出版界の話です。その時代にニューヨークに居合わせたことは私にとって幸せなことだったと思います。八〇年代から、英米をはじめ、世界の出版界は吸収・合併を繰り返し、がらりと様相が変わりました。タイム社は1989年ワーナーと合併し、タイム・ワーナーとなり、さらに2000年にはAOLの傘下に入ってAOL・タイム・ワーナーとなります。ディズニーは、ハイペリオンを吸収し、ついで、ヴァイアコム・CBS、ベルテルスマン、ニューズ・コーポレーションの五大〝企業〟が、出版市場を寡占する状態となります。

1993年にニューヨークを訪問したとき、ベルテルスマンと合併したランダムハウスはブロードウェーの大きな新ビルに移っていて、その玄関の壁には二十一社の社名が並んでいました。

マグローヒル・パブリッシング・カンパニー（McGraw-Hill Publishing Co., Inc.）

午前中に国連ビルを見学しようと思い立ったのは、午後に訪問予定をしていたマグローヒルと同じ四二丁目にあることを地図で確認したからでした。マンハッタンは、縦の通りがアヴェニュー（番街）、横がストリート（丁目）です。地図では縦に細長いのですが、歩いてみると、同じワン・ブロックでも、縦のアヴェニューよりも横のストリートのほうがずっと長いことに気がつきました。

１９７０年11月末のある日、イースト・リバーの畔《ほとり》に建つ平べったい国連ビルから歩きはじめると、その距離のあること、あること。両側を観察しながら、西の方に見える「緑の殿堂」をめざしてとにかく歩くことにしました。パーク・アヴェニューの地下はグランド・セントラル、汽車が発着するまさに「大きな中央駅」で大勢の人たちが行き交っています。五番街の南西側はニューヨーク公立図書館で、ヨーロッパのどこかにあるような大理石の重厚な建物です。それを過ぎて西に進むと〝ポルノ通り〟に入りました。ずらりと軒を並べる映画館はどれもこれもどぎつい看板を掲げて白昼からネオンを点滅させており、ポルノでなければ血のにおいのする残酷映画を上映しています。本屋はポルノ本、ポルノカセットの専門店がほとんどです。週日の昼間だというのに何をするという当てもない男や女がたむろして、真っ青な顔をしたアル中患者が道端に眠りこけていても振り向く人もありません。その上、すえたにおいが漂い、道は汚れ放題でした。迂回もできず、私は下を向いて足早にその関所を通り抜けました。

私とマグローヒル出版社との接点は、グレッグ式英文速記の教科書と辞書でした。三方式があり、初心者向けのダイアモンド・ジュビリー、読みやすいシンプリファイド、書きやすいが英語力を必要とするアニヴァーサリーのほか分厚い辞書があり、いずれもしっかりした布製の重厚な装丁のものでした。長らく愛用していましたが、カセットテープやコンピュータの発達した現在では恐らく古本屋にしかそれらの本は見つからないでしょう。しかし、当時のマグローヒルの多くの部門のなかで、最も手堅く利益を上げている部門とのことでした。マグローヒルは、専門職業を志願する者にとって必要な〝硬い〟専門書、学術書の出版社というイメージを持っていました。赤石氏の講演でも、マグローヒルは専門的な多岐にわたる雑誌を出版しており、手堅く成長しているというくだりがありました。

マグローヒル出版社の黎明期にも、心躍らせる物語がひそんでいました。十九世紀後半にそれぞれ異なった鉄道雑誌に関心を持っていた二人の青年のなかで出版に対する興味が発芽、やがて開花し、大きな実を結んだことを知る人は少ないかもしれません。

一人は、ニューヨーク州北部で教師をしていたジェイムズ・H・マグロー、もう一人は、コロラド州で機関士をしていたジョン・A・ヒルで、まさにアメリカの一世紀の産業と技術の進歩とともにこの出版社の歩みがあったということがうかがえます。教育こそ自分の天職と考えていたマグローでしたが、鉄道雑誌「アメリカン・ジャーナル・オブ・レイルウェー」を出版している恩師の誘いで、1884年から同誌の予約購読勧誘員としてジャーナリズムへの第一歩を踏み出しました。1899年に独立してマグロー・パブリッシングを設立するときには三冊の専門雑誌を手中に収めており、機関車やガス灯から電気へと移行していた時代と、歩みをともにしていました。マグローの教育者としての天分は、こうした出版物を通して生かされました。現状に満足せず、常によりよいものを明日に求めることを社員にうながし続けていました。「不満の水準をより高く」というモットーは明日のジャーナリズムを築く原動力となっていきました。

一方、ジョン・ヒルは、1888年、鉄道専門の新雑誌「ロコモティブ・エンジニア」の編集者としてアメリカン・マシニスト・パブリッシングに入社しました。デンバー＝リオグランデ間を往復する機関士からの飛躍的な転身です。それまで彼は、羊番、植字工、印刷工、銀鉱採掘、機関士といった厳しい生活のなかで、機械のメカニズムへの興味や、言葉に対する感覚を培《つちか》っていました。まもなく現場の技術者を対象にした雑誌「アメリカン・マシニスト」へのヒルの度重なる斬新な投書が同誌の発行者の注目するところとなり、ヒルを出版界に引き入れるきっかけとなります。やがて、ヒルはビジネスマンとしての才覚をも身につけ、1902年には「ロコモティブ・エンジニア」を買い取ってヒル・パブリッシング社を興すに至りました。

二人のダイナミックな個性にあふれた出版人は、それぞれ技術雑誌を次々に買収し、時代の要請に応えて新雑誌をも誕生させていきました。次に、両社とも書籍出版部を設けて雑誌の論文を出版するようになり、同様の道を歩む好敵手としてお互いに啓発されつつ発展していきます。

そのライバル意識を解消して手を握ってゆこうという話し合いが、1909年春、ニューヨークのあるレストランでひそかに二人の男の間で行われました。マグロー社のエドワード・コールドウェルとヒル社のマーティン・フォスで両者とも出版部長でした。二人の性格はまったく異なっていましたが、お互いに尊敬し合っており、書籍出版部のみを合併させることで意見が一致します。彼らのボスたちは、提案を聞くと、よい競争相手は士気を保つために必要だとか、大きくなれば管理が難しくなるとかいって反対しましたが、ついに二人の熱意に動かされ、出版部の合併に同意しました。マグローとヒルはコインを投げて、勝ったほうが社名の頭に自分の名前をつけ、負けたほうが社長になると決めたことになっています。アメリカ映画のひとこまを見るような話です。

人情に厚く、ウイットに富み、新しいアイディアに事欠かぬフォスが企画・編集に携わり、謹厳実直型のコールドウェルが製作と経営面の責任を持ち、理想的な二人三脚のスタートを切りました。機械工学、化学、物理、数学、農業、経営、経済、電気工学、金属学といった分野の専門書が次々と出版され、一〇年間に出版物は一〇〇〇点を数えるまでになりました。1916年、ヒルは心臓発作を起こして五十七歳で他界します。ヒルの後継者となったアーサー・ボールドウィンとの話し合いで、翌年には雑誌部門の〝結婚〟が行われ、マグローヒル・パブリッシング・カンパニー・インコーポレイテッドという理工学分野では、当時では世界最大の出版社が生まれました。そして印刷媒体から視聴覚媒体へと発展していくなかで1995年にはザ・マグローヒル・カンパニーズとなり、ヒスパニックなど語学を含む職業教育、放送のほか、何社か関連会社を吸収して金融事業なども手がけるようになりました。技術革新とともに発展し、巨大な知識産業の頂点に立っていました。あの個性的な「緑の殿堂」は過去のものとなり、マグローヒル社はマンハッタンの中心ともいうべきロックフェラーセンターに移りましたが、そのビルはまるでファイリング・キャビネットのように味気ないもの、といわざるを得ません。

「マグローヒルの男」

私が訪問したとき、マグローヒルは出版、特に国際共同出版に力を入れている時期でした。四二丁目五番街西側の賑やかな通りを過ぎてさらに西に進むと、左前方に特徴ある殿堂形の青銅色のビルディングがはっきり見えてきました。宮田昇氏の著書、『東は東、西は西』ですでにお馴染みの「マグローヒルの男」、アルフレッド・ヴァン・ダー・マーク氏と、アシスタントのフロイド・イヤアウト氏が快く迎えてくださり、ひとしきり二人の日本礼賛を聞くことになりました。ヴァン・ダー・マーク氏は、〝マイ・ディア・フレンド・ミヤタサン〟をはじめ親切な日本人のことを、食通のイヤアウト氏はどこそこのおいしい日本食のことを口々に話され、二人は仕事上ではぴったり気の合ったコンビなのだけれども、今度はだれが日本に行くかという話になるとケンカになってしまうのですよ、と笑っておられました。

ヴァン・ダー・マーク氏とは初対面とは思えず、オランダなまりの英語に親しみを感じました。最初に電話をしたとき、まもなく日本ユニ・エージェンシーの役員二人が来ると伝えると、ぜひ会いたいとのことで、そのまま矢野、青木両取締役に伝えたのですが、「独占エージェントになる可能性がない出版社は省こうと判断されたのでしょう、「申し訳ないが今回は都合でお目にかかれなかったと伝えてほしい」と、言い残して二人は日本に帰国されました。その旨を話すと、「大切な話をしたかったのだけど」と残念がっておられました。

ヴァン・ダー・マーク氏が1968年に来日し、日本の出版社を訪問した際、同行した宮田氏とは、個人的に信頼もし、すっかり親しくなっていたのですが、だからといって宮田氏は、タトル商会との総代理店契約を破棄して日本ユニ・エージェンシーも扱えるようにしてほしいなどとは一言も言われず、「時間があるときに、宮田の個人的な友人に表敬訪問をしてほしい」と希望されたのでした。ですから、私も気軽に訪ねたのですが、「宮田さんの気持ちはわかっていています。今は、タトル商会との契約を解消する理由がないので現状維持を続けますが、ほかの面で協力していただくことを考えているのです」と話されました。

それは単なる外交辞令ではないことが、翌年のイヤアウト氏の訪日のときに明かされます。私が、やがてヨーロッパ経由で帰国することを伝えると、スイスのルツェルンにぜひお寄りなさい。湖に屋根つきの木の橋がかかっていてアルプスに囲まれた美しい街です。そこにはマグローヒルの製作部の本拠があるので、今進行している大きな企画をぜひ見ていらっしゃいと薦めてくださいました。

国際共同出版

「大きな企画」とは、1965年にマドリッドの国立図書館で発見されたレオナルド・ダ・ヴィンチの手稿を全世界の出版社で復刻、共同出版する独占的権利をマグローヒルが獲得したというものでした。私がタイム社に勤めていたとき、ライフ誌の特集号（1967年3月20日号）にそのレオナルド・ダ・ヴィンチの直筆原稿がマドリッドの国立図書館で発見されたことが大きく報じられたことを覚えていたので、大変興味深く聞きましたが「共同出版」のほんとうの意味については、まだ私は理解していませんでした。

図版の多い大きな企画を各国の版を同時に印刷することによってプラント・コスト（編集・製作に要する固定費）を共同で負担し、質の高い本を安く出版すること、と説明を受けました。マグローヒルでは、レオナルド・ダ・ヴィンチ『マドリッド手稿』以外に、『世界の昆虫』『世界の神話』『旗と紋章』などなど、豪華なばかりでなく、豊富な内容の企画を長期計画として準備しているとのことでした。

私は、1971年6月にニューヨークを後にしてロンドン経由でパリに着き、チューリヒからは汽車でルツェルンに向かいました。ヴァン・ダー・マーク氏の推薦どおりマグローヒルの製作部を訪問するためです。ルツェルンに着くと、すぐにマグローヒル社を訪問しました。エミール・ビューラー氏とアシスタントのフランシーヌ・ピータースさんがあたたかく迎えてくださり、できたばかりのレオナルド・ダ・ヴィンチ手稿の試し刷りを見せてくださいました。古さで黄ばんだ紙の色を出すために八色を使用しているということで、ためし刷りが何種類か並んでいました。

1971年8月に世界一周の旅から戻った私は、1972年から日本ユニ・エージェンシーの契約社員になります。共同出版の責任者、青木日出夫のアシスタントとして日本ユニ・エージェンシーで働かないか。日本の作品を海外に売りこみたい気持ちはわかっているが、それでは利益をすぐに生み出せないので、共同出版の仕事を優先してやってほしい。週三日出社して、後の二日は他社で働いてよいから」と日本ユニ・エージェンシーの宮田昇社長（当時）から打診をいただきました。エージェントの仕事に強く惹かれ、してみたいと思いながらも、具体的にどうするかまでは考えていなかった私は、その有難い申し出でを受けることにしました。

後で知ったのですが、日本ユニ・エージェンシーの台所事情はまだたいへん厳しく、新人を入れるゆとりなどなかったのですが、志を同じくする人間であるらしいと、まだ海のものとも山のものともわからない私に声を掛けてくださったようです。「他社」の心当たりもありませんでしたが、宮田氏は友人である学研のレジャー出版部、今井建一郎部長（当時）とすでに話をつけてくださっていたのでした。私は学研の新設部門に週二日出勤し、新雑誌に必要な調査をすることになりました。

日本ユニ・エージェンシーでは、ヴァン・ダー・マーク氏自身から直接、マグローヒルの世界的な規模と同時に、共同出版の具体的な話を聴くセミナーを開いてはどうかという話に発展していきました。そして、それは1972年8月に実現しました。日本の出版人が言葉の障壁なしに自由にやりとりをするために、同時通訳では第一人者のサイマル・インターナショナルの村松増美氏らの積極的な協力を得て、二日間にわたるセミナーが経団連ホールで開催されました。有力出版社の社長や幹部約六〇名の参加を得て、第一日目はスライドを用いてマグローヒル社の組織と機構、教育産業としての現況、編集、販売の業務や権限などを、二日目には多国籍出版社としてのマグローヒル社のあり方、出版の国際化によるメリットとデメリット、共同出版の実例などを聴きました。

よりよい良質の出版物を、世界の出版社で共同で世に送り出すという共同出版の理念は、多くの日本の出版人の共鳴を得ました。出席者のリストには、今村廣氏（偕成社・故人）、小尾俊人氏（みすず書房・故人）ほか、当時の出版界を代表する方々のお名前が残っています。

その折、ヴァン・ダー・マーク氏は、いくつかの共同出版用図版本を持参していました。そのプロモーションのため、同氏と青木日出夫氏とが日本の出版社を訪問され、私も同行して実地勉強をすることができました。日本の多色刷り印刷の質には定評があり、どの出版社も日本の外での印刷や製本をすることには不安があるようでした。

ヨーロッパ諸国では一ヶ国での出版部数が比較的少なく、また、地理的に国同士の距離が近いこともあって、ヨーロッパのどこかの国で製作され、それぞれに発送される共同出版は当然のように行われています。製版技術の優れているスイスで製版をして、たとえば、イタリアやユーゴ（当時）の印刷所でまとめて製作されます。高い固定費を少しでも安くして各国の出版社が自国語のテキストをフィルムにして送付、それぞれの国の通貨で定価がつけられて印刷、製本され、各社に配送されて販売されます。しかし、海を隔てての品質管理にはさまざまな困難が予想されます。日本までの運賃、時間、納期を守れるか、再版・重版時にどうするか？などなど多くの不安が日本の出版社にはありました。

それでも何社かから興味が示され、ヴァン・ダー・マーク氏は将来に大きな期待をかけて、ニューヨークに戻られました。これを機に、日本ユニ・エージェンシーはマグローヒル社の共同出版部門の日本における独占エージェントになります。

その後マグローヒル以外の出版社からも、共同出版を前提とした大きな企画が舞いこんで来るようになりました。それというのも、青木日出夫氏が、国際図書展など海外に出かけた際、またカタログや業界誌のなかから目ざとく出版社や企画を見出したからです。特にイギリスのミッチェル・ビーズレーは優れたシリーズの企画を用意していました。その企画資料を携えた、営業担当のオランダ人、ヤン・グールデン氏訪日の時には、ホテルの一室を借り切って出版社を一社ずつ招いてはプレゼンテーションを行いました。

こうして、まだ国際的な共同企画、出版がまだ注目されていなかったときに、日本ユニ・エージェンシーでは積極的にこの分野に取り組んでいました。エージェントにとっては、印税だけの契約よりも利益率はよいのです。しかし、著作権という目に見えない権利の印税契約と異なり、完成本あるいは印刷したシートのままの輸入契約ですから、特に支払い条件は厳しいものでした。原出版社としては先行投資をして企画・編集しているので早い支払いを望み、輸入する側の出版社としては、日本語版が完全に印刷・製本されるのを見るまでは支払いたくない。その間に立つエージェントとしては、両サイドの立場を理解して契約を結ばなくてはなりません。また、外貨での契約が多く、契約時と出荷時の為替の差額で両者に損害が出ないための工夫も必要でした。

また、編集作業中は大変でした。問題の起こらぬことはないぐらい、起こってみてはじめてわかるような問題が次々と起こったのです。写真やイラストなど図版が多い出版物ですから、どの言語版も同じスペースに訳された自国のテキストをきちんと埋めこまなくてはなりません。そのために、文字の大きさを調整する、文章を言い換える、あるいは削る、などの作業も必要です。横文字で入った情報を、日本語で同内容にきちんと挿入することに編集者は苦心していました。

レオナルド・ダ・ヴィンチの「マドリッド手稿」復刻版

最高のファクシミリ版を造りだすために選ばれたのが、ルツェルンにあるブッヒャー印刷所でした。国宝級というか、世界遺産でもあるダ・ヴィンチの手稿をスペインからスイスに運び出すのはたいへんなことだったといいます。

マグローヒルのマドリッド支社とスペインの国立図書館の責任者が二人の私服警官に伴われてマドリッド空港を飛び立ち、チューリヒ空港ではマグローヒルの製作責任者、エミール・ビューラー氏が特別許可を得て飛行場内に車を乗り付けて待機していました。タラップを降りてくる私服警官の一人の片手にはアタッシェケースが手錠で〝つながれて〟いました。なかには「マドリッド手稿」が入っています。ビューラー氏の車はその警官を乗せると、前後にスイス側パトカーの護衛つきで印刷所に急行します。警官は、色分解が終わるまで三週間の間「マドリッド手稿」を入れた金庫の前で夜を明かしたとのことです。

レオナルド特有の鏡文字から現代のイタリア語に解読するため、レオナルド研究の第一人者、ラディスラオ・レティ博士が六年を費やしました。手稿二冊の復刻版とその訳本二冊（左頁が現代イタリア語、右側がそれぞれの国の翻訳）、そしてレティ博士による解説書という五巻が一セットになっており、各国のレオナルド学者がたった一語の解釈のために何時間もかけたり、新しい解釈の発見に胸躍らせたりしながら、共同出版として完成させました。

マグローヒル（米・英版とも）と同時に、スペイン（タウルス）、イタリア（ジウンティ）、ドイツ（フィッシャー）、フランス（ロベール・ラフォン）、オランダ（スペクトルム）、日本（岩波書店）でそれぞれの言語訳が用意され、編集はアメリカとイタリア、テキストの印刷がスペイン、イタリア語原文の翻刻がイギリス、製本がドイツと分担され、最終的にはルツェルンのマグローヒル製作部が「扇の要」となって、本を完成させました。

レオナルド・ダ・ヴィンチの「マドリッド手稿」復刻版は、1975年に誠に美しく仕上がり、どの国でも大成功でした。九人の製作スタッフの家父長的存在のビューラー氏は、慈父という印象ですが、仕事には厳しく、「ティファニーばりの仕上げ」を心がけたといいます。〝ティファニー・フィニッシュ〟というのは、ジェームズ・マグローの口癖で「完成させたものが、ことごとくティファニー宝石店の製品のように、中身も外観も、手に取った感じも完璧でなくてはならない」という、彼独特の表現なのでした。サー・ケネス・クラークは、「完璧なまでに行き届いたすばらしい作品を生み出すためにマグローヒルが選ばれたのは幸いだった」とニューヨーク・レヴュー・オブ・ブックスの書評で絶賛しました。

『知られざるレオナルド』

日本にはハンブルクから完成本が船積されました。各国のレオナルド学者が書いた、副産物ともいえる『知られざるレオナルド』も共同出版され、両書とも、日本では岩波書店から発売されました。同社が注文した三〇〇〇セットの復刻版は、どの国よりも最も多いセット数でしたが、積極的な宣伝や、取次と書店の協力もあり、船が横浜に着くまでにすっかり売れていました。三〇〇セットは豪華版で、五巻一組の表紙は牛皮、外函はベージュ色の絹張りに金色の箔押し、一セットの値段はたしか七万円を越えていたと思います。

数ある共同出版の企画のなかでもレオナルド・ダ・ヴィンチ『マドリッド手稿』と『知られざるレオナルド』についての作業は、あらゆる面で突出していました。手稿のほうは、直筆のファクシミリ版と、テキストだけの版が別冊になっていましたから、レイアウト上の苦労はなかったのですが、『知られざるレオナルド』は判型が大きく（縦32・5センチ×横26センチ）、三二二頁で、図版のなかに文字が印刷されていましたから、訳者、監修者、編集者は、さぞかし苦労されたことでしょう。内容は、絵画、音楽、建築、築城、騎馬像、力学、時計、機械、兵器、自転車、鳥の飛翔、と多岐にわたっており、世界中のレオナルド学者九名が執筆してファクシミリ版の監修者、ラディスラオ・レティ博士がそれを編集されました。日本中のレオナルド学者延べ一〇名の方たちが日本版の完成に協力されました。

各国の共同出版パートナーと常に緊密な連絡を取り、手順に抜かりのないように作業の進行を担っていたのは、マグロ―ヒルのルツェルンにある製作部でした。フランシーヌ・ピータースさんは責任者のエミール・ビューラー氏の右腕として、その「扇の要」役を見事に果たされました。私は、日本側でこの出版の仲介に当たったエージェントとして、バルセロナを飛び発ったはずの青焼きが行方不明になったとか、やっと着いたと思ったら第三分冊の表紙の日本語が逆さまに刷られていたとか、問題が起こるたびにピータースさんを電話や電報で困らせていました。さらに七ヶ国の面倒を見ていた彼女の苦労は想像に難くありません。まだ、ファクスのない時代です。

この二つの企画の翻訳出版権を獲得した岩波書店では、そのための編集室を同社の地下一階に設けて、各分野の専門の先生方が出入りされました。私も編集者との打ち合わせに何度か通いました。東京大学物理学小野健一教授（当時・故人）とお目にかかったのもそのころです。『美と豪奢と静謐と悦楽と』（1971年、三省堂刊）というちょっと気取った書名が『レオナルド・ダ・ヴィンチ——その科学と芸術』に改題されたご著書（1976年、三省堂から再刊）を読んで、私は感銘を受けていました。小野先生がボローニャ大学に留学されたころ訪れた、ヴィンチ村を含むトスカーナ地方のこと、ダヴィンチやその先輩、後輩の芸術家たちの作品のことなどが、みずみずしい筆致で描写され、ご自身の率直な考えを述べていらっしゃったからです。この目でぜひ見たいという気持ちを起こさせ、私をヴィンチ村へと誘う本になりました。

3

ボローニャ国際児童図書展

ヴィンチ村への旅

「レオナルド」の二つの企画は、契約から三年後の1975年春に製作の目途がたちました。私は思い切って二週間の休暇をとり、フィレンツェを中心にトスカーナ地方への旅を計画しました。「レオナルド」以外の共同出版でも通信をしていたフィレンツェにお住まいのリューバ・ステファノヴィッチ氏に、小さくてもよいのでフィレンツェの居心地のよいホテルの予約をお願いしました。同氏は、ユーゴ出身で国際共同出版のオーガナイザーとして活躍しておられた方で、その後、夫人のオリベラとともに、私にとって得がたい存在となります。

ちょうどそのとき、ボローニャで国際児童図書展が開催されることを知り、途中立ち寄ることにしました。このことが、私に児童書への目を開かせ、新たな転機をもたらします。

フィレンツェからトスカーナの小都市には観光バスを利用して行くつもりでしたが、ステファノヴィッチ氏は、ご自身の車で方々に案内してくださいました。

偶然にも、4月15日はレオナルドの生誕日で、村を挙げての祝典が催されることになっていました。薄日のさす少し肌寒い日でしたが、菜の花やあんずの花が咲き、まっすぐに天を突くような糸杉があちこちに立ち、トスカーナのなだらかな緑の景色にアクセントをつけていました。白みがかった緑のオリーブは、砂色の壁とレンガ色の屋根の家によく似合っていました。

祝日だったからでしょう。ヴィンチ村ではその家々の窓から、深紅と濃いクリーム色で縦に二分された小旗がまるで干物のようにぶらさがっていました。

レオナルドはヴィンチ村だけの誇りではありません。ヴィンチ村村長の招待で、世界中のレオナルド学者や出版人、なんらかのゆかりのある人たちが百人ばかり集まっていました。日本からは訳者の一人である学習院大学文学部裾分《すそわけ》一弘教授（当時）の姿がありました。白髪をきれいにまとめ上げた意志の強そうな女性は、ミラノ大学美術史専門のアンナ・マリア・ブリッツィオ教授とか。『知られざるレオナルド』の著者として私にもなじみの名前です。「彼女にとってレオナルドだけが恋人なのですよ」とステファノヴィッチ氏が隣でささやかれました。多彩な顔ぶれのなかでもカリフォルニア大学のカルロ・ペドレッティ教授がその日のスターでした。「エトセトラ。なぜならスープがさめるから」という演題の同教授の講演は、熱狂的な拍手喝采で終わりました。最初にユル・ブリンナーの話で意表をつき、最後は演題と同じ台詞で締めくくる演出、ゼスチュアたっぷり、朗々と響く声はイタリア語がわからない私にとっては、まるでオペラを観るようでした。なんでも、レオナルドの手稿にたびたび用いられる〝etc.〟の新解釈で、大変優れた学説だと説明を受けました。

レオナルドの書き残した図形をもとに設計した機械類、落下傘、人体の模型、それに世界中に散らばっている絵画の複製などが城跡に展示されていました。そこから講演会場には、大きな村旗を掲げ、エンジとブルーと白の中世風装束をつけた四人の若者たちが先導しました。綿菓子や小物を並べたワゴンが道端に繰り出してはいますが、「レオナルドまんじゅう」のようなものはなく、観光化されていないことにほっとしました。

レオナルドの生家は村の中心から二、三キロ離れた丘の中腹にあり、オリーブの樹々に囲まれていますが、小石を積み上げて造った素朴な平屋です。広間にはレオナルドに関する書籍や手稿の復刻版が展示されていました。ヴィンチ村ご自慢の「レオナルド」ブランドの赤ワインとパンが配られました。この素朴なおもてなしには好感を持ちました。

四月中旬の休暇は、私にこうした偶然の出会いをもたらしました。こうした偶然はもう一度訪れます。1982年、私は独立して㈲栗田・板東事務所を設立し、ケルンを足場に日本の出版物を持参して出版社めぐりをしていました。まだ寒さの残る早春に、仕事でローマ経由でフィレンツェに降り立ちました。その翌日が偶然、レオナルドの重要な手稿のひとつ、「ハマー手稿」のお披露目展示会の初日で、やはりお祭りが用意されていたのです。

英国のレスター卿が学生時代に入手し、レスター家が二〇〇年間所有していたという「レスター手稿」を、重税のために手放すと知って、ロサンゼルスの石油王、アーマンド・ハマー博士（当時）が、自家用機でイギリスに飛び、たった二分の交渉でX億ポンドで買い取ったというわくつきの手稿の、最初の「お里帰り」でした。ペルティーニ大統領（当時）自らが出迎えて、ヴェッキオ宮殿では「ハマー手稿」の展示と講演会が催され、ハマー博士を中世風装束の音楽隊がファンファーレで歓迎しました。その後の、メディチの館での歓迎祝典はルネッサンス時代ではこうもあったかと思わせるご馳走が、やはり中世の服装の若い女性たちによって配膳されました。その「ハマー手稿」は、アーマンド・ハマー博士が亡くなると、ビル・ゲイツによって三〇八〇万ドルで買われたとのことです。

「一体いつまで、手稿をお手元に置かれる予定か?」とペルティーニ大統領が、ハマー博士に暗に「イタリアへの返還」をうながされていたと、翌日の新聞に載っていたそうですが、このような大切なイタリアの遺産がアメリカのお金持ちの手中になることに納得できない、というのがイタリアの人たちの率直な気持ちかもしれません。

わたしのボローニャ

レオナルド・ダ・ヴィンチに導かれて二週間の休暇をとった1975年4月初旬には、ボローニャで国際児童図書展があると知り、はじめて国際図書展に参加してみることになりました。ボローニャといえば、コペルニクスが学んだヨーロッパ最古の大学都市、そしてヨーロッパの台所といわれるくらい「おいしい」ところ、くらいの知識しかありません。三つの赤で表される都市、というのはボロネーゼが自称したのか、ほかの都市の人たちがそう呼んだのか、とにかく、共産党の赤、赤レンガの赤、おいしい赤ワインの赤、がその象徴であると後で教わりました。

名前は失念しましたが、当時の市長は女性で、市民にとっては満足な運営がなされているとのことでした。朝は八時まで夕方は六時からバスは無料と知り、翌日から旅行者としてその恩恵に浴することができました。

ステファノヴィッチ氏が駅から中央広場に走るインディペンデンツァ通りに面した由緒あるホテル・マジェスティークを予約してくれました。真白の上着に紺と金をあしらったしゃれた制服の初老のコンセルジュに導かれて、数段の階段を上がり扉を入ると、高い天井にルネッサンス風の女神が客を迎えるように描かれている広いフロントがあり、いかにも格式が高い印象を受けました。部屋もたっぷりと広く、家具調度も古くて立派なものが備えられ、かごにいっぱいの果物が支配人からのプレゼントとして置いてあります。なんだか気持ちが豊かになりました。

いつものことですが、はじめて訪れる街では興奮してわくわくします。私は好奇心満々で街の探検に出かけました。インディペンデンツァ通りの突き当たりはマッジョーレ広場です。石畳の中心にはネプチューン像の噴水があり、向かって左にはエンゾ宮殿、右は現在市役所として使用されている古城の一部、左奥がヨーロッパ最古のパイプオルガンがある教会でした。天井の穴から一筋の光が差しこみ、床にはまっすぐな線が引かれ、目盛がついており、それが日時計だと説明を受けました。市役所の玄関の壁面には、ナチスドイツ軍とファシストに抗戦して命を落としたレジスタンスの勇士たちの写真と名前が貼ってあり、市民や観光客が手を合わせていました。

中央駅を背にして左側には、昔の水道跡という噴水のある小さな池があり、周囲は公園で、そのなかに幼稚園があります。街なかというのに静かな気配です。バスの通る大通りにはローマ時代の門の跡が崩れたままで残っています。大学のキャンパスはさまざまな服装の男女が三々五々と集まってはおしゃべりに余念がなく、自由な雰囲気が漂っていました。

ボローニャの象徴といえば、マッジョーレ広場に向かって左に二、三分歩いた七叉路に建っている二本の塔です。一本は約一〇〇メートル、もう片方は約五〇メートルと、そう高くはないのですが、ボローニャのどこからも見え、両方とも傾いていました。特に低いほうの傾きはひどく、土台にお金をかけることを惜しんだ建築主のために、工事を中止したからだそうです。

後に知り合ったボローニャ在住の近藤映子さんに興味深い話を聞きました。「ボローニャに住みついたある夏の夕方に、塔の辺を散歩していたら、高い塔のバルコニーで、女優らしい人がいきなりダンテの詩を朗誦しはじめたの。そしたら、周囲の市民たちが、それに唱和しはじめたのよ。息をのむほどびっくりして感激すると同時に、文化の相違というか、ああ、自分はイタリアという異国にいるんだなあ、とホームシックに似たさびしいような気持ちになったのよ」。市民も文化都市というだけあって、教養豊かな人たちが多いのでしょう。「日本ならばそんな時、朗誦するのはなにかしら?」と二人で話したことでした。

近藤さんは広島大学で哲学を専攻、奨学金を得てイタリアに留学、ナポリの哲学研究所で、ポンペイと同じく火山の爆発で消えた古代都市エルコラーノから発掘された炭化した当時の哲学書を紐解きます。三年後、浮世絵に興味を持っていた銅版画家キヨッソーネが、出身地のジェノア市に収集品を寄贈してできたキヨッソーネ美術館で働きます。考古学者のルイージ・ベルナボブレアという人がその浮世絵コレクションに興味を持って近藤さんと二人でカタログを作ることになります。そのことが、近藤さんを哲学から美術史の分野に引き入れたようです。結局、近藤さんは浮世絵研究の第一人者となり、ヨーロッパのあちこちで浮世絵コレクションの整理、カタログ製作に貢献されました。オークションに招かれて毎年のようにケルンに来られることから、私は東洋美術館学芸員の庄野真佐子さんを通じて知り合いました。オークションの日程がボローニャ国際児童図書展と重なることから、八〇年代のはじめ、私がケルンにフラットを借りてボローニャに出かけている時は、彼女が私のケルンのフラットに泊まって仕事をされました（7章参照）。

近藤さんが最初のボローニャ訪問のときに知り合ったニーノ・ペテルノッツリ教授は長らく京都大学でイタリア言語と文学を教えておられましたが、買い集めた書物をもとに近藤さんとともに、ボローニャに長年の願いであった東洋文化研究所を設立します。展覧会を催したり、東洋美術を教えたりします。お二人とも稼いだお金と労力を惜しみなくつぎこんでおられました。近藤さんは胃がんで惜しくも早世されましたが、同研究所はボローニャ大学に編入されました。市役所の裏にある城跡の博物館で開催された河鍋《かわなべ》暁斎《きょうさい》の個展でお会いし、ボローニャ大学の解剖室にご案内いただいたのが最後となりました。地道に日伊の文化交流に尽くされた近藤映子さんによって、また、おもてなしの気持ちを全身で表して「今年はX年目」と歓迎してくれるリストランテ「フランコ・ロッシ」夫妻によって、ボローニャは、「わたしのボローニャ」となっていったのです。

さて、話は75年に戻ります。翌朝は、児童図書展の初日でしたが、朝七時から朝市が立つというので二本の塔の近くにある市場を覗きに出かけました。イタリア特有のめずらしい野菜、果物、肉類、あらゆる種類のチーズを取り揃えた店、魚屋などが思い思いに品物を並べています。「台所があったらいいのになあ」とつくづく思いました。魚屋の前には樽が置いてあり、そこでうごめいているのは、大きな鰻《うなぎ》でした。客が新聞紙を両手で広げるなかに、無造作にあばれる鰻を放りこんでその新聞紙をがさがさと丸めるのです。どうして料理するのか興味津々でした。品物が豊富で新鮮、そして日本と比べてうんと安いのです。リラになると単位が大きいのですが、その安さは日本の大体三分の一ぐらいでしょうか、朝早くから買い物客でにぎわっていました。

図書展最終日の午後は快晴で、丘の上の教会が私をしきりに招いています。丘の裏側までタクシーで行き、リフトに乗って下に見える田舎の景色を眺めながら教会に着きました。お参りもそぞろに、長谷寺のような屋根つき階段の回廊を丘の下までゆっくりと降りました。途中からの景色はリフトから見たのと角度だけがちがって、菜の花、桃の花、杏の花がオリーブの広い緑のなかに点在して広がっています。なんともいえぬのどかさで桃源郷に来たような気持ちでした。

タクシーを拾うのに苦労しましたが、心地よい疲れでホテルに戻りました。タクシーの運転手がお釣りだといってキャンデーを二個くれます。コインはどうしたの？と聞いたら、「スイスのやつらが、時計の台座にするんだといって持っていってしまったのさ」と笑っています。イタリア人は隣国でお金持ちのスイス人が大嫌いなのだそうです。そんな運転手に好感さえ持ちました。一方通行の細い道を逆向きに平気で飛ばすようなタクシーですが、驚きこそすれ、憎む気になれません。

レンガ色の屋根や壁が特徴の街はアーケードがめぐらされていて、雨傘がほとんど必要ないくらいです。こぢんまりとして歴史のいっぱい詰まったボローニャには、その後約三〇年間通うことになります。

ボローニャ国際児童図書展

遠くからでも図書展示会場に万国旗がはためいているのが見えました。日本の国旗があることを確かめて入口を入ると、ポプラ並木が若みどり色の新芽をつけています。切っても折れてもすぐ芽吹いてくるというポプラの並木は、いかにも児童書の図書展にふさわしく思えました。

パビリオンは二つしか使用しておらず、ひとつはイギリスの児童書出版社がほとんどで、もうひとつはイギリス以外のヨーロッパの国々の出版社でした。アメリカの出版社は共同でブースを借りて、全米児童図書協会の男性一人が「留守番」をしている程度です。日本からの出展社は、福音館書店、学研、偕成社、至光社、小学館、フレーベル館の六社でした。各国のスタンドを眺めながら歩いていると「ミス・クリタ?」と呼び止められました。写真で知るメキシコの画家、ディエゴ・リベラをもっとやさしくしたような風貌の男性で、巨体なのですがにこにことやさしい笑顔が、ステファノヴィッチさんだと教えていました。「日本人がたくさん来ているのに、よくおわかりになりましたね」というと、「匂いですぐわかりましたよ」と両手で私の右手を包みこむような初対面の優雅なご挨拶でした。その横からはやはり大柄ながら目がくりくりしてかわいらしい印象の夫人、オリベラが手を差し伸べてくださいました。

私がボローニャ国際児童図書展に立ち寄ることを伝え聞いて、偕成社とほるぷ出版社からほぼ同時に、社長、編集長たちが参加するので通訳をしてほしいという依頼がありました。午前に偕成社、午後にほるぷ出版と分けさせていただき、二社の通訳をしたことは、私にとって児童書を見る目を養うのに絶好の機会だったといえます。それまで書店に行っても児童書のコーナーにわざわざ立ち寄ることもなく、どのような絵本や児童向け読み物が出版されているのか、知識は皆無といってもよかったでしょう。

児童書に全く関心がなかったわけではなく、石井桃子さん（故人）の『子どもの図書館』（1965

年、岩波書店刊）と「図書」に連載された「欧米三ヶ月の旅」（1962年2〜7月）と「1972年初夏 イギリスへの旅」（1973年1〜12月）を読み、子どもの本に対する並々ならぬ熱意と子どもの図書館を設立された実行力には感銘していました。1954年に岩波書店を退社して欧米に視察留学をされたと知り、女性先輩の生き方に刺激を受けてもいたのです。

ほるぷ出版では、「ほるぷこども図書館」という新しい企画を立てて、中森蒔人《まきと》社長（当時・故人）自ら先頭に立ち、幼児から年齢別に〈こりすコース〉〈うさぎコース〉など、何段階かに分けてセットにした絵本を訪問販売しようとしていました。日本でははじめての画期的な企画といえるでしょう。他社もそれに刺激を受けてか、海外絵本の翻訳出版権獲得への関心が徐々に高まっていきました。日本で海外絵本ブームがはじまったのはそのころからです。

このことを機に私は児童書、特に絵本の世界に目を開きました。ニューヨーク滞在中の1970年9月から1971年6月までの期間には、なぜか、児童書に目を向けることなく、ハーパーの著名な編集長、アーシュラ・ノードストロムさんとお目にかかる機会を得ながら、児童書について学ぶことをしませんでした。

ニューヨークでは、今でもお付き合いのあるアン・ベネデューススさんとお目にかかっていますが、当時ベネデュースさんはトーマス・Y・クロウェルの編集長で、ワールド・パブリッシングから移られたばかりでした。そのころからアメリカでは吸収合併が多くなり、特に児童書部門は経営陣から継子扱いされ、簡単に動かされてしまう、という話をうかがいました。

ベネデュースさんは1960年にリッピンコットに入社、1963年からワールド・パブリッシングの編集長として活躍、同社の児童書部門が身売りされトーマス・Y・クロウェルに移りますが、さらに、クロウェル出版社がハーパー・パブリッシングの傘下になるという不幸な成り行きとなりました。次いでイギリスのウィリアム・コリンズのアメリカ側パートナー、コリンズ+ワールドに、と親会社の動きで翻弄されます。

結果、1980年にベネデュースさんは、ペンギン・グループの一部門としてフィロメル・ブックスを立ち上げます。今まで手がけた絵本作家、エリック・カール、エド・ヤング、ターシャ・テューダー、そして日本からは安野光雅、市川里美の諸作品を引き連れての決心でした。ヴァージニア・ハミルトン、フィリッパ・ピアス、キャサリン・パターソンなど数々の受賞歴に輝く児童文学者たちも一緒でした。

最初にニューヨークでお目にかかったとき、「〝春はあけぼの〟からはじまる感性豊かなエッセイを書いた清少納言は『源氏物語』の紫式部と同じ一〇世紀ごろの女性なのよね。あの時代に日本ですでに女性が文学の分野で活躍していたなんてすごいわねえ」と感嘆しておられたのを聞き、『枕草子』を愛読、評価しておられることに、いたく感心しました。

そのベネデュースさんに、イギリスのボードリー・ヘッドのスタンドでばったりお会いして、同社の編集者ジュディー・テイラーさんに紹介されました。今でも親しくお付き合いのあるジュディー・テイラーさんについては後ほど詳しく語りたいと思います。ちょうどそのスタンドを訪問されていた、有名なベッティーナ・ヒューリマンさんを、そこで紹介していただきました。三人とも安野光雅氏の絵本の大ファンで、同氏の本についてひとしきり話が弾みました。

中谷千代子作『けんちゃんのおともだち』と『けんちゃんのたからもの』（偕成社刊）のアメリカ版、イギリス版の出版のことで通信をしていたお二人の編集者は、絵本に対する共通の好みがあるようでした。

大人の本ならば、英米いずれかの出版社が権利を獲得して全英語圏での販売をするか、権利を獲得したほうがアメリカなりイギリスに、二次使用権として売るのですが、児童書の場合はそれぞれ別途に権利を獲得してそれぞれの市場で売るのが恒例でした。それはたぶんアメリカ英語とイギリス英語の差が子どもの使う英語では大きいからでしょう。

カナダについては、アン・ベネデュースさんと、ジュディー・テイラーさんの間で、交互に販売地域に含めることで了解し合っていました。つまり、今回アメリカ版をカナダで販売すれば、次の作品はイギリス版をカナダで販売するという取り決めです。

昼食時間には、私は通訳から解放されて自由に時間が使えましたから自分の目で絵本を見てみようとスタンドを回りはじめました。スイスのアルテミス社と共同で、オランダのレムニスカートという出版社の本棚で、ぞくっとするような原画が飾ってありました。ウィリアム・ブレイクの作品を思わせるような色遣いでしわだらけのおばあさんが描いてあります。これが「子どもの本の絵？」と見ていたら、若い男女が戻ってきて、ほかの絵も見てくれる？　と原画を奥の部屋から取り出してきました。『ぬすまれたかがみ』というストーリーをたどたどしくボーイフレンドの助けを借りながら説明してくれました。リディア・ポストマというのがその女性新人絵本作家の名前でした。

見本が完成したら、送ってくれるように依頼したのはもちろんです。そして、それは偕成社の今村廣社長（当時・故人）が気に入られ、同じ画家の『魔女の庭』とともに同社で出版されました。リディア・ポストマは、ほかの国々でも評価が高く、オランダで金の林檎賞を受賞しました。

これを機に私は帰国後、社内の児童書担当者の退社という事情もあり、児童書の世界へのめりこんでいきます。海外の児童書の日本語版仲介の仕事が、ほるぷ出版をはじめ、日本の出版社からの要請でどんどん増えていきました。

そこで、私は、絵本なら文学の翻訳に比べたら短い時間でできるし、絵や写真で編集者は内容を評価、判断できるのではなかろうか？　日本の本をとにかくこのような図書展で見せることから文化交流をはじめてはどうだろうか？　と考えつきました。

ほかにも日本には多くの児童書出版社があるのだから、一社ではスタンドを持てなくても、何社かで共同スタンドを持って出展してはどうだろうか？　と。帰国後、そのことを日本ユニ・エージェンシーの宮田昇社長に提案しました。宮田氏は大賛成で、時には出版社の社長または編集長の説得に同道してくださいました。１９７６年からいよいよボローニャでの本格的な活動がはじまります。

ボローニャに初出展

日本の出版社が共同スタンドを持つ試みは、すでに1973年の第一〇回ボローニャ国際児童図書展において出版文化国際交流会（PACE）の主導で、実現していました。1972年に偕成社の今村廣社長（当時・故人）がロンドンの出版社を訪問された折に、編集者たちに「なぜボローニャに来ないのか?」と異口同音に尋ねられたことがきっかけで、今村氏はPACEに参加を提案され、翌年に同会の是永保子さんと一緒に参加されたことを最近知りました（『出版文化国際交流会五〇年史』2003年刊）。偕成社、福音館書店、ポプラ社の三社が出展、岩波書店を加えた四社から七名が参加しています。翌年からは、福音館書店と偕成社は、それぞれ単独のブースを持ち、以後今日まで続いています。

それとは知らずに、外国の共同ブースを見た私は日本の児童書出版社に共同方式での参加を呼びかけました。1976年には、十一社から約五〇点の展示本を集め、ほるぷ出版と共同でブースを借りて参加しました。ほるぷ出版は、絵本のプロモーションで提携していた「お話キャラバン」に場所を提供、海外の出版人に紙芝居によるプロモーションを実演しました。日本独特の紙芝居は、世界中に通用するパテントを取るという種類のものではありませんが、実演には大人も子どもも大勢集まり、大好評でした。一人のアフリカ人女性が、飛び入りで自分の描いた民話を実演、拍手喝采を浴びました。PACEは、1977年にもブースを持って展示していますが、そのときは日本ユニ・エージェンシーと共同のブースでした。その後もPACEは2003年まで視察団の派遣を続けます。

日本ユニ・エージェンシーは1976年以後ずっとブースを持ち続けました。私が独立して㈲栗田・板東事務所を設立した1981年は、日本ユニ・エージェンシーとの共同のブースにしますが、その後は日本ユニ・エージェンシーから「著作権輸出」の仕事と一緒にブースも引き継ぎました。1983年、社名を現在の㈱日本著作権輸出センターに変えましたが、出展は続いています。十数社からの出展本一五〇点前後を並べ、海外の出版社にプロモーション活動を行っています。

ボローニャへの行き方は、当時はミラノまで飛び、ミラノからは汽車を利用するのが通常の方法でした。1976年、スタンド初参加の年に、チューリヒから汽車というルートを取った私のコンパートメントに、ミラノで一組のカップルが重そうなトランクを抱えて乗りこんできました。どこかで見おぼえがあるような、と思ったら、リディア・ポストマの本を出版しているオランダのレムニスカート社の社長夫妻でした。

世界中の子どもの母親、といった感じの慈愛に満ちた顔立ちの夫人と、おそらくワインで染まったのでしょう赤ら顔のご主人と、早速食堂車に入って、ワイン片手におしゃべりがはじまりました。「日本のような遠い国で、リディアの本が出るのは実にうれしい。ところでアキコは何度目のボローニャ？　ああ去年がはじめてか。われわれは六年目だ。すぐに商売に結びつくことはないかもしれんが、年々知り合いがふえて、ほかの国の編集者とも、作家たちとも親しくなっていく。それでいいんだ。わが社がスタンドを分け合っているのは、チューリヒのアルテミスという出版社だが、おたがいの本をまだ出版したことがない。それでも、うまが合うから毎年共同のブースを持っている。われわれは八年前に出版社を興した。九人目の子どもが小学校に入ったので、家内が何かをしたいというもんで出版をはじめることにした。レムニスカートというのは、オランダ語で無限大のことだ。夢を託してね。心理学の本と子どものための質のよい本を心がけている」。燃えるような目で、精力的に話す夫の言葉を、ときに補いながら、やさしい面ざしでボエル夫人は微笑んでいます。どんなに泣いていた子どももこの夫人の顔を見たら安心して泣き止んでしまうにちがいない、と私は彼女に見ほれていました。

九人も子どもを育てて、さらに出版をはじめて八年とは！　無限大のゆめ！　なんてすばらしい人生でしょう。「四月二日の夜はあけといてくださいよ。リディアの誕生祝いをするからね。リディアの本を出した世界中の出版社をみな招《よ》ぼうと思っているんだ。アキコは知っているかな。四月二日といえばアンデルセンの誕生日だ。偶然とはいえめでたいことだ」。こうしてボエル夫妻とは、たちまち親しくなりました。同じ国でなくても、うまが合う出版社と共同のブースを持つ。これこそボローニャ精神だと思いました。

1976年からはボローニャ国際児童図書展では、パビリオンの数も二棟から四棟に増やし、

ボローニャ国際児童図書展にてメキシコの編集者と。1984 年

その後も北欧、旧東欧、ラテンアメリカ、アジア――と参加国も参加出版社も年ごとに増えて、ひところは十一棟を使用するまでになりましたが、現在はパビリオンをつなげて面積を広めたり、上階を増築したりして四棟を使用しています。共同のスタンドを使用していたアメリカの出版社も各々単独のブースを持ちはじめ、マーガレット・マッケルダリー、スーザン・ヒルシマン、フィリス・フォゲルマンといった名のある編集長クラスの方々がボローニャの常連となります。日本からの参加出版社も一〇社前後が単独ブースを持って毎回出展し、絵本と児童文学のみならず漫画が出展されるようになり、ますます参加者も増えました。私としては初期のころの関係者間の緊密な心あたたまる交流の会から、ビジネス色の強いほかの国際図書展と変わらぬブックフェアになったことを残念に思います。賞の種類からも、後述の賞のうち子どもたちが選ぶエルバ賞はなぜかなくなってしまいました。パーティーも古いお城ではなく、新しく建ったモダンな会場に変わっていきました。

前述のように、1975年くらいから、外国の絵本の日本語出版権を獲得する競争があり、エージェントとしてはうれしい悲鳴を上げるほどの申しこみが日本の出版社から入りはじめました。アーノルド・ローベル、アニタ・ローベル、モーリス・センダック、エズラ・ジャック・キーツ、マリー・ホール・エッツ、パット・ハッチンス、エドワード・アーディゾーニなど、ちょっと思い出しただけでも数多くの絵本作家の名前が思い浮かびます。

私は、日本の絵本についての知識はもちろん、選択眼もなかったので、1976年のボローニャ国際児童図書展に出展を申しこんだ各出版社の編集長に自薦の絵本を送本してくださるよう依頼しました。民話が多く、大型で縦書き、頁数も文字も多く、黒字に白字が抜いてある本が多く集まりました。簡単な英文をつけて、海外編集者に見せると、「何歳用？　何頁？　フィルム代は？」と矢継ぎ早の質問がきます。即答できず、戸惑いました。1970年にニューヨークでハーパーのノードストロムさんに〝テスト〟を受けていたにもかかわらず、事前の勉強が不足で、私は恥をかくばかりでした。

帰国してから出展社の編集者との集まりを持ち、左開きで横書きの絵本を考えてほしい、大型ではなく頁数も年齢に合わせて多すぎないようにしてほしい、などとボローニャでの体験を話して、理解を得るようにしました。翌年から児童書の編集者や絵本作家たちがボローニャの国際児童図書展を訪れ、学んだり、刺激を受けたり、人脈を築いたりする交流がはじまりました。日本の児童書にも徐々に関心が集まってくるようになりました。絵が独特ですばらしい、でもストーリーが弱い、などと海外の編集者から率直な意見が聞けることも関係者にとってはよい勉強になったと思います。

ボローニャ国際児童図書展で日本の作品が次々と受賞したこともあり、関係者には大きな刺激になりました。赤羽末吉、瀬川康男、安野光雅、米倉斉加年氏らの優れた作品が受賞し、出版社の主催でパーティーが開催されました。内外の作家、画家たちも編集者と一緒に参加してともに祝い、情報交換の場ともなりました。パーティー司会の依頼を受けて、私が早めに会場で待機していたとき、眼鏡をかけ、白いものが混じったひげの似合う五〇歳代と思われる小説家のような風貌の方が来られたので、「どちらからおいでになりましたか?」とうかがいました。「ローマの郊外で物語を書いています。まもなく岩波書店から『モモ』という作品が日本語で出ます」と言われ、ミヒャエル・エンデさんとは知らずに「ぜひ読ませていただきます」と答えていました。その後、劇団四季で『モモ』の上演が決まり、その交渉をすることになったのは、思いがけないことでした。『モモ』以来、エンデさんの大ファンとなり、来日されたときには、編集者約二〇名で「モモの会」を作ってお話を直接うかがう機会を持ったりもしました。

ボローニャ国際児童図書展では、会場入口に近い広いスペースをイラスト展とポスター展に当てており、各国の絵本画家あるいは、画家を志す人たちが応募してきた作品を展示しています。新人画家たちの登竜門でもあります。1975年は、合原幸夫さんという日本名の画家によるポスターが入賞していました。ミラノ在住のグラフィックデザイナーで、イタリアらしい明るい色遣い、子どもが風船で遊ぶ様子はいかにも平和な風景でした。その合原さんを1977年ミラノにお訪ねしたことから、フレーベル館から幼児用の絵本が出版されました。そして今でもご夫妻との心あたたまるご縁が続いています。

初日のパーティーは三つの賞の授賞式が中心で、1975年はマッジョーレ広場に面したエンゾ宮殿で行われました。石段を上った左手の広い部屋が会場で、ボローニャ市長をはじめ、ボローニャの要人や世界の出版関係者が出席しておごそかに行われました。グラフィック賞は、低学年向きと中・高学年向きにわかれて、装丁をはじめ絵も文字も美しい新刊書が、世界の絵本界で長年編集に携わってきた人、見識のある審査員によって選ばれ、その本を手がけた編集者に与えられます。審査員を選ぶのはボローニャ児童図書展示会の事務局です。エルバ賞というのは、ボローニャの小学生一〇名によって選ばれた本で、作者、出版社にとってもっとも光栄なうれしい賞です。

授賞式のあとはごちそうの並ぶ部屋に移動して歓談がはじまり、夜中ともなれば、生演奏がはじまって、やがてダンスパーティーとなります。楽しいながら、時差の残る身にはちょっとつらい時間になりました。

「平和はいいなあ。こうして僕たちもソ連やアジアの人たちと自由に話し合えて、共通の絵本を通して心を通わせることができるんだもの」と、パーティーでうれしそうに話すジョン・バーニンガムさんの顔を思い出します。このように絵本作家、編集者、図書館員、学校の先生——と子どもの本にかかわるさまざまな人たちが共通の話題で盛り上がり、和気あいあいと話し合っている風景はボローニャ児童図書展ならではのものでした。

ベッティーナ・ヒューリマン

ボローニャ児童図書展でイギリスのボードリー・ヘッド社のスタンドに、ベッティーナ・

ヒューリマンさん（1909〜1983）が来られたのは同社から著書の英語版"Seven Houses – My Life with Books"が、ドイツ語から訳されて出版されたばかりだったからです。その日本語版『七つの屋根の下で——ある絵本作りの人生』は、宇沢浩子訳で日本エディタースクール出版部から1981年に出版されますが、私は英語版を入手して夢中で読みました。ヒューリマンさんの生い立ち、かかわりのあったドイツやスイスの出版社のこと、絵本についての考え方を学ぶことができました。

ヒューリマンさんは、1909年にワイマールで出版社と書店を経営する両親の間に生まれます。小学校のときにポツダムに移り、まもなく両親が離婚、出版人として独立した母親と暮らします。十八歳のときに、ライプツィッヒでタイポグラフィーとブック・デザインを学び、活字、活版に関する知識を習得、さらに印刷術を学ぶためにイギリスの印刷所に行きます。母親の後押しもあったのでしょうが、確固とした意思を持って出版を志したのは、当時の女性として異例のことであったにちがいありません。その後、スイスのアトランティス社のベルリン支社で採用され、編集責任者のマーティン・ヒューリマン氏と結婚します。

ある日、長女の誕生祝いに絵本を買おうとしたものの、よい本が見つからず、自身で児童書の出版を決意します。五人の子どもを育てながら四〇年間絵本つくりに没頭されました。

私たちが立ち話をしている間にも、さまざまな国の編集者がいつの間にかヒューリマンさんを囲んでいました。福音館書店海外部の板東悠美子さんもその一人です。翌年からは、ボローニャに行く直前に、板東さんと一緒にチューリヒのヒューリマンさんのお宅にうかがってお話をしたり、蔵書を拝見したりする光栄に浴しました。

著書にも書かれていますが、はじめての来日時に石井桃子さんや福音館書店の当時の編集長、松居直氏によって日本の本へ目を開かれ、関心を深め、高く評価されます。石井桃子さんを表現するのに「穏やかに話す、風に吹き飛ばされそうな弱々しい小さな人」が、子どもの本に対して壮大な思いと情熱を抱いていた、と書かれているのに、思わずくすっと笑いました。

私がニューヨークで出版社を訪問したときに、あらかじめ約束をし、きちんと名乗ったにもかかわらず、「日本からの小さな女性《リトル・ガール》がここでお待ちですよ」と受付の女性が取りついでいたことを思い出したからです。日本人女性は確かに欧米人と比べたら小さいし、若く見られることはうれしいにちがいないのですが、「リトル・ガール」ではいかにも子どもという感じであまりうれしくありません。ヒューリマンさんの石井桃子さんへの表現は「タイニー・パーソン」と「リトル・クリーチャー」でした。ご自身も、決して背が高くはないのですが、きっと、小さい日本人という印象が強かったのでしょう。

いずれにせよ、1968年の二度目の訪日では、松居直氏の周到な準備とおもてなしで、日本の文化と画家、特に瀬川康男氏の作品に魅せられたようです。腰の骨折のために入院された病院にお見舞いにうかがったときも、枕元に数冊の日本の絵本があり、瀬川の新しい本は？安野は今度何を描いたの？　と好奇心満々でした。瀬川康男氏の『ふたり』（富山房刊）は、文字のない猫とねずみの話ですが、なんともいえぬペーソスとユーモアの表現がお気に召して、ドイツならどこの出版社がいいかしら？　と関心はそちらに行くようでした。

ヒューリマンさんの七十一歳のお誕生日から一ヶ月間、チューリヒ市立図書館館長、ディードリッヒ氏の粋な計らいで、すべてのコレクションが公開されました。つまりディードリッヒ氏は、蔵書の展示会の場所と機会をお誕生日のプレゼントにしたのです。特にロビンソン・クルーソーと、日本の絵本のコーナーは来訪者の注目の的でした。その贈り主は、ケルンの民俗学の出版社オイゲン・ディードリッヒの社主の弟です。

ベッティーナ・ヒューリマンさんは、この二人の兄弟の名付け親でした。二人の母親、インゲ・ディードリッヒさんはベッティーナ・ヒューリマンさんとポツダム時代の同級生でした。インゲさんは、ディードリッヒ氏と結婚し、三年前まで現役として働いておられました。ジャンルこそちがえ、ヒューリマンさんと同じ出版界で働くことになります。ともに遊んだ小学生のころは、出版人と結婚し、自らも出版に携わるとは二人とも予想もしていなかったでしょう。

ヒューリマンさんを囲む編集者たちの姿は、ボローニャ児童図書展事務局が主催する初日の夕刻からのパーティーでも見られました。気ばかり先走って身体がついていかないのよ、と苦笑しながら、腰の痛みと闘っておられたのですが、肺炎を患い、ヒューリマンさんは惜しくも1983年7月に他界されました。『子どもの本の世界』（野村泫《ひろし》訳、1969年、福音館書店刊）を読めば、私たちはヒューリマンさんの確かな鑑賞眼を通じて新しい発見をすることができます。

図書展で最初に成約した「輸出絵本」

はじめてボローニャ国際児童図書展に出展した日本の絵本で成約に至った作品は、たかはしひろゆき作『チロヌップのきつね』（1972年、金の星社刊）でした。北海道の島に住む母ぎつねと兄妹きつねの話です。全体に灰色の淡色を基調に描かれているなかで、妹きつねのリボンだけ赤く、それは最後の場面でわなにかかってしまった子ぎつねと、えさを運び続けた母ぎつねの悲しい最後を意味するものでしたが、アメリカの小さな出版社、ウィンドミル・ブックスが関心を示しました。島の年老いた夫婦にかわいがられていた野生のきつねたちの生活が、戦争の余波で危険にさらされる話で、日本的な色合いで内容も地味な作品ですが、ハッピーエンドが好きなアメリカ人に興味を持たれたことをうれしく思いました。原文に忠実な英訳を見て「兄さんきつねは男の子らしく活発で、妹きつねは小さくて甘えんぼ」という言い回しについて、「そのような男女差別の表現を避けて文章を書き換えたい」という要望がきました。フェミニスト運動が活発だった当時のアメリカの社会情勢の反映だったのでしょう。出版社経由で著者の了解を得て訂正、1976年に出版されました。

ほるぷ出版では、年齢別の絵本シリーズをセットで訪問販売する企画を権威づけるために、ユニセフ・アメリカ児童文化情報センター所長、アン・ペロウスキーさんをはじめ、トロント

たかはしひろゆき 文・絵『チロヌップのきつね』金の星社、1972年

のオズボーン・コレクションやミュンヘンの国際児童図書館の責任者も招いてアドバイスを受けました。ペロウスキーさんは発展途上国の児童書に詳しく、中南米、東南アジア、アフリカの小さな国々で活躍している作家の絵本を多く推薦してくださいました。そのときに見せた数ある日本の絵本からペロウスキーさんたちが〝ベスト〟と選んだのは、偶然にも『チロヌップのきつね』でした。

政情で変わった絵本：イランとチェコ

1975年のボローニャでの受賞作品に、イランの絵本作家の美しい絵本がありました。イランの国際児童図書協会がスタンドを持ち、タバッツ氏という背の高いひげの濃い男性が大勢の来訪者に応対していました。小鳥や動物、花などが主人公で色合いのきれいな幼児用の絵本が目立ちました。ほるぷ出版では、そのイランの絵本も選定本に加えました。

それから四年後の1979年にイランに革命が起こりました。ホメイニ師が絶対的な権力をにぎると、タバッツ氏はボローニャに来てはいましたが、痩せて風貌が別人のように変わってしまい、展示されている絵本からは以前の明るさが消えていました。タバッツ氏推薦の絵本は、主人公は動物でしたが強いボスを称えて、みなが服従するという、明らかに当時のイラン革命を反映したものに変わっていました。タバッツ氏は説明したあと心なしか、すまなさそうな顔になりました。イラン伝説の『勇者プーリア』（A・アクバル・サーデギー絵）は、ほるぷ出版から出ています。

文化と政治とは切り離されるべきものですが、イランのほかにも、国情の変化で大きく変貌した児童書出版の国があります。

チェコには、J・トゥルンカ作『ふしぎな庭』、J・ドマンスカ作『パンをたべるのはだれですか?』をはじめ、ファンタスティックでユニークな絵本が数多くありました。国営の出版社、アルバトロスは、ドルを入手するという国策に基づき、すべての本をチェコで印刷、製本することを条件にしていました。アルティアというエージェントが商社のような役目を担って条件交渉をしていました。しかし、紙の質が悪く、したがってせっかくの多色刷りがよい色に仕上がりません。それでも国策を曲げることはできず、本をチェコで製作し、日本に輸出することが絶対条件でした。製作費は日本と比べると格段に安いものでした。日本では岩崎書店やほるぷ出版が何冊かを輸入しましたが、納期が遅れて奥付を刷り直さなくてはならないなどのハプニングもありました。ドルのほしいチェコに、日本の絵本はフィルム代が高いため、売りこむことは不可能で、文化交流には至りませんでした。

アルバトロスは、地下に劇場もある立派なビルに出版部があり、アルティアが魅力的な展示場を一、二階に持ち、三階を出版社の事務所にしていました。ソ連が解体して本国に引き揚げると、経済危機がやってきました。

２０００年にプラハを訪れたとき、目抜き通りはヨーロッパのブランド品を扱う銀座のようになり、アルバトロスの使用していたビルは銀行に変わり、本の展示場も、劇場もなくなっていました。アルティアも、その役目が終わってしまったようです。いつのころからか、「軍曹」というニックネームで私たちが呼ぶようになっていたアルバトロスの編集者、オクタベック氏が、どんなに苦しくても貧乏でも、自分たちに必要なのは、自由であると強調していたのが強く印象に残っています。アルバトロスは今も活躍していますが、人はすっかり入れ替わってしまいました。その後「軍曹」の姿を見ることはありませんでした。

スイスの小出版社：南北社（Nord-Sud Verlag）

ボローニャでは大きさと賑やかさでひときわ目立つ出版社がスイスのノルド・ジュド社でした。日本語で「南北社」と私は勝手に呼んでいました。何の知識もなくボローニャ児童図書展を訪れた人は、同社が世界で一番大きな児童書出版社だと思うかもしれません。私も最初はそう思っていました。

壁面に大きなポスターを貼り、色彩ゆたかで魅力的な絵本を本棚にところ狭しと並べています。ウィンドウには、おいしそうなパンとチーズ、そしてワインが。多くの画家たちが訪問して、持参した自分の絵を見せたり、棚の絵本を見たり、おしゃべりしたりしています。真ん中の机で原画を広げて熱心に説明をしている色白で学生っぽさの残っている青年は、社主の息子、ディビーです。ギリシャ彫刻のように彫りの深い顔立ちの、大柄なそれでいて親しみを感じさせる女性が、母親のブリギッテ。ワイン片手に出たり入ったりして、だれかれとなく話しかけている背の高いちょび髭の男性は、ブリギッテのご主人で創業者のディミトリです。

南北社は、実は家族経営の小さな出版社なのでした。ドイツ語圏ばかりか、オランダ、旧東欧の画家たちが南北社に原画を持ちこんでくる理由が後でわかります。ある年チューリヒ経由で帰国すると、話をしていたことを覚えていたのか、ディミトリが夕方ホテルに迎えにきました。ホテル名は教えましたが約束をしたわけではなかったのでびっくりしました。裏町のワインバーをハシゴしながらディミトリは「南北社」のことを問わずがたりに話しはじめました。

ディミトリ・シジャンスキー氏はマケドニア出身で、戦争中にパルチザンとして戦い、親友を失います。自分はドイツ軍に捕らえられ、フランクフルト郊外のオッフェンバッハの収容所に入れられます。ロシア語をはじめ東欧圏の言語が話せることから、通訳を命ぜられ、時には嘘の供述をして何人もの捕虜を自由の身にしてやりました。

自分も自由になりたくて、ある日、遂に脱走してスイスに逃れます。偶然にも終戦前夜のことだったといいます。シジャンスキー青年は、自由のために、平和のために生きよう、と固い決心をします。パリで法律の勉強をした後、永世中立国スイスに戻り、チューリヒでめぐり会ったブリギッテと結婚、さまざまな職業を経験した後、子ども四人を引き連れて夫婦で北アメリカを旅行、南はメキシコまで足を延ばします。帰国後、いよいよ夢だった絵本の出版社をチューリヒ郊外で興します。

学生たちも気軽に入るようなバーで、隣に座り合わせた若者たちとも昔からの友人のように談笑するディミトリは、いかにも楽しそうでした。そして翌朝、自宅から四〇分もかかるホテルまで迎えにきてくれました。細長く伸びているチューリヒ湖の左岸から東に折れて、小さな村に入ると、春も終わりに近いというのに、雪で真っ白のアルプスが右前方に見えます。あちこちに放牧された牛の遊ぶ牧場を見渡すかわいい二階建ての家。それがディミトリ一家の住まいであり、南北社でした。

六畳ぐらいの小さな部屋に原画やレイアウト用紙を広げてディビーとブリギッテが仕事中です。社長業を妻に譲って、自分は作家専業になりたいとのこと。すでに、ミーシャ・ダムヤンのペンネームで何冊かの絵本を出しており、そのテキストは彼のものでした。亡くなった親友の鎮魂となるような本、当時ポーランドで起こった「ソリダリティ」のことなどをテーマに書くのが夢だと語っていました。

まず、ディミトリは庭を案内してくれました。犬が二匹、ヤギ一匹、オウム一羽、チャボ十二羽、ハトが六〇羽、そして家のなかには猫が六匹と大家族でした。ディミトリのペットは伝書鳩たちです。美しい羽のハトをつぎつぎに見せては「きれいでしょう。遠くに飛ばして、けなげに戻ってくれると、訓練のし甲斐もあったとうれしくってねえ」と、ほおずりをしています。自給自足できるほどの野菜も育てていました。

長男が写真家でベルリンに住み、次男が建築家でハンブルク、三男がディビー、そして四男、五男が学生。真ん中が紅一点の長女、病院で血液検査を担当している技師とのことでした。

南北社では、他国の作品のドイツ語出版権を取得して販売することはしていません。もっぱら絵本を自分たちの作品として出版するだけでした。ですから、同社の本を多数日本に紹介しても、日本の本を売りこむことはできませんでした。

でも、私たちはいつまでも友人でした。ディビーが社長になると、アメリカやフランスに協力会社をつくるなど、手を広げていきました。私としては少なからぬ危うさを感じながら、外野席から見守るしかありませんでした。ブリギッテが、日本のパートナーについて私に相談したくて電話をかけてきたこともありました。ブリギッテは母親としてディビーの野心にブレーキをかけたかったのかもしれません。何事も手堅く、一歩一歩進む質の私はディビーの行き方には積極的に賛同しかねていましたが、同社の方針はディビーが決めることでした。

やがて、南北社はアメリカからもフランスからも撤退し、オーストリアのノイゲバウアー・プレスと合併しました。最終的にはディビーが急死するという結末になりました。仕事に熱心なあまり生き急いでしまったように思えてなりません。

スイスの小出版社：志の出版社

ボローニャ国際児童図書展で、南北社の隣は、ボーヘム・プレス（Bohem Press）というチューリヒに本拠を置く出版社でした。何とかスキーというチェコのボヘミヤ地方出身の、大柄でひげもじゃの社長と挨拶するときは、子リスが大熊と握手するような気分になったものです。

電話をかけても誰も出ません。チューリヒの中央駅から湖畔にいたる目抜き通りに面して事務所があるとのことだったので通りがかりに寄ってみると、その番地の地下の事務所は閉まっています。一階の店の女性に聞くと「昼間は肉体労働に従事していて、夜、出版の仕事をしているみたい」と教えてくれました。「お風呂場は本があふれてるわよ」と女性は言いました。まさに志の出版です。ワンマンオペレーション、汗水たらして絵本つくりに打ちこんでいるのでした。

彼にもきっとドラマがあったのでしょうが、それを親しく聞く機会はありませんでした。チェコをはじめ、旧東欧の絵本作家たちの絵本を多く出版しています。

志の出版といえば、日本の絵本から『チロヌップのきつね』を選んでドイツ語で出版したスピア・フェアラク（Speer Verlag）のことをはずすわけにはいきません（アメリカとちがい、兄妹きつねの男女差別の表現についてはまったく問題になりませんでした）。社長のロルフ・レーマー氏は、中肉中背で見るからに気持ちのやさしさが感じられる紳士です。レーマー氏の父親はオランダから移住し、チューリヒの市長になった方ですが、ほんとうは詩人か音楽家になりたかったそうです。レーマー氏は大学卒業後、ベルンにある大手書店で勤務していました。八〇歳に近いオヤジが何にでも口を出すので、自分の仲間たちと組んで、「二年間口出しをしないなら黒字にするから」と約束、そのとおりにしました。

その後、レーマー氏は三十五歳で独立してオランダやフランスの本の販売で成功、小さな出版社スピア・フェアラクを興すことにしました。ルガノから車で約二〇分、郊外の人口二〇〇名という寒村ながら、風光明媚な山の中腹に理想通りの家を建て、自分がほんとうに出したい本を出すことにします。モーツァルトの「魔笛」をモチーフにした絵本などのほかに、ギフトブックと称する手のひらに入るようなケース入り小型本双書、テーマは神話や聖書などさまざまで、お誕生日に花の代わりにプレゼントしたいと思える本の出版です。

「よい本を創り出すには、きれいな空気、すばらしい景色、そしてよい音楽が必要」という、レーマー氏の持論が納得できる環境での出発でした。パイプオルガンを三階建ての家に組み立てさせて、七〇歳から習いはじめたので、「電話をかけてなかなか出ないことがあったら、パイプオルガンの練習に励んでいると思って、三〇分後にまたかけてくださいよ」とたどたどしい英語で話されました。

レーマー氏は、ドイツ語、フランス語、イタリア語は流暢ですが、英語はあまりお得意ではありません。私は日本語の他に話せるのは英語のみです。お互いにもどかしい思いもしましたが、心は十分通じました。ボローニャ、フランクフルトの両図書展に参加されるようになったこぐま社の佐藤英和社長（当時）に紹介しましたら、やはりお互いに言葉は完全ではないのに、気持ちは通じ合えてたちどころに仲のよいお友だちになられました。

小さな教会を中心にこぢんまりとした村と湖が、樹木の間から正面眼下に、左手遠方にはドロミテのごつごつした、しかし美しい山容が連なっています。霧が出たと思うとたちまちさっと晴れわたり、一刻として同じではない風景のなか、さぞかしすばらしい企画が生まれるだろうと想像できます。

ボローニャの帰途に立ち寄り、ゲストルームに泊めていただいたこともありました。地下にはプールがあり、ご家族の小音楽会場にもなりました。パイプオルガン二台のほかに、ピアノと古いチェンバロが二台あり、ミラノの合原ご夫妻も参加した氏の七十五歳のお誕生日には、連弾をしていただいたり、声楽家の合原夫人に歌っていただいたり、また、レーマー氏のパイプオルガンの演奏を聴いたり、実に豊かな心あたたまる楽しいひと時を過ごしました。八〇歳を目前に、レーマー氏は残念ながらこの世を去られました。

レーマー氏は、ステファノヴィッチ氏とも友人でした。レーマー氏の隣人が抽象画家のコーネリア・フォスターさんでステファノヴィッチ夫妻と親しいことから、知り合われたことがわかりました。このように、ヨーロッパでは、出版人ばかりか他の分野の芸術を通じて知り合った人たちが、芋づる式につながっているのでした。

日本での絵本ブーム

1975年ごろから絵本ブームといってもよい現象が日本では顕著になりました。他業種からも、また絵本と関係がなかった出版社からも、絵本出版に参入するところが出てきました。絵本のことはわからないがとにかく絵本を出版したいという希望で、ボローニャの図書展を訪問する人たちが年毎に増えていきました。

そのなかには、ある外国出版社のスタンドで、すべての絵本を指差して「ミス・クリタ」とだけ告げて去った日本人がいたというので、その出版社の編集者がびっくりして私を訪ねて来ました。見せられた名刺で、立ち去った人が、販売能力のある出版社の人であることがわかり、すべての本の優先検討権《オプション》がほしいので、栗田宛に送本してほしいという意図であろうと察しました。あとで、その通りであることを確認しましたが、商売ができるうれしさよりも、絵本が商品になっていくはじまりのように思えて悲しくなりました。

多くの新規参入絵本出版社が現れましたが、「絵本は儲かるらしい」と考えたような出版社が長続きすることはありませんでした。

本格的にはじまった絵本の著作権輸出

1976年、私にとってはじめてのボローニャ国際児童図書展で日本からの出展本のうちで成約に至ったのは、たかはしひろゆき作『チロヌップのきつね』（金の星社刊）一点でした。その後、徐々に日本の絵本作家による絵本の権利が欧米出版社に売れるようになっていきました。海外編集者に安野光雅、赤羽末吉、中谷千代子、岩村和朗、五味太郎諸氏の日本でも人気の作家たちのファンが増えました。

特に、安野光雅作品のファンは国ごとに編集者が決まっていましたから、その人たちに同時に集まってもらって新刊のプレゼンテーションを行うことができました。企画途中の本に最初から意見を出して貰い、場合によっては原画に手を入れていただくというようなこともありました。

たとえば、『10人のゆかいなひっこし』（童話屋刊）では、トイレに座っている男の子が四角く切り抜いた窓から見えるシーンに、アメリカの編集者から「困る」とクレームがつきました。他国の編集者は「自然の行為なのになぜ？」と半ばあきれて抗議しましたが、「親や図書館員から文句が出そうだ」というのです。大きな問題を引き起こすとは思えませんが、著者と相談して男の子がパンツを脱ぐ動作に切り替わりました。

各国で評判がよいにもかかわらず、時代の流れで経営的に困難となり、脱落していく出版社もありました。オランダのプロフスマ社（Plogsma）、スイスのアルテミス社（Artemis）、ともに大人向けの書籍の出版社ですが、編集長が気に入った絵本を出しており、安野作品もそれに含まれていました。しかし、両社とも編集長の定年退職を機会に児童書部門を閉じてしまいました。ヨーロッパの小国では絵本が売れなくなっていく時代になっていました。

内容は気に入られても、右開きであるため、あるいはフィルム代が高すぎて、成約に至らなかった日本の絵本も多くあります。左右が逆になり流れが左からになっても問題のない絵本もありますが、民話を題材にした本では着物を着ている人の前の合わせ方が逆になったりします。弁慶がサウスポーになってしまうことも出てきます。この場合は、金の星社の斉藤雅一社長（当時）が、たまたまボローニャの視察旅行に参加されていて内諾を得たのでしたが、結局はフィルム代で折り合いがつかず、その本にご執心だったフランスの編集者をがっかりさせました。

現在では、例外はあるとしても、データをCD-Rなどで提供すれば済みますが、当時はこうして四原色に分解した複版フィルムを、実費で提供することしか方法がなかったのです。その上、国によってあるいは印刷所によって、印刷方法にちがいがあることがわかりました。「正に見て（ポジで）乳剤面（感光乳剤が塗布してある面）が下」が日本側から一般的に提供できる仕様ですが、「逆に見て（ネガで）乳剤面が下」という要望があったりしました。その例は、アメリカの出版社で起こりました。

はじめての「シリーズ輸出」の成約

日本ユニ・エージェンシーのブースで展示していたあかね書房刊『科学のアルバム』シリーズの数冊を胸にしっかり抱えて、私がブースへ戻ってくるのを待っている人がいました。アメリカ、ミネアポリスにあるラーナー出版社のシャロン・ラーナー副社長（当時・故人）でした。ブースに見に来た人のなかに競争相手がいたため、彼女は二時間もそうして私の帰りを待っていたのでした。その当時児童書の日本語出版権（輸入）も受け持っていたため、私は他社のブースに商談に出かけることが多く、長時間席をはずしていたのです。

『科学のアルバム』は、日本の写真家による映像の質が高く、主として図書館向けに児童書のシリーズを出版しているラーナー出版社に最適な内容であるとのことでした。既刊約五〇冊の見本を送付することからはじまり、まず二〇冊の契約にこぎつけました。

問題は、原本がすべて右開き、縦書きであることです。また、白く抜いてある文字も難関でした。黒だけを用いた背景ならまだしも、二色以上を使用して印刷されている場合は、「白抜き」の処理が簡単ではありません。真っ黒の夜空のシーンに説明を際立たせるために、ピンクの丸印などを使用してあるとさらに厄介でした。そのような技術的な問題のある夜空を映した天体関係の本を除いて、とりあえず決まったのが二〇冊です。あかね書房としてもはじめてのシリーズ契約に大喜びでしたが、校正が紙ではなくフィルムで出てきたり、印刷方法が日本と異なるため、予期せぬ問題が出て時間がかかりました。

文章も日本語から正しい翻訳を提出しましたが、ラーナー出版社では科学ジャーナリストとして名のある一流の編集者、シルヴィア・ジョンソンさんが細かくチェックをし、情緒的な表現は一切避け、昆虫などはアメリカに実在するかどうかなどの調査もした結果、「科学のインフォーメーション・ブック」として、どんな図書館でも学校でも受け入れられるようなものに仕上げました。

アメリカ版『科学のアルバム』の完成には、数年を要しましたが、あかね書房の後路好章《うしろよしあき》編集長（当時）が、北米を視察訪問した際、アメリカやカナダのどんな田舎の図書館でも『科学のアルバム』のアメリカ版が並べてあって鼻が高くなったとの報告をいただきました。エージェント冥利に尽きる思いをしました。

また、ニューヨーク科学アカデミーでは、毎年優れた科学書に賞を出していますが、甲乙つけがたしとして、その年、シリーズの二〇冊すべてに「ニューヨーク科学アカデミー賞」が与えられたと、よろこびの知らせが入ってきました。一冊一冊の表紙には、受賞のしるしの銀色のラベルが貼られ、新たな装いの本が図書館や書店に並びました。そのあと、ミネアポリスにラーナー出版社を尋ねた折に、ミネアポリス中央図書館を訪問してみると、ハードカバーでも評判の高い『ジャガイモ』や『カブトムシ』などは、子どもたちの要望に応じられるよう、数冊ずつが取り揃えられていました。

ハリー・ラーナー社長とシャロン・ラーナー副社長が間もなく訪日、あかね書房の岡本陸人社長（当時・故人）と歓談されましたが、その時シャロンさんはすでに乳がんに侵されていたといいます。残念ながら、シャロンさんは四人の子どもを残して1982年に他界されました。

彼女の業をたたえて、「シャロン・ラーナー奨学金」が設立され、隔年に海外編集者一名をミネアポリスに招いて、編集、製作、宣伝、販売など同社の傘下にある印刷所や製本所を見学、社員に混じって学ぶという制度が文化交流の一環として続いています。

日本からは、米田佳代子さん（元徳間書店編集者・故人）が選ばれてミネアポリスの同社のコンドミニアムに泊まり、約二週間アメリカ式の出版について詳しく学びました（米田さんは、何事にも積極的で、日本人とは思えない、というのがラーナーでの評価でした。だれからもそのフランクな態度が好まれて、海外編集者間でも評判でしたが、2004年12月26日のプーケットでの津波の犠牲になられました。ラーナーでは、いち早く〝TSUNAMI〟を出版して、米田さんと、ドイツ人編集者レッティング氏への追悼本としました）。

2009年5月にラーナー出版社が五〇周年を祝いました。創立者のハリー・ラーナー氏の長男、アダム・ラーナー氏が、一〇のインプリントを擁するラーナー・グループ社長として、創立者の意思を引き継ぎ、着々と育っていることが報告されました。

印刷所、製本所を早くから傘下に収めて、ニューヨークではなく、ミネアポリスという中都市で、図書館市場から一般市場にも着実に販売網を築いてきた創立者の起業家としての手腕は、二〇歳そこそこの若い時代のラーナー氏の〝冒険談〟に現れています。

ドイツの地方都市に兵役で駐留していたときに、フォルクスワーゲンの社長に会いに行き、「アメリカにおける同社の車の販売権がほしい」と申し入れたのです。背広ネクタイの正装でこそあったものの、背が低いほうで十八、九歳にしか見えない弱冠二十一歳のラーナー青年です。「フォルクスワーゲンにようこそ」と応接間に現れた社長は、彼の申し出でに驚きながら「車の販売にご経験がおありかな」と聞きます。「いいえ、まだありません。日用品を扱ったことはあります。これから勉強をします」と答えます。

結局断られてしまうのですが、それでもめげずに、仲間たちがドイツ語もできないながら、中古車を買ってドイツ国内の旅をしているのを見て、彼らのためにガイドブックを出そうと考えます。車の安い入手方法、ガソリンの買い方をはじめ、ドイツ内の旅行の仕方など地図も入れた小冊子の発行に着手します。販売はスターズ・アンド・ストライプスと交渉をして初版一万部、紆余曲折はあったものの大成功します。そのとき、「退役したらミネアポリスで出版をしよう」と決意したそうです。

そのときのハリー・ラーナー氏の夢が実を結びました。しかも大企業の傘下に入ることなく、地方都市ミネアポリスで今日のラーナー・グループにまで成長してきたのです。「ギブ・アンド・テイク」でぜひ同社の出版物を日本で扱ってほしいという希望を入れて、ビジネスの上でも個人的にもラーナー一家とよい交流が続いています。

デンマークの小さなエージェントの活躍

ノルウェイ、スウェーデン、デンマーク、フィンランドの各出版社はスカンディナビアというくくりでボローニャ国際児童図書展の三〇号館の一角にまとめられていました。二列のスタンドの廊下中央には、太くて丸い柱が立ててあり、各出版社の編集長が顔写真とともに紹介してあります。まとめていたのは、ICBSというデンマークの小さなエージェントでした。背が高くほっそりした体に大きな目が特長のバージニア・アレン・イエンセンさんが中心になって、スカンディナビアのスタンドを取り仕切っているのでした。どのような運営をしているのか、興味津々の私は、デンマーク経由の飛行機を選んで寄ってみることにしました。

イエンセンさんは、アメリカ、ミネソタ州の出身ですが、太西洋の船上の恋が実ってデンマークのフレミング・イエンセン氏と結婚、三人の娘ができてから、エージェントをはじめた人です。イエンセン氏がまだスタンフォードの大学院生であったこともあり、生活のためにも本とかかわる仕事をしたいと、デンマークの本の英訳をしたり、出版権の橋渡しをしたりしながら、絵本を作ります。アンデルセン賞作家のイブ・スパング・オルセン氏が学校の先生時代の同僚でもあったので、これをきっかけにエージェントをしてほしいとオルセン氏から依頼があり、『つきのぼうや』(日本版は福音館書店刊)を皮切りにエージェントとしての看板をかかげます。地下室の洗濯機と暖炉の間の机が事務所でした。

名前はＩＣＢＳ（International Children's Books Service）という〝大きな〟もので、急激な発展とはいかないまでも専門的な知識を身につけ、人々の要望に応えられるようなサービスを提供できる著作権エージェントをめざしました。

しかし、エージェントという仲介の役目のみに止まらず、視覚障害のある子どもたちのための点字本『これ、なあに？』（日本版は偕成社刊）を作ります。ある誕生日パーティーで隣り合わせた盲学校の青年教師から、「全盲の子どもたちにとって、トータルなイメージがつかめるような立体的な教材がない」という話を聞いて、何とかできないかと試行錯誤を繰り返しました。職人気質の印刷技師にも出会い、思い立ってから一〇年目にやっと『これ、なあに？』が完成します。ボローニャでは十五ヶ国の共同出版パートナーたちも見つけ、エリナー・ファージョン賞など十二の賞を受けました。「きっと、なんとか方法があるにちがいない」と思う探究心と好奇心とが実を結んだのです。

リューバ・ステファノヴィッチ

ユーゴスラビア出身のリューバ・ステファノヴィッチ氏は、フィレンツェにあるジウンティ出版社のコンサルタントとして、常に国際的視野に立って仕事をしていました。ベオグラードの大手出版社で美術関係の担当をしていたステファノヴィッチ氏は、アメリカのジョンソン・

リプリントというファクシミリ版専門の大手出版社がパートナーでした。ファクシミリ版の印刷がイタリアで行われるようになると、フィレンツェのジウンティ出版社のコンサルタントに請われ、同社を本拠に大きな国際共同出版を手がけるようになりました。

ジョンソン・リプリントは、ハーコート・ブレイス・ヨハノヴィッチという水族館も経営し、多角的に事業を推し進めている大出版社の傘下にあり、復刻版を専門にしている出版社でした。レオナルド・ダ・ヴィンチの「アトランティコ手稿」や「ウィンザー手稿」を復刻しており、日本からは岩波書店が共同出版の一社でした。

ジウンティ出版社は、レオナルド・ダ・ヴィンチの父親が公証人をしていたルネッサンス時代から続く老舗であり、『ピノキオ』をはじめて出版したことがご自慢でした。ボローニャのあと、フィレンツェで同社を訪問すると、各国で出版された『ピノキオ』が大切そうにガラスケースで展示されていて、日本からは小学館刊の『ピノキオ』が並んでいました。児童書のシリーズ、レオナルド関連の復刻版を含む美術書、科学、心理学関係のシリーズなどを出版、傘下に九社を持ち、同じ敷地内に印刷所を囲んで各社の事務所がありました。ステファノヴィッチ氏は広い一部屋をジウンティ出版社内に持っていました。

レオナルド・ダ・ヴィンチの「マドリッド手稿」のみならず、「アトランティコ手稿」「ウィンザー手稿」も全世界の限定版にするとき、オーガナイザーとして、ステファノヴィッチ氏が中心になって業務に携わっておられました。

ステファノヴィッチ氏は学生時代の若いころから語学に長けて、英、仏、独、伊、露の五ヶ国語を自国語のほかに自由に操っていて、翻訳も手がけておられたそうです。きっと耳がいいのでしょう。私が「もしもし」と電話を取るのを聞いていたのか、あるとき、私の声とわかると「みしみし」と返事がありました。「それは、あなたのように太った人が壊れかかった木の廊下を歩くときに出す音なのですよ」と笑いながら答えると、次には「もしもし、みしみしです」とかかってきました。

フリーのコンサルタントでしたから、イタリアの他社、サンソーニ・インターナショナルや、ジャカ・ブックの仕事にも携わり、『世界の切手図鑑』、美術書や科学のシリーズなども扱っておられました。世界遺産になる出版物を掘り起こす嗅覚があり、バチカンの秘宝など多くの国際共同出版を手がけられました。

私がフィレンツェ滞在中にシニョーリア広場のカフェテラスで待ち合わせをし、「レオナルド・ダ・ヴィンチ」出版物ゆかりの何名かとパブリッシャーズ・ウィークリーのパリ駐在員、ハーブ・ロッテマン氏とパートナーのマリアンヌ・ヴェロンさんなどが集まり、近くのレストランで昼食会が持たれました。「今日は皆さん、子牛の料理がお薦めです。ダ・ヴィンチのデラックス版の表紙には、牛皮を使いますから、皆さんたくさん召し上がらないと足りないのです」とまじめな顔で話すのは、ステファノヴィッチ氏です。アルコール類は一切嗜まないのですが、同氏の周囲にはいつも笑い声がありました。メニューではじめて見る「ブレイン」にびっくり。

おいしいと薦められて注文すると白くてやわらかいマシュマロのような子牛の脳を軽く揚げてあるもので、まことに美味でした。いつも当意即妙なやり取りが交わされ、それが何よりのご馳走でした。

フリーで仕事をするということはあらゆる雑用もこなすことを意味しますから、どんなに忙しいかと思うのですが、「忙しい」という言葉を発したことはなく、常に悠然と構えておられるステファノヴィッチ氏を目にすると、こちらまで気分がゆったりしてくるのでした。フィレンツェに着くたびに駅まで出迎えてくださり、お礼を言うと「友人の間にありがとうは不要ですよ」と答えるのが常でした。少し困ったことがあるようなときには、"There must be a way."（なんとかなりますよ）と言われることで、本当に解決されそうな気分になったものです。

１９７５年春の最初の私のフィレンツェ滞在を思い出深いものにしようと、ご自身の愛車アルファロメオで、夫人のオリベラと一緒に、トスカーナ地方を案内してくださいました。フィレンツェはもちろんのこと、シエナ、サンジミニャーノ、ピサなどで多くの思い出を残してくださいました。しかし、ステファノヴィッチ氏はミラノでの仕事中に、１９８３年1月、六〇歳を目前にして心臓麻痺であの世の人となってしまわれたのです。

4

作家のエージェント

ボローニャに足を踏み入れると、児童書に関しての話が際限なく続きそうです。いったん1970年秋に戻り、この章でエージェントめぐり、次の章ではブッククラブについてお話したいと思います。どちらも日本ではあまりなじみのない職業でした。

詳しい日記をつけていたわけではなく、記憶に頼って書いているので、『アメリカの出版界』（赤石正著、1970年、出版同人刊）に付録として収録された「わたしの見たアメリカの出版界」を参照しながら、当時を思い起こしつつ書き進めます。

ニューヨークのオーサーズ・エージェント

英米のオーサーズ・エージェント（作家のエージェント）が世界に先駆けて誕生し、現在のエージェント業界があると聞いていました。どのような人たちが、どのように運営しているのか、ということは私の大きな関心事でした。

アメリカの著作者は、ほとんどがエージェントに自分の作品の交渉を任せていて、自分で版権を扱っている人はごく少ないとのことでした。というのも、ほとんどの作家は優れたビジネスマンではあり得ないし、自分で自分の作品を〝売りこむ〟ことが困難で、交渉に費やす労力や時間、事務手続きなどはばかにならないからです。そうでない場合も、出版社の著作権部と契約して、海外版に関してはプロモーションと販売を委託しています。

本来、オーサーズ・エージェントの役割は、自国の著者の作品を自国の出版社に売りこむことです。成功報酬で、売り上げ（アドバンス＝印税前渡保証金と著者印税及びその後の売り上げ部数に応じた印税）の10％を手数料として入手します。「テンパーセンター」というエージェントの呼称はそれに由来しているそうです。

海外版に関しては、海外のエージェントを利用する場合が多く、10％を上乗せして扱っています。ですから、たった一人の著者のエージェントでも事業として成り立つ場合もあるといいます。

フランクフルト国際図書展の帰途、ニューヨークに立ち寄られた日本ユニ・エージェンシーの矢野浩三郎、青木日出夫両取締役（当時、両者とも故人）のいずれかに同道して、二、三のエージェントを訪問した後に、手渡された未訪問のリストには多くのエージェント名が記されていました。

「ニューヨーク市二〇丁目西311½」という奇妙な番地があったので、どんなところだろう？と、まずそこを訪問することにしました。なるほど、311と312の中間に細長い路地があり、突き当たりの扉に、311½とありました。扉の横のベルを押すと誰何《すいか》され、名を告げるとベルの鳴っている間になかから扉が開く仕掛けでした。入ると両側のビルにはさまれた路地がさらにあって、そこを突っ切ると意外や広い中庭となり、奥の家の玄関に通じる石段の上に、長い黒髪の美少女がにこやかに立っていました。いったん上がった階段を家のなかに入ってまた下がり、地下に案内されると、大きな毛皮を敷いた応接間で、黒々とあごひげを蓄えたユダヤ人らしい男性が「ようこそ」と手を差し伸べてきました。地下室といっても二段になった中庭の低いほうが窓に面していて採光がなされています。番地からしておかしなところに、このなんとなく風変わりなお膳立てです。ソファに腰掛けた途端にどこからともなく現れた黒猫が擦り寄ってきたときは思わず身を縮めてしまいました。〝今にもあの本棚が実は隠し扉で、すーっと開かれて……〟などと想像をめぐらしてしまいました。

エージェントのひとつ、ヘンリー・モリソン社でしたが、「インコーポレイテッド」とあったので事務所らしい事務所を想像しており、私にはこの雰囲気が異様にうつったのです。このように自宅の一室を仕事部屋に当てているエージェントは、その後私の訪問した約三〇社のうち、半数以上もありました。自宅でないまでも、ビルの一角にこぢんまりと、オフィスというよりサロン風のたたずまいを見せているのは、エージェントという仕事の性質によるものでしょう。

どこもが、玄関か応接間に、自社で扱った本をガラス扉の本棚に並べて、その社を特徴づけていました。日本語になった本もあり、それらはたいてい上下さかさまになって納まっていました。漢字を読めないのですから無理もないことです。

経営主は大半が女性であることも特徴でした。大きいところでも、社員数はせいぜい二〇名以内ですが、大手では二〇〇名から三〇〇名の著者を抱えているところもあります。たった二人で五〇名の著者を持っているところもありましたが、数は少なくともよい著者を持つことがエージェントの信用と利益につながります。

ロバート・ランツ=キャンディーダ・ドナジオ・リテラリー・エージェンシー

代表的なエージェントのひとつ、ロバート・ランツ=キャンディーダ・ドナジオ・リテラリー・エージェンシー（当時）の例を同社の翻訳権担当者、リー・ケイさんから聞きました。

ラッセル・アンド・ヴォルキングで十数年の経験を積んだドナジオさんが、演劇関係専門のランツ氏と意気投合し、1965年に五七丁目の六番街と七番街の間にあるビルに現在の名称で事務所を構えました。二〇名の社員で約一五〇名の著者を抱えており、そのなかには、フィリップ・ロス、ジェイムズ・ボールドウィン、ジョン・チーヴァーといった有名作家がいます。

著者から原稿が届くと、丹念に読んで内容に適した出版社に持ちこみます。原稿を入手すると写しをたくさん撮って同時に何社かに持ちこむ例もあるようですが、ランツ=ドナジオでは、一度に一社という原則を貫いています。これは、信頼関係で成り立っている出版界での常識のようでした。入手した原稿を右から左へと回してしまうのではなく、第三者として作品を客観的に評価し、時には、書き直し、書き足し、削除をさせることもあります。

いったん作品に自信を持ったら出版社の選択に入りますが、そのためには常に出版界の動向、各出版社の傾向や状態を把握して、その作品が最もふさわしい形で出版されて読者の手に届くよう努力します。できるだけ著者にとって有利な条件で交渉するのはもちろんのことですが、必ずしも金額の問題ではありません。

ここでエージェントの適切な評価と判断力がものをいうわけです。著者に対しては編集者の感覚で接し、出版社に対しては多少駆け引きもできるビジネスマン（ウーマン）としてのセンスが必要になります。ですから「あのエージェントの推薦する作家なら」というふうに、エージェントの名前が編集者による作品の判断の材料に加えられる場合もあるくらいです。

有名な作家の場合は、まだ書く内容もわかっていないうちから、つばをつけておこうと競り合う場合があります。エージェントは作家の作品もふるいに掛けますが、押し寄せてくる編集者をもふるいに掛けます。つまり、作家がいたずらに時間をせかされたり、過労に陥ったりしないよう、ある程度作家の健康をも管理する役目を果たし、作家が時間をかけても納得のゆく仕事ができるような状態になるよう心がけます。なかには、自分の居場所をエージェントにしか知らせないという作家もいるくらいです。

エージェントは、自社の作家の第二作、三作目に対して、最初の出版社でなく、他社から高額の申しこみがあったとしても、すぐにとびつかず、最初その作家を世に出すことに貢献した出版社の意向をまず聞くことにしています。たとえ、印税前渡金《アドバンス》や印税が低くとも、最初の実績を尊重する仁義とでもいうべきものがこのような取引のなかで存在することに、私は驚きと安堵とを覚えました。一人の作家の作品があちこち異なった出版社から出る例が少ないのはこのためだとわかりました。

著者とエージェント、または出版社とを結びつけているものは、規模や名声ではなく、人と人との心の交流でした。その証拠にいつもとちがう出版社からある作家の作品が出るときは、たいてい編集者がそちらに移動したからなのでした。ランツ＝ドナジオでは、翻訳出版社に対しても〝仁義〟を守り、過去の実績を尊重しています。最初に翻訳出版した社にまず次の作品の最優先検討権《オプション》を与え、翻訳出版の可能性を打診するという方針です。エージェントによっては、各社に口をかけてビッドさせ、アドバンス、印税率のよい社に手渡す場合もあります。また、「アメリカではX万ドルだったから、日本でも少なくともこれぐらいのアドバンスで翻訳権が売れるはずだ。でなければ交渉に応じない」と〝オール・オア・ナッシング〟の強引さで売ろうとするところもあります。このように、版権交渉は、担当者の個人的な判断力に大いに左右されます。副次権（第二次使用権）のなかでも、特に翻訳権の場合は、著者に利益をもたらすよりも、著者のプレスティージのためという考え方が強いということをケイさんから聞きました。

「作家にとっては、お金の問題よりも自分の書いたものが、最もふさわしい出版社から出ることによって、多くの読者の手に届くことが一番大切なことだということを私たちはよく知っています」と強調していたのは、ジョージ・ボーシャートの若くて美しい担当者シバ・ボーンさんでした。「日・仏・独・伊……Xか国から出版！」という広告文のほうが、「ベストセラー何週間目！」と書いたものよりも確かに迫力があります。

ランツ＝ドナジオでは年間総扱い点数は数百点におよび、翻訳権で最も多く売れる相手が英国、次いでドイツ、日本、イタリアで、フランスは手堅くてなかなか売れず、売れたらお祝いをするぐらいだそうです。

仕事をてきぱきと処理する能力も大切ですが、エージェントには作家の立場に立って考え、出版社の方針も理解した上での客観的な判断も必要です。「著者は時に子どものように聞きわけがなかったり、気まぐれだったりするでしょう。だから、失意のときは励まし、助言を与えてあげたり、新しい企画のアイデアやヒントを提供したりするのですよ」とケイさんは言われ、「まるで、母親の役目ですね」と言うとまさにそのとおり、ドナジオさんは特に著者に評判がよくて、昼食の約束は三ヶ月先じゃないと無理だというくらいひっぱりだこということでした。

名前からわかるように、キャンディーダ・ドナジオさんは、イタリア系アメリカ人でイタリア特有の情熱を秘めてはいるものの、決して感情的ではなく、自分を主張するよりも、常によい聞き手にまわるといった柔らかな雰囲気をたたえた方です。まるで菩薩のようなあたたかみのあるムードが〝ドナジオおばさん〟と、作家に親しみと信頼を持たせるのだろうと思わせる方でした。咳をするとさりげなく水を持ってこられるといった態度にも感じ入りました。作家の母親役といってもドナジオさんはまだ四〇歳前ということでした。結婚の経験はありませんが、滋味にあふれた女らしい魅力を備えた方です。「本に対する情熱に加えてすばらしい人柄と優秀な頭脳のみごとなコンビネーション」とケイさんは、彼女の雇い主を絶賛していました。

個性あるリテラリー・エージェント

ランツ＝ドナジオ・リテラリー・エージェンシーと同業のロザリン・ターグさんは、いかにもビジネスライクな態度で人に接し、あけすけに率直な質問をされたりして、ドナジオさんとは対照的でした。知性的な美しさを持つターグさんのショーマンシップのようなものが女王蜂の振る舞いを連想させ、それがお色気でもあり、魅力的に映りました。フランクフルト書籍市でもお目にかかりましたが、いつもつばの広い帽子を被ってご主人と腕を組んで歩いておられるターグさんは、やはり女王蜂のようで注目の的でした。

エージェントの経営者に女性が多いのは、作家や編集者との個人的な接触や、きめ細かい交渉、煩雑な事務手続きが女性に向いているからだろうと納得させられました。「女性の母性本能が、エージェントの仕事に生きるのだと思いますよ」といつか誰かに聞いたことを思い出していました。

アド・シュルベルグ、ブランシュ・グレゴリー、シラリー・エイブルズ、アン・エルモ、メリー・ヨスト、マリー・ロデル、リー・サリスベリー、ジョーン・ディヴス——これらは私の訪問したなかで個人的にエージェントを経営している女性たちです。なかには三〇年以上の経験を持つ大ベテランもいて、「息子がスポーツライターなので」と、スポーツ専門のエージェントをやっている人もありました。

かなりお年を召した方もおられて、失礼ながらしわしわのお顔を真っ白にお化粧して口紅は濃いピンク、明るいローズ系の上着に派手なネックレスやイヤリングをつけてちゃらちゃらした感じの八〇歳ぐらいに見える方を目にして、こんなに年をとってもできる仕事なのだ。でも、私は、こんなおしゃれはできないなあ、などと内心感心していました。

訪問時間の約束をとるために電話をしたときに、最初から「当社はすでに日本で独占的に扱うエージェントを持っています」と断られた場合も何度かあります。「日本のエージェントは決まっているが、会うだけなら」と断って会ってくれたエージェントもありました。カーティス・ブラウンはその一社で、マリリン・マーロウさんが歓待してくださいました。同社はアメリカでも大手の老舗で、すでに日本ではカーン・アソシエイツ（当時）が協力エージェントとして活躍していました。マーロウさんは大柄で長い黒髪をひっつめにした意思の強そうな印象でしたが、親切にも契約書をすべてフィルムストリップにして保存しているなど、管理の仕方について詳しく説明してくださいました。「日本ではカーン氏の評判がかんばしくないことも聞いているけど、古くからの知り合いだから、そのまま同氏との関係を続けるつもりよ」とはっきり言われました。どんなに第三者からの評価がよくなくても信頼し続けるということも「結婚」に似て選択肢のひとつだろう、と感心したものです。

その後もよくボローニャ国際児童図書展でばったりお会いして立ち話をしたり、フィレンツェに行く汽車で乗り合わせたりして話し合う機会がありました。「あなたはちゃんとした英語を話してうらやましいわ。私は南部育ちだから、英語の発音が汚いのよ」などと言われて驚きました。無意識に受け入れていましたが、なるほど、言葉を押しつぶしたような発音とイントネーションに特徴がありました。

児童書の著者は、絵本については海外版の翻訳権を出版社に任せている場合が多いのですが、カーティス・ブラウンでは、児童文学の作家の作品を多く扱っていました。もう何年も後のことですが、同社のアイリーン・スコルニックさんに会うため訪問したとき、部屋を覗きにこられたマリリン・マーロウさんと挨拶をすることができましたが、大柄の身が縮んだように思えました。「元気にやってる?」と南部訛りの英語で尋ねてくださったのが最後で、しばらくして、パブリッシャーズ・ウィークリーで〝著名なエージェント〟マリリン・マーロウさんの訃報を知りました。

数多いアメリカのエージェントで、日本の作品を扱ってみようと名乗りを挙げるところは一社も出てきませんでした。

その後のエージェントの変貌

当時は、出版社もリテラリー・エージェントも「紳士（淑女）の職業」といわれて暗黙のルールのもとにフェアな仕事がなされていましたが、その後、たぶん1970年代の後半になってからは、お金儲けの手段として普通のビジネスと変わらぬ競争の世界になっていきました。

私の記憶では、アーサー・ヘイリーの新作をスコット・メレディス・エージェンシーが入札方式で売りはじめたことに端を発していたと思います。「エージェントの若い女性たちが牛耳る競争入札」などと業界誌で見るようになりました。新しいエージェントが増え、仕事に対する価値観が大きく変わったように思います。

日本も翻訳権を獲得することに躍起になっていた担当者たちがニューヨークやロンドンに出向いて情報を獲得しはじめ、競争が激しくなっていました。一冊の図書をめぐっての競争ばかりでなく、出版界全体が食うか食われるかの激しい争奪戦のような状況となりました。

5

ブッククラブ

ブック・オブ・ザ・マンス・クラブ（BOMC）

ブッククラブは日本にはない組織なので、当時の事業内容をご披露したいと思います。私がタイム社に勤務していたころ、ベルテルスマンとタイム社でブッククラブを日本に進出させる計画がありましたが、日本とアメリカの書籍流通の事情のちがいなどで、結果的に実現に至りませんでした（20頁参照）。

私はアメリカのブッククラブというものがどんなものか知りたいと思っていました。そこでまず自分が会員になることからはじめ、アメリカ随一の規模のブック・オブ・ザ・マンス・クラブ（以下BOMC）を訪問してみようと思い立ちました。目的がはっきりしなくては面会を申しこんでも断られますから、「日本の月刊誌から取材を頼まれたので、あなたの会社の、機構についてうかがいたい」と電話することからはじめました（未来社の月刊誌「未来」にアメリカの出版界に関して連載していたので、まったくのうそではありません）。次から次へと電話を回されるたびに同じ説明を繰り返し、やっとプロモーション担当のE氏と約束が取れて、1971年早春に、パークアヴェニューのパナムビルに近いモダンな事務所を訪れました。

受付の広い一角に応接セットがあり、三方の壁側のガラス戸棚には、1926年創立以来のBOMCの選定図書が時系列で整然と並べられています。そのさまは壮観で、アメリカの文化史をそこに見るといった感じでした。

E氏は流行のアフロスタイルがよく似合う、背の高いヨーロッパ系白人で、年格好は三十五、六歳、愛想よく私を迎えてくれました。秘書がパンフレットを置いて出てゆくと、自分の席を立って私の隣に膝をくっつけて腰掛けてきました。はずみでそうなったのだろうと腰をずらすと、「気にしないで」と言いながらまた近寄ってきます。私が英語の速記と日本語を混合してノートに書きこんでいるのを覗きこみ「あなたの書く文字が面白い」と言ったり、自分の膝と私の膝に片面ずつパンフレットを広げて、膝に手を触れながら説明をはじめたりするので、これはいよいよ退散するしかないと思いはじめました。

アメリカの女性ならば「あんた何するのよ」とその場で解決をするかもしれませんが、大和撫子はそうもゆかず、「このパンフレットをよく読んでわからない点についてはお電話をしてうかがいたいと思います」ときりだしました。「それはいいアイデアだ。私も日本のことについて知りたいことがあるから、こんどはどこかで飲みながら話をしましょう。電話を待ってますよ」と調子のよすぎるアフロスタイル氏を後に、私はそそくさとBOMCを退出しました。

今でこそ笑い話ですが、そのときは胸がどきどき、日本の小娘に何がわかるかと馬鹿にされたようで腹が立つやら悔しいやら。なんとかして仇を討ってやるぞ、と思ったことでした。たとえば、E氏の指定する場所にあらかじめ本物エスコート氏にさりげなく飲んでいてもらい、信号を送ると「やあ、こんばんは」と声をかけてもらう、なんて案を考えたりしましたが、時が経つにつれてこういうことは無視するに限ると悟り、〝仇討ち〟はあきらめることにしました。

これは、確かな紹介者が必要だという一例になると思います。ハーパーの赤石正副社長（当時・故人）がロンドンから帰国されるのを待ち、事情を話して、しかるべき方に会わせていただくことになりました。おかげでBOMCのエディトリアル・ディレクターのラルフ・トンプソン氏からは、興味深い話をうかがうことができました。ニューヨーク・タイムズの書評欄を長年担当しておられた出版界では著名な方でした。「相手はおじいさんですから大丈夫ですけど」と言いながらも、赤石氏はPTAよろしく付き添って来てくださいました。

〈BOMCの誕生〉

BOMCが、タバコとキャンディーから生まれたという話からご紹介しましょう。ハリー・シャーマンは、フィラデルフィアの貧乏な下宿屋の息子で、いつも本ばかり読んでいる少年でした。二〇歳のとき勉学をあっさりあきらめて、ニューヨークで小さな週刊誌の記者としての職を得ました。

五年後の1912年、広告会社に転職し、J・W・トンプソン社でさらによい仕事にありつき、そこで一生勤めてもよいと思いはじめていました。

ところが1914年に、グリニッチ・ヴィレッジで書店を経営しているチャールズ・ボニ、アルバート・ボニ兄弟に出会ったことがシャーマンにとって大きな転機となりました。

そのころ、あるタバコ会社がシェイクスピアの小型本をタバコの箱に挿入して売っており、ボニ兄弟は、それよりも少し大きなシェイクスピア全集を革装丁にして二十五セントぐらいで売ってはどうかと思いつき、早速『ロミオとジュリエット』のダミーと十五点のリストを作成します。

一方、シャーマンはウィトマン・キャンディー会社に「お宅のキャンディーボックスにこのシェイクスピア全集を入れて売ってはいかがでしょうか」と手紙を書きました。直ちにうれしい返信が一万五〇〇〇部の注文とともに届き、五〇〇〇ドルが手に入りました。シャーマンはトンプソンを辞め、リトル・レザー・ライブラリーを設立する決心をしました。商売を知らぬシャーマンの無謀を引きとめようとしたトンプソン社長の予想を裏切り、小さな古典全集はとぶように売れました。革の価格高騰のため、イミテーションを使用する羽目になったことが唯一の障害でした。特有な匂いを発散するため、店に入るや人々は〝シェイクスピアの匂い〟でキャンディーの在り処がわかるほどでした。全集は匂いにもかかわらず、もうれつな流行をきたし、全米にネットワークを持つ安物専門のチェーン店、ウールワース（当時）でも売るようになりました。

良い文学書なら必ず売れるにちがいないと自信を得たシャーマンは広告会社の友人マックスウェル・サッカイムに相談、小売店を通さず直接通信販売をしてはどうかと、二人で一〇〇点の古典で試すと、合計四〇〇〇万部も売れました。「書店は少ないが、郵便局の数と熱心な大勢の読者には事欠かない――それなら、新刊の良書も同じ方法で売れるのではないか？」。シャーマンとサッカイムがテストをしてみたところ、未知の本に対しては読者の反応がにぶいことがわかりました。唯一の解決方法は、新刊書をできるだけ多く独自で製作し、市価よりも廉価で売ることでした。１９２６年、こうしてＢＯＭＣが生まれました。

〈選定方法〉

読者には一定期間に何冊かの本を買ってもらう。そのためには、知名度の高い信頼できる審査員による公平な図書の選定が必要、と考えたＢＯＭＣは、まず学者、評論家たちのなかから五名選んで審査委員会をつくりました。ジャッジ・システムといわれるこの制度は、ＢＯＭＣ特有のものでした。

審査員に選ばれた人たちは、埋もれていた作家を掘り出して一般の読者に紹介する宝探しにも似たこの仕事をよろこんで引き受けました。しかし、それぞれ個性の強い趣味も異なる人たちです。A博士は人間に関する本よりも、蜂に関する本に興味を持ち、B評論家は自然や動物、スポーツにはてんで関心がないといった具合です。何が「良書」であるかを決めるのは非常に難しく、審査員一人ひとりがランクづけをして投票で決めると、みながそれぞれ二番目に推薦した本が多くの票を集めるのが常でした。やがて、お互いに審査員の持っている情熱や偏見を理解し、月に一度集まった折に意見をぶつけ合って一冊の本を選び出すという方法をとることにしました。

毎月合計二五〇〜三〇〇点の新刊書の原稿またはゲラ刷りが、少なくとも発行の四ヶ月前に出版社からBOMCに送られます。これは、印刷、製本、およびBOMCニュースというパンフレットを作るために必要な期間が含まれています。

出版社から自薦されたこれらの原稿やゲラ刷りは、BOMCでまずエディトリアル・ディレクターのトンプソン氏の手元から数名の部下にまわります。そのうち、最低二名が同じ本を読み、それについての批評・感想を提出します。多いときは一人が月に四〇冊も分担をすることがあります。

本によっては、学者やジャーナリストなど社外のリーダーに読んでもらうことがあります。一定の書式に書きこまれた彼らの批評がトンプソン氏の下に締切日に集まると、それらはABCと分けられて、審査員の手に渡り、〝A〟は六〜一〇点にしぼられます。しかし、〝B〟および〝C〟のリポートもすべて審査員の目をとおり、場合によっては、〝A〟に格上げされます。

〝A〟の本はすべての審査員に読まれ、月一度の会合で討議されたうえ、一点の本が選ばれます。どうしても二点になった場合は、翌月に一点を回すことにしています。審査員は一人で年間約一〇〇冊の本と二五〇〇のリポートを読むことになります。

このように慎重に選択した本にさえ、批判はあります。数人の審査員によるたった一冊の選択で、全米読者の読書趣向が方向づけられてはかなわない、というのがそのひとつです。それについては、読者がもしその月の選定本が気に入らない場合、その代わりの本数冊が補欠本として毎月紹介され、そのなかから選ぶことができます。もうひとつの批判はＢＯＭＣはベストセラーばかりを選ぶ傾向にあるというものですが、これほど審査委員たちを侮辱した非難はありません。つまり、本が市販される何ヶ月も前に審査員の目に触れ、その上で選択されるのですから（ちなみにベストセラーの公表売上部数には、ブッククラブを通じての販売数は含まれません）。

逆に、この事実は審査員の眼識の高さを証明しているとはいえないでしょうか？「本を売らんかな、というセールスマンの目で選ぶことは決してしません。売れる商品としてではなく、作家の生んだ価値ある作品を選ぶために、ジャッジはいつも目を光らせているのですよ」と白髪の美しいトンプソン氏は孫娘に語りかけるように話されました。

「出版社も著者も、ＢＯＭＣで作品を選択することに協力的でしょうか？」という私の問いに、「出版社では、ＢＯＭＣで選ばれることを非常に光栄に思っている社がほとんどです。宣伝にもなって、書店の本も並行して売れるし、印税も入るというので、むしろ積極的に協力してくれます。（赤石氏の方を向いて）ハーパーもその一社です。でも、著者のなかには、自分の本がブッククラブなどで勝手に送りつけられて読まれるのは困る、と頑固な方がいるのですよ。これは偏見だと思うのですが」とのことでした。

〈選定本と著者〉

ＢＯＭＣにとってのご自慢は、選定された後でノーベル賞やピューリッツアー賞を受賞した作家が多いことです。前者の例では、バーナード・ショー、トーマス・マン、シンクレア・ルイス、パール・バックなど十五名がおり、選定本、準選定本、合わせて六十七点がノーベル賞作家の作品から選ばれ、会員からの注文は延べ一〇〇〇万冊に及んでいます。後者は、マーガレット・ミッチェル、アーサー・ミラー、ジョン・ケネディなど三十五作品が選ばれています（以上は１９７０年末までの数字）。

〝ブック・オブ・ザ・マンス〟とは、つまり「今月の本」ということですが、一月一冊の選定本のほかに、三点（夏休みの七月、読書の秋の九月、クリスマスの十二月にそれぞれ一冊ずつ）合計十五冊が選定されます。

〈出版社との取り決め〉

ＢＯＭＣは、実際に売れた部数の印税（ブッククラブ版の定価の10％で、著者と出版社が折半）を出版社に支払います。定価はＢＯＭＣの一存で決まります。私が入会してからの選定本を例に取ると、定価が高ければ時には40％以上、と割引率が高くなっています。割引のない場合もときどきあり、これは会員にとって旨味がないように思えますが、書店経由では四週間待たされるため、書店が近くにない読者には手っとり早く入手できるので便利です。また、すべての商品に課せられる消費税（州によって率が異なり、ニューヨーク州では７％）を免れることができます。

ＢＯＭＣでは、契約時に印税前渡金を、選定本で八万五〇〇〇ドル、準選定本で半額の四万二五〇〇ドルを出版社に支払い、そのほかに、本の頁数やレイアウトに準じた組版使用代を支払って組版を借ります。

発行は、原本発売と大体同時に読者の手に入るようにし、書評も並行して出るようタイミングを合わせます。出版社としてもＢＯＭＣの選定本になることは、非常によい宣伝になって書店での売れ行きも増すので、「ＢＯＭＣ選定図書」と大書した帯をつけたり、広告に入れたりしています。

装丁は、素人目には原本とまったく同じです。原本の出版社名は入っていますし、紙質が多少変わることがあっても、表紙のクロス・ジャケットの色など区別がありません。よく注意して見るとＢＯＭＣ版には裏表紙の下部にほくろのような小さい凹みがつけてあり、ジャケットの見返しに〝ブック・オブ・ザ・マンス・クラブ・セレクション〟と小さく印刷してあります。

〈印刷部数・発送〉

「もし、会員からの注文が予想に反して少部数しか集まらず、多量に印刷しすぎたときは大変なことになります。こういうことが重なれば、ＢＯＭＣは潰れかねません」とのトンプソン氏の言葉が注文部数の推計の大切さを物語っています。統計部門ではコンピューターを駆使してなるべく正確な数字を把握しなくてはなりません。全米を八地域に分けて「ＢＯＭＣニュース」を発送し、二週間以内に集まった数字を元に統計をとり、選定本、準選定本の印刷部数を決めています。正確な数字は職業上の秘密ですが、少なくとも二〇万部は刷るとのことでした。つまり、会員の20％以上が選定本を欲しているということです。

〈会員の入会手続き、義務《ネガティブ・オプション》と特典〉

広告のクーポンを切り抜き、二〇冊のなかから四冊を選び、住所、氏名を記入してＢＯＭＣに送ると、約一週間でクラブの運営方法を説明した小冊子とアカウントナンバーを打ちこんだカードが届きます。

年間十五冊の選定本から四冊以上を買うことが義務で、いつ脱会してもよく、会員として残る場合は以後年間三冊を購入すればよいのです。

入会すると四週ごとにニュースと注文票が送られます。ニュースには、翌月の選定本の解説、書評、著者のプロフィール、準選定本の紹介、ＢＯＭＣの推薦図書、二四〇点のバックリストと解説などが、Ａ４サイズ、四〇頁の小冊子に盛りこまれており、読み応えのある書評誌となっています。選定本がほしいときは、注文票を返送する必要はありません。準選定本がほしいとき、その月は気に入った本がなくて不要なときには、印をつけて指定日前に返送しなくてはなりません。このことをネガティブ・オプションといっています。うっかり忘れてそのカードを返送しないと、ほしくない本を買う羽目になります。

入会後一年以内に四冊以上の選定本を購入すると、配当本を受ける資格が生じます。美術書、歴史書、文芸書などのセットもあり、絶版になった本のリプリントや古典もあります。

＊　＊　＊

ここまでは、1970年末までの四十五年間の話です。その後は同社にも大きな変化がありました。1974年にはタイム社の傘下に入り、タイム社がワーナーと合併するとタイム・ワーナーの一部となり、さらにDDI（ダブルディ・ダイレクト・インコーポレイテッド）と合併。2000年にDDIがベルテルスマンの子会社となったために、同社とタイム・ワーナーとの合弁会社、ブックスパンという新会社になります。そして、2007年にはベルテルスマンがすべての権利を買い取ってしまいました。

ベルテルスマン・グループ

ベルテルスマン（Bertelsmann）は、1997年にタイム・ワーナーからBOMCを含むブッククラブをすべて吸収すると、六週間かけて、一八〇〇の役職を整理し、全体の15％に当たる一九〇〇名の社員を解雇しました。多数あったブッククラブを整理し、一般書のクラブよりも、特化した分野のクラブを残しています。たとえば、アメリカの保守的な読者層を持つアメリカン・コンパス（American Compass）、ゲイやレズビアンの読者層向けインサイトアウト（Insight Out）、さらにラテン語やスペイン語から訳された図書専門のモサイコ（Mosaico）およびシルクロス（Circulos）などがあり、唯一作家名がついたクラブのスティーヴン・キング・ライブラリー（Stephen King Library）も新設しています。

しかし他のブッククラブと異なる特質であったリーダーたちによる本の選定方法も、一名だけ残して社内で選ぶ方法に変わってしまいました。

１９７１年に私が聞いたラルフ・トンプソン氏のＢＯＭＣ物語からは、アメリカらしさの極みを知ることができました。創業者や後継者の必死の努力もさることながら、当時のアメリカ庶民の生真面目な向上心や、時流に遅れて脱落者になりたくないという心理を刺激して、ＢＯＭＣができあがっていくプロセスは、誠に興味深いものでした。

そのようなアメリカ人を端的に表現していたのが、ブロードウェイで当時興行していた「コーラス・ライン」ではないでしょうか。あのころの舞台俳優たちは、組合だの、賃金値上げだのとは縁遠く、あのミュージカルそのままに、生きること、自分を表現することに一生懸命でした。オーディションで選ばれた俳優たちのぴちぴちした新鮮な舞台に感動して、私は時をおかず、続けて観たものです。

待ち合わせのためにコーヒーショップのカウンターで腰掛けていたときに、隣りに座った黒人女性が「あなたは、マーティン・ルーサー・キングを知っているかしら？　偉大な牧師よ。

私たちに夢をくれようとしていたのだけど、二年前に暗殺されてしまったわ。それがアメリカ。情けないことねえ」と見ず知らずの他人である私に熱心に話しかけてきました。さまざまな苦労を背負って黒人社会のなかで生活している人にちがいありません。きっと旅行者に見えた私に、彼女はキング牧師のことを知らしめたかったのでしょう。そのころ、〝I have a dream.〟こそが、ベトナム戦争で泥沼に入ってしまったアメリカの希望でした。

第二次大戦末期にアメリカ、カンザス州で二年間、捕虜収容所に収容され、将来を模索思案していたドイツ人、ラインハルト・モーンは、アメリカの近代的経営学を身に付け、1950年に故郷の小都市ギュータースローでベルテルスマンを再建することになります。これが、ついにはアメリカ随一のブッククラブをも呑みこんでしまうのですが、元囚人の「リベンジ」とは言わぬまでも、まことに皮肉なめぐりあわせに思えます。

再建の動機は、マルクの暴落による大不況で、本にお金を使えぬ読者を見てブッククラブを組織しようと思いたったとのことです。その活動範囲は、ブッククラブのほかに、文芸・学術出版社、新聞、専門雑誌、音楽・映画会社、ラジオ、テレビ、オンライン・サービス、印刷所、通信教育、そして、年間二億五〇〇〇万個の卵を産む養鶏場にまで及ぶ驚くべき広範のものですが、ビジネスの中心はあくまでも「本」です。

収容所時代に教師を志していたモーン氏の含蓄ある言葉がベルテルスマン会社案内に残っています。「ともすると、出版分野では、個人主義的な独自の運営を固守すべき、という考えを捨て切れずにいる人たちもいるが、国際市場で培われてきた他企業の運営技術を採用していかなくては、出版業は立ち遅れてしまう。出版人は個人主義的でありながら、経済的な基礎を着々と築いてゆくことに十分努力を払うべきである」。

この合理精神が生かされて、ドイツ最大からヨーロッパ全土へ、そして世界最大の出版大企業へと発展の一途をたどりました。長期的な運営方針は、「個性豊かな人格形成のためには、まず情操教育の促進が重視されなければならず、家庭での教育はもとより、職業教育、社会教育、生涯教育のためのインフォメーションをあらゆるメディアで提供し、積極的に社会への還元をはかって行く」と、モーン氏は、教育者を志した人間としての理想を語り、実現しています。

ホルツブリンク・グループ

ベルテルスマンの対抗馬はホルツブリンク（Holtzbrinck）です。シュトゥットガルトのベルザー出版社を訪問したときに紹介され、同社の副社長と面会したのは、㈲栗田・板東事務所を興してケルンに住み、数ヶ月後の1981年3月でした。『皇居の盆栽』（NHK出版刊）という豪華限定版を売りこむための訪問でしたが、結局は、先方の『エヒテルナッハの黄金福音書』を日本に紹介することになってしまいました。名前の通り、テキストの文字もすべて金箔を張り、外装には宝石をちりばめた豪華な写本で、ルクセンブルグのエヒテルナッハ修道院で製作され、紆余曲折を経て現在は、ニュルンベルクにあるゲルマン国立博物館に所蔵されているドイツの「宝物」とのことでした。一冊の値段は一三〇万円という高価な本でしたが、㈱名著普及会経由で、日本の三つのお寺が買いました。

ホルツブリンク社は1948年、ゲオルク・フォン・ホルツブリンクによってドイツ国内で主として高価な復刻版を売る目的のブッククラブとして設立されましたが、その後、週刊新聞「デア・ツアイト」をはじめ三誌を買収し、1960年代にはドイツ国内のドロメア・クノール出版グループ、S・フィッシャー、ローヴォルト及びキーペンホイエル・ウント・ヴィッチ出版社を吸収します。1985年にアメリカに進出、ヘンリー・ホルト（元ホルト・ラインハルト・アンド・ウィンストン）、次いで「サイエンティフィック・アメリカン」誌、1994年には文芸書出版社ファラー・ストラウス・アンド・ジロー、続いてマクミラン・グループを次々と傘下に収めました。ホルツブリンクは、従業員総数一万四〇〇〇名を擁するベルテルスマンに次ぐ大企業となりました。

私自身の考えですが、書店で売れにくくなった今、日本で分野を特化したブッククラブを、十分調査の上で立ち上げれば、それなりに成り立つのではないかと思います。

6

日本から文芸書を輸出する

一年ぶりの日本

ニューヨークを離れ、ヨーロッパではパリ、スイスのルツェルン、ザルツブルク、ウィーン、アテネ、そしてアジアはバンコックと香港経由で、南回りの世界一周を終え、１９７1年8月10日、私は羽田に降り立ちました（少し戻って83頁から続く話になります）。バンコックでは真夏の暑さと湿気に耐えられず、観光はいい加減に切り上げてもっぱらプールで泳いで時差との調整をはかることにしました。香港では中国人と見られたらしく、中国語で話しかけられました。カナダのヴィクトリアでも同様のことがあったので、栗田家の遠い祖先は中国から来たのかもしれないと思いました。

さて、私はお金を使い果たしていましたので、まず生活費を稼ぐ必要がありました。たまたまタイム社アジア総支配人の秘書が欠けたので、「年末まで手伝わないか」と言われ、古巣で、北岡氏の秘書として働くことになりました。

その間に、日本ユニ・エージェンシーが赤石正氏（当時ハーパー・アンド・ロウ・パブリシング・グループ副社長・故人）を招いてセミナーを開きました（47頁参照）。

１９７2年1月から、私は、契約社員として日本ユニ・エージェンシーで働くことになりました。学研でのアルバイトも週二日、その他に東洋英和女子短期大学で、週に一講座「英文速記入門」を受け持つことになりました。

帰国後すぐに「出版未来の会」という研究会に誘われて入会しましたが、その会長、小関謙氏（当時・大修館）の紹介で、白山にある同大学の馬渡房学長（当時・故人）の面接を受け、二年生で英文速記に興味を持っている約五〇名に教えることになりました。たった一年で英文速記を習得することはとても無理ですから、速記が普段の生活に役立つよう、速記を専門としないが知っていたらたいへん便利である「いろは」を教えました。発音で記号化するので、日本語にも使用できます。映画音楽や英語の絵本など女生徒が興味を持つような内容のものを教材に使用し、若い生徒たちとの数年間を過ごしました。

JAPAN BOOK NEWSへの試み

短大では時々、講師を交えた先生方の集まりがあり、日本史を教えているという今無畏子さんとお話するようになりました。今さんは、当時発足したばかりの国際交流基金理事長である今日出海《こんひでみ》氏（故人）の末娘さんということを知り、「今日出海理事長に一度ぜひお目にかかりたいのだが」とお願いをしてみました。

要件は「日本の出版界からの情報発信が全くないので、その情報誌を作成したいためだ」と伝えていました。思いもかけず「すぐにでも」ということで、今理事長にお目にかかることができました。手書きでしたが海外での文化広報活動など数字を入れて、詳しい企画書を持参し、その必要性を縷々お話しました。熱心に耳を傾けてくださり、同席された犬丸直理事（当時）からまもなく電話があり、三〇〇万円の予算を計上したので着手するように、といううれしいお知らせでした。

そのとき、宮田社長（当時）に報告はしたと思うのですが、なぜ具体的な案をもっと突っこんで相談しなかったのかと悔やまれます。ちょうどそのころ、共同出版の多くの企画が海外から持ちこまれて、なかでもミッチェル・ビーズレー社の販売責任者、ヤン・グールデン氏が来日していましたので、青木氏とともにグールデン氏に同道して出版社を訪問するなど、超多忙の毎日が続いていました。そのために、情報誌の作業はどこから何に手をつけてよいのかもわからぬままにいたずらに時が過ぎ、とうとう予算期内に作成するという目途が付かず、せっかくの機会を逃してしまいました。それは今でも痛恨事です。

ニューヨークの出版社やエージェントを訪問してわかったことは、いかに日本についての出版界、作家や作品についての情報が少ないかということでした。情報は、皆無といってもいいほど不足していました。そのために、アメリカの編集者たちの日本に対する関心が全くといっていいほどなかったのです。ですから、宮田氏の発行による情報誌、"Japan Book News"のようなツールが国として必要不可欠であることを痛感していました（26頁、67頁参照）。

日本の文芸書の翻訳権輸出

〈北杜夫著『楡家の人びと』〉

日本ユニ・エージェンシーで国際共同出版の仕事を受け持ちながらも（82頁参照）頭から離れなかったのは、どのように日本の文芸書を海外に紹介するか、という課題です。翻訳者は限られており、そのほとんどが日本文学を学んだ学者でした。産業翻訳ばかりをやっていて、内容がつまらないので文学を訳したいと相談に来る翻訳志願者もいましたが、どの作家の何を翻訳したいのかと質問すると、返事がすぐ出てこないのが通例でした。「何かやりたい」ということなのでしょうが、自分が読んでほんとうにこれを訳したいという熱意がないと、その作品に対する愛情も湧かず、よい訳のできるはずがありません。また、熱意だけでもだめで、日本語の読解力に加え、自国語の表現力がいかに備わっているかが大切な要素にちがいありません。

私は『楡家の人びと』を翻訳してほしいと考え、その実力を持っている人を探していました。やがて、イギリス出身の詩人であり、日本文学の訳者、デニス・キーンさんが、作品に興味を持っていることがわかりました。講談社インターナショナルで英訳を出すことになり、著者の北杜夫氏は大喜びをしてくださいました。訳者に二年間かけて翻訳して貰うためには、それなりの翻訳費を出さなくてはならないという出版社からの申し出であり、その分、作家にしわ寄せがいき、作家に支払われる印税は定価の１％というわずかな額になりましたが、北氏は快諾されました。エージェントとしては著者側の立場で、もっと要求したかったのですが、すでに講談社で古くから著者とお付き合いのあった編集者が、事前に著者と交渉済みであったために、私の出番はありませんでした。著者としては翻訳本が出るだけでもありがたいと思う時代でした。講談社インターナショナルであれば日本語で契約できるから、エージェントの助けなど不要と即断せず、北氏が日本ユニ・エージェンシーをエージェントとして認めてくださったことに感謝しました。

キーン氏は、倉橋由美子さんの『スミヤキストQの冒険』の翻訳をしていて、作品に対する好みのはっきりした方でした（英語版『スミヤキストQの冒険』は、オーストラリアのクイーンズランド大学出版局で刊行され、倉橋さんはよろこんでくださいましたが、全世界に広がることなく残念でした）。キーン氏は、自宅のあるオックスフォードに戻って、『楡家の人びと』の英訳に集中したいとのことで、そこから、何頁もの質問が寄せられました。著者にうかがうまでもなく回答できることは回答しましたが、自分で解決できないときには新潮社の担当編集者だった栗原正哉氏が協力してくださいました。

キーン氏は、その後も『幽霊』の英訳で野間文芸翻訳賞を受賞され、ほかにも実績を残されましたが、２００７年に他界されました。もっと活躍していただきたかった方です。

英語版に先立って『楡家の人びと』は、日本語から直接翻訳されてウクライナ語で出版され、その後はチェコでもブラジルでも日本語から直接翻訳、出版されました。日本文学を学んだ小国の方たちが、この長編に挑んでくださったことで、自分の作品選択も悪くなかったのだと、自己満足していました。

ドイツ語版はインゼル社との契約がいったん成立しましたが、翻訳候補者と社主の間で問題が生じてキャンセルとなり、その後ベルリンの出版社が権利を買ったものの、同社が他に吸収され、さらに同様なことがもう一度ドイツの出版社で生じ、そのうえ翻訳を予定していた訳者が急逝するという不幸な出来事が重なりました。周辺の事情に翻弄されはしましたが、訳者は「これこそ深みのある日本文学の真髄」と作品に惚れこんだオットー・プッツ氏と決まり、2010年3月にドイツで三社目に当たるベブラ出版社（bebra verlag）からドイツ語版が刊行されました。交渉しはじめて二〇年以上かけた気の長い例です。トーマス・マンの『ブデンブローグ家の人びと』に刺激を受けて書きはじめられたという著者が、最も待ち望んでおられたのがドイツ語版の完成で、よろこびもひとしおでした。

何度、北家に訪ねて愉快なお話をうかがったことでしょう。特に、北氏のご機嫌がよいときには「マブセ大国の首領として」同国の硬貨やお札をくださり、ご自身がカルメンのホセ役で舞台に立たれた遠藤周作氏主宰の劇団、樹座《きざ》のヴィデオテープを見せてくださるやら、大歓待をしてくださいました。

三島由紀夫の自決でアメリカの編集者が、少し日本の作家に興味を持ちはじめ、ジェームズ・クラベルの『将軍』の英語版が映画とともに紹介されると、一種のブームのように世界中にショーグンとかニンジャが浸透してきました。日本ユニ・エージェンシーでは、青木日出夫氏が多少史実のちがいには眼をつぶっても、プロットとしては面白いので日本の出版社に『将軍』を紹介しようと張り切っていましたが、映画完成まで売りこみを待て、という著者からの指示があり、しばらく本を動かすことを控えなくてはなりませんでした。自分の作品を少しでも高く売ろうという著者の考え方と、その作戦を自ら実施するアメリカ人著者のしたたかさに驚いたものです。印税が定価の1%でも英語版の出版をよろこぶ日本の著者とは、なんという開きがあるのでしょう。その隔たりは、国力の差でもあり、英語の普及度の高さでもあり、著者の気質のちがいでもあるのでしょう。

〈有吉佐和子さんとロールスロイス〉

日本でベストセラーになった本に有吉佐和子著『恍惚の人』があります。それまでは、老人問題はタブーのようで、今こそアルツハイマーの老人を周囲で理解していますが、当時は家のなかのそのような老人は座敷牢に閉じこめられて、外部に漏れることがないよう家族はひた隠しにしていたことが多かったといいます。時代を読むことに機敏だった有吉さんが、その事例を採り上げ、小説として発表すると、直ちにミリオン・セラーとなりました。

講談社インターナショナルからは、有吉さんの『華岡青洲の妻』『紀の川』が英語版で出版されていましたが、『恍惚の人』は翻訳原稿に問題があり、パスするとのことでした。そのため、

『恍惚の人』に興味を示してきた英国のピーター・オーウェン社と交渉することになりました。遠藤周作氏の作品を多く出版して、オーウェン氏は他国語への遠藤作品のエージェントもしていました。私にとって交渉するはじめての相手で、三〇〇ポンドのアドバンスを提案してきたときには、三〇〇〇ポンドの間違いではないかとわざわざ問い合わせたほどです。イギリスでは未知の作家に出せるアドバンスはそのくらいである、と、すげない返事でした。

著者はそれでもよいとのことでしたから契約が成立、編集担当者は翻訳に手を入れるのに苦労したと聞かされましたが、無事に刊行されました。その後、オーウェン氏が講談社インターナショナルに二次使用権としてアメリカ版を六〇〇〇ドルと持ちかけ、契約が成立したと聞いたときにはオーウェン氏の商売人としてのしたたかさに驚きました。編集者が苦労した甲斐があったのでしょう。

それまでも、フランスでは有吉作品がストック社から出版され、ブッククラブ版にも選定されて、日本の作家としては珍しく一〇万部以上も『華岡青洲の妻』が売れていました。それはイタリアをはじめ他国でも出版されました。

プロモーションのため、フランスのストック社に招かれて、有吉さんは編集長マリー＝ピエール・ベイさんと大変仲良くお付き合いをされました。当時着物を着てインタビューに応じられた有吉さんの写真が、フランスの新聞の文化欄に大きく紹介されました。

何度も訪問したストック社は二階から降りる階段が両側に広がっていてまるで劇場のようだ

と思って見ていたのですが、コメディー・フランセーズ発祥の場所と聞き、納得したものです。

ある日「マドレーヌ教会に入りましょう」とおっしゃるので後についてなかに入ると、有吉さんは膝をついてお祈りをされました。「私はカトリックなの」と言われて驚いたことを覚えています。作品群にはカトリック信者の側面を微塵も出しておられなかったからです。

やがて、ロンドンのピーター・オーウェン社を訪ねたいとのご要望がありました。私はそのころケルンを本拠としていたのですが、ヨーロッパに住んでいるなら迎えに来るのが当然というようなニュアンスの連絡があり、ヒースロー空港にお出迎えに行きました。当時、ロンドンの駐在員泣かせといわれるＪＡＬの到着時間は、午前五時半です。前日からホテルに入り、午前五時過ぎに空港まで出かけ、有吉さんの定宿メイフラワー・ホテルまでお送りしました。

時差ぼけのお疲れもないようで、「ロンドン塔のおにぎりのように大きなダイアモンドを見に行きたいわ」とのことでお供しました。有吉さんは大変興味をお持ちで、噂にたがわず長い観光客の行列に並びました。ダイアモンドの前に立ち止まることは許されません。警官に動いてくださいと言われても、見入ってしまい、さらに並び直してご覧になるほどご執心でした。「いいわねえ。あの大きなダイアモンド、偽でもいいから売っていないかしら？　あれを見ていたら、贅沢病にかかったみたい。ねえ、ロールスロイスに乗らない？」。冗談だと思って、私は「いいですね」と相槌を打っていました。「フロントに頼んだから、明日九時に来て頂戴。ロールスロイスで出かけましょう」とのことで、本気で話されていることがわかりました。

翌朝九時前にホテルにうかがうと、すでに有吉さんはお着物の盛装で、ブルーのスマートな車もちゃんと着いていました。乗りこんだ途端「あら、これほんとにロールスロイス？　私の知っているのはもっと大きくて電話も付いているのよ」。「運転手さん、ほんとにこれがロールスロイスですか？　と聞いていらっしゃいますけど」と訊ねてみると、「もちろんでございますよ。前のマークをご覧ください。それに、ロンドンでも、これにお乗りになるのは特別な方ですよ。ホテルのお客様方も、どなた様がお乗りになるのかと、興味深そうに見ておられましたよ」と運転手は慰め気味に答えます。行き先は、劇場の切符を買うためコベントガーデンの切符売り場まで、大日本印刷のロンドン事務所があるトラファルガー広場の角まで、そしてハイドパークの北側住宅地にあるピーター・オーウェン社に寄って、社長をピックアップし、近くのレストランまで、とごくささやかな（?）ドライブです。

「わたしは降りないわ。社長を呼んできてよ」と有吉さん。こうなっては、女王様扱いをしなくては、と素直に女官役に徹することにして、「では」と腰を上げかけると、「だめ、だめ。こんな車に乗ったときは運転手が開けるまではじっとしていらっしゃい」。「はい、わかりました」ととどまります。一般住宅地の一軒を事務所にしているオーウェン社に入り、「日本の女王様のお着きです。お迎えにおいでいただけますか？」と社長に頭を下げると、イギリス紳士らしく「承知しました」と上着を羽織って、出迎えてくださいました。やれやれ。

まあ、こんなことでもなければ、ロールスロイスに乗る機会など滅多にあるものではありません。光栄なことでした。ロンドンでは、人目を気になさることもありませんから、なんとなくのびのびとして自由に、時には無邪気に振舞っておられるようでした。「私の本がミリオンセラーになったことを、男の作家も評論家も無視してるのよ。妬いてるのね」とのことでした。
睡眠薬を適量の三倍飲まないと安心できなくて、と眠れないことがお辛そうでした。手を揉んで差し上げましょうか、とマッサージ師がするように手のひらを揉もうとしたら、お豆腐のように白くて柔らかすぎるのがとても心配でした。あの世に旅立たれてしまったのは、それから約一年後のことでした。

〈野上弥生子著『秀吉と利休』〉

北杜夫著『楡家の人びと』の他に、私は野上弥生子著『秀吉と利休』をぜひ海外に紹介したいと思っていました。茶の湯は禅と同じように、欧米人、特に日本についての知識を多少とも持っている人たちにはよく知られています。将軍秀吉と茶人利休との心理的葛藤がみごとに描けており、プロットも申し分ないので、よい翻訳者に恵まれれば、必ず編集者も、そして読者も興味を持つだろうと確信に近いものを感じていました。
野上弥生子さんには、私が作品に深く感銘を受けたこと、ぜひ海外に紹介したい旨の手紙をまず出した後に、電話で訪問のお許しをいただき、1972年4月2日、成城のお宅をお訪ねしました。

門を入って右側の家はご長男のお宅とうかがっていたので、左側の英国風建物の玄関右に下がっている風流な鉦《かね》を鳴らすと、野上弥生子さんご自身が扉を開いて招じ入れてくださいました。初対面のご挨拶の後、大きなテーブルを挟んで椅子に腰掛け、大文学者を前にして私は緊張しました。

「先生とおっしゃらないでね」と私の気持ちをくつろがせてくださり、「文学者として年をとりなさい、という夏目漱石先生のお言葉がなかったら、今日の私はなかったと思いますよ」。九〇歳を目前にされているとはとても思えない、張りのある艶やかなお声は、謡の研鑽の賜物でしょうか、今でも耳に残っています。処女作を漱石に見せる機会を得、活字にはならなかったけれども、自分の一生を決定付けた、と問わず語りに話されました。二十数巻に及ぶ全集が出版されるほどなのに、職業欄に「作家」と書くことをためらう謙虚さです。賞をひとつ取っただけの若い人が、作家面をしてテレビなどに出ることを苦々しく思うというようなことを、率直に語られました。

明治の後半、十五歳の娘が九州の臼杵から一人で上京して学ぶ決意をするのは並大抵のことではなかっただろう、と、後年、機会を得て野上弥生子さんの生家、臼杵の酒蔵前に立ったとき、せめてその意欲と根気を引き継ごうと思いを新たにしたものでした。

数ある作品のなかから最初に海外に紹介したいと『秀吉と利休』を選んでくれたことはうれしい、とのこと。『海神丸』を訳した方を紹介してくださいましたが、後でその方にお目にかかると、「若い方」と言われたのは、ご自分より若いという意味であることを知りました。

できれば英語を母国語として育った方で、この作品に惚れこんでいる人を探し出したいと、私の意見と中間報告を差し上げると、すぐさま「お任せします。成城の桜がみごとに開きはじめました」とおはがきを頂戴して恐縮したものです。

「ブルフィンチの『ギリシア・ローマ神話』と『アレキサンダー大王』は、必ずお読みなさいね」とお勧めくださいました。前者は、野上先生が訳されたもので、すでに私の愛読書になっていましたが、『アレキサンダー大王』を早速入手して読んだのはもちろんです。

その後、さまざまな試みをしましたが、アメリカに留学中の女性が『秀吉と利休』を訳したいと数枚の英訳見本を送ってきました。英語の図書の編集者に見せると、未熟とのコメントでした。然るべき訳者も出版社も早くに見つけ出すことができませんでした。そして、野上先生は、百歳を目前にとうとうあちらの世界に旅立ってしまわれました。

やがて中央公論社では翻訳権を扱う部門を設け、嶋中鵬二社長（当時・故人）の意向なので、中央公論で出版した野上弥生子さんの全作品は直接扱いたいとの連絡がありました。それまでの経緯を説明し、中央公論社を経由することに異存はなく、思い入れのある作品なので続けて扱わせていただきたいとお願いしてみましたが「否」の返事でした。

今ならば最適と思われる訳者も、主な言語圏で出版社も探し出せる状況になっていますから、大きな魚を逃してしまったような残念な気持ちが捨てきれません。私は、一点でも成約にこぎつけて実績を作った後に、独占的に扱う著者との「同意書」を交わすことにしていましたから、諦めざるを得なかったのです。

結果を出せなかったのは口惜しいことでしたが、野上弥生子さんという作家の謦咳《けいがい》に接したことで、私は満足するよう自分に言い聞かせました。「朝はまず抹茶を一服いただくことにしていて、それが私の朝食なのよ」とお聞きし、私も七〇歳を過ぎたらそうしよう、とその時は思ったのですが、それはまだ実行できずにいます。

〈短編を紹介する難しさ〉

自分でどうしても扱いたいと思う作家は他にも何人かありましたが、優れた短編の多い作家を短編集で海外に紹介するのは難しいのです。「短編《ノベラ》でなくて、長編《ノベル》をまず」と海外の編集者は主張します。かといって、最初から長編を得意とする作家の作品、特に上・下巻で出版された作品を扱うことも難しいのです。海外の作家による作品は短くても長くても、日本では内容さえよければ、あるいは面白ければ売れているのに、と不満ではありましたが、日本語の読めない海外の編集者にとって日本語の文芸書を出版することだけでも「冒険」であることは容易に察しがつきます。編集者のランクによって予算の配分が決められ、販売収益についての責任も編集者が担うからでもあるでしょう。出したい本と売れそうな本とのバランスを取ることが編集者にとっての大きな課題なのです。

河野多恵子さんは、短編集を最初に紹介することができた数少ない作家のひとりです。まず、フランスのスイユ社（Edition du Seuil）から短編集が出版され、ドイツはインゼル・ズアカンプ社（Insel-Suhrkamp）から、アメリカではニュー・ディレクション（New Direction）から出版されました。いずれも、協力者のおかげです。フランスでは波嵯栄総子さん（詩人のアラン・ジュフロワ夫人）の熱意があり、ドイツはイルメラ・日地谷・キルシュネライトさん、英語はルーシー・ノースさんという翻訳者の、質の高い翻訳で出版社を説得することができました。その後、長編『みいら採り猟奇譚』がフランスとドイツで、短編集と同じ出版社スイユ社とインゼル社から出ましたが、英米では河野作品の熱烈ファンの翻訳者による長編の完成訳稿がありながら、何点かは成約にいたっていません。翻訳者の思い入れが十分に編集者に伝わらない場合もあるのが辛いところです。

〈小川洋子作品の場合〉

小川洋子さんの作品は、ローズマリー・牧野・ファイヨールさんという訳者に恵まれ、まず、フランスで、アルルのアクト・シュド社から出版されました。同社は、手漉きのオフホワイトの厚紙を用いて束《つか》（本の厚さ）を出し、読者が短編でも一冊ずつ読めるように工夫しています。その縦長で日本の新書に似た判型で、いかにもフランス風のおしゃれな表紙で出版しています。そのために割高ですが、書店では表紙が見えるように平台に並べていることが多く、店内でも目立つコーナーを作っています。

小川さんの作品で最初に出版された短編は『ダイヴィング・プール』でしたが、表紙には横山大観の「無垢」という題名の、童女が手を差し伸べている茶系の地味な色合いの絵を用いました。小川さんが同社に招ばれたフランスでのサイン会では、「顔が似ている」と読者に言われたそうです。「下膨れだからかしら?」と小川さんは、さしてご不満ではなかったようで笑っておられましたが、本の内容を全く伝えていないのが私には不満でした。

最初に日本の図書を出版するときに、海外の出版社は「自分の社では日本の本も出しているのだぞ」と強調したいのでしょうか。どうしても、ステレオタイプの日本のイメージを出したがります。よしもとばななさんの『キッチン』の英国版の表紙は、舞妓さんのうなじを選んでいたので恐れ入ってしまいました。「表紙のラフスケッチでもよいから事前に権利者に見せる」ことをそれ以後は義務づけるようにしました。それには抵抗感を持つ海外編集者もいますが、当分はとんでもない表紙を避けるためには、必要な措置だと思っています。

アクト・シュド社の本拠はアルルにありますが、プロモーションの事務所をパリに置き、ベルギーやカナダの一部、アフリカの旧植民地も含め、全フランス語圏を七地域に分けて販売責任者が、担当地域の書店をきめ細かく回り、販売体制を整えているとのことでした。後日、南仏の各地を回った折には、パリの書店同様に平台のコーナーに同社の本が並べてあるのを確認することができました。

短編が一冊ずつある程度出版された後で、アクト・シュド社では数冊分をまとめて一冊にして保存用に出版もしています。主として南仏の著者、アフリカ、東欧など第三世界の作品を中心に出版していたのですが、1980年のサロン・ド・リーブルで同社の作品を目にして、きっといつかアジアの出版物を手がけるのではないか、と予測していました。そのときは、編集長に会えなかったのでスタンドにいる人に挨拶をしただけでしたが、ローズマリー・牧野・ファイヨールさんなど周囲の方たちの協力もあり、同社との緊密な関係を築けたことは大きな財産となっています。

小川洋子さんの作品をずっと出し続けていることはもちろんですが、奥泉光著『石の来歴』『蛇を殺す夜』、柳美里著『ゴールドラッシュ』『8月の果て』、吉村昭著『破船』『仮釈放』他、短編集など多くの日本の作品を手がけるようになりました。

小川洋子さんの作品は、フランス語からイタリア、スペイン、ドイツなどに広がっていきましたが、英語圏ではなかなか手を出してくれる社がありません。それで、「ニューヨーカー」に試みることにしました。同誌では、完璧になった英語でしか検討しないことは、村上春樹さんの『TVピープル』（訳者は野坂昭如作品を訳したことで知り合ったJ・ルービン氏を紹介）の交渉時でわかっていたので、スティーブン・スナイダー氏にまず英訳を依頼しました。それまでメールでしかやりとりのなかった「ニューヨーカー」の編集者の訪問を、フランクフルト国際図書展で受けて驚きました。タイミングよく、交渉が成立して字数を多少削る必要がありましたが、

『夕暮れの給食室と雨のプール』で、小川洋子さんの作品は、アメリカでのデビューを果たしました。給食室で働くおばさんが、太ったアメリカ人風のイラストだったのはご愛嬌というものでしょう。

その次は『妊娠カレンダー』を薦めました。これもすんなり受け入れられたのですが、ある日「ニューヨーカー」のファクツ・ファインダーという役職の女性からメールで小川さんに質問がきました。「1．事実に基づいた小説か？ 2．あなたにお姉さんがいるか？ もしイエスなら、同居しているか？ 3．Mクリニックと二階堂医師は実在しているか？」。小川さんには「ほれ、おいでなすった」と転送し、大笑いでした。すべて「NO」であると返事するときに「フィクションなのになぜファクツが必要なのでしょうか？ 質問はこれで終わりでしょうね」と念を押しました。

ところが「申し訳ないけど、次の質問にも答えてください。1．グレープフルーツに、妊婦には好ましくない成分が含まれているという学会発表が実際に行われたのか？ 2．PWHなるその成分は本当にあるのか？」と性懲りもなく来ました。もちろん両方とも「NO」です。まあ、こんなやりとりも愉快なことではありました。

「ニューヨーカー」に小川さんの作品が掲載されると、直ちにアメリカの数社から、評判の『博士の愛した数式』への申しこみが入りました。それまでは、フランス語版で薦めても反応がなかったのに、今回の反響の大きさには驚きました。最大手のランダムハウスからも問い合わせがあったのですが、結局中堅のピカドール社に決まったのは、小川さんがポール・オースターと夫人のシリ・ハストヴェットの名前を同社のカタログでいち早く見つけられたからでした。

それより前に、ピカドール社の女性編集者、アンバー・クレシさんから電話があり、「千葉大学で学んだ者だけど、三〇歳の誕生日を来週日本で祝って貰うことになっているの。月曜日に会えるかしら?」とのこと。私はフランクフルトに出発する予定を急遽変更して、クレシさんに会うことにしました。バングラデシュ出身という琥珀《アンバー》色の肌をしたクレシさんは、彫りが深く目が輝いていて知的な印象でした。千葉大学では計量経済を学び、特に位相幾何学が好きと、出版界では異色の学歴を持っていました。ぜひ自分の手で出版したいので著者と交渉して頂戴、といかに小川さんの作品に感動したかと熱心でした。

著者に先入観を与えないように、そのことは小川さんの意見をうかがうまでは告げていませんでしたが、結局同社を小川さんご自身が選ばれたのでした。こうして小川洋子さんの短編集と『博士の愛した数式』を同時に契約する運びになりました。翻訳者については紆余曲折がありましたが、短編の訳者、スティーブン・スナイダー氏が引き受け、無事出版されました。ポール・オースターの惹句が表紙に刷ってあるのは、ピカドールの編集長から小川さんへの心のこもったプレゼントなのでした。

〈映画化された小川洋子作品〉

「ニューヨーカー」に小川洋子さんの短編二篇が紹介されてまもなく、アメリカ西海岸のAZXという雑誌社から季刊文芸誌「ゾエトロープ オール・ストーリー」に「バックストローク」と「ダイヴィング・プール」を掲載したいとの申しこみが来ました。フランシス・コッポラ監督所有の雑誌というだけあって、「オリジナリティーを保証すること」の他に「三ヶ月間は映画化権を含めあらゆる権利を出版社が所有すること」という条件が契約書に盛られていました。束縛される期間は短かったので、問題なく著者の承諾を得ることができました。

それ以前に、加賀乙彦著『錨のない船』の映画化権契約の時には難航したことを思い出しました。契約期間は「永久に（forever）」でしたし、権利の及ぶ範囲は「宇宙（universe）」とありました（ハリウッド系の会社では、月や火星でも上映する気なのでしょうか！）。著者は「永久に生きるつもりはないし、地球以外で上映されなくてもよい」との回答でしたから、こわ談判の末、期間は七年に、地域は全世界に、変更してもらいました。この文言は、ごく普通の契約であるとアメリカ側のエージェントは説明していましたが、理不尽と思える主張までを全部受け入れる必要はないと権利者側の意見を通しました。

一体にアメリカでは出版の契約に、これでもか、これでもか、と厳しい条件を盛りこんできます。なぜそのように「もしも」の条項が多いのか、相手を信用しないのか、と聞けば、「自分たちは母親のお腹のなかにいるときから、他人を疑えという教育を受けているのだ」という回答です。「自分たちは高い報酬の弁護士を養っているのだから、彼らの立場を尊重しなくてはならない」とも言われました。

小川洋子著『薬指の標本』の映画化はフランスの製作会社でなされましたが、特に首をかしげるような契約条項はなく、すんなりまとまりました。女性監督ディアーヌ・ベルトランの脚本、製作によるもので、ハンブルクのさびれたような風景の港町を背景に不気味な世界が展開されます。人々が、失われることが忍びない自分の大切な持ち物を標本として残す、奇妙な標本室の話です。そこで働くことになったヒロインと、陰のある標本技師とのエロティックでしかも残酷な愛の物語が、情感溢れる美しい映像となって描かれていました。「まさに自分が思い描いた世界」との小川さんの感想は、仲介した黒子としての幸せを感じるものでした。

フランス語に翻訳したローズマリー牧野さんも大層よろこばれ、映画化から生じる報酬の幾ばくかを要求することなく、よろこんで提供してくださいました。資金調達が期限内にできず、結局は実現せずじまいだった『錨のない船』英語版の訳者が、映画化権が売れたらX%を、と要求していたのと対照的です。

翻訳者は個人個人で考え方が異なり、英語版から重訳する場合はX%を，他の言語訳の参考にする場合も歩合を、と要求する人もいれば、文芸書を訳すよろこびで十分、と寛大な人、いろいろです。英語以外の訳者は一体におおらかです。英語大国の自信と自負がそのような傾向を生み出しているように思えます。

変わったケースは、メキシコの「リトラル（Litoral）」という会員五〇〇名の精神分析の学会誌から「哀しみ」というテーマで編集するので『薬指の標本』をフランス語からスペイン語に翻訳して掲載したいという申し出ででした。金額は少ないものでしたが、著者、訳者ともよろこんで承諾されました。

〈星新一作品：ショートショート〉

「ぼくの作品ぐらいインターナショナルなものはないよ。他の人の作品は日本的過ぎる」。SF作家の集まりだったと思います。大きな声が上から降ってくるようでした。背の高い星新一氏を、小さな私は見上げるようにして「そうですね」と相槌を打っていました。それだけご自身の作品に自信を持っておられたのでしょう。また、世界に早く発信してほしいという期待とも聞こえました。

短編を海外出版社に売るのは難しいと述べましたが、ショートショートとなるとなおさら難しさが増します。翻訳候補者、志願者にとっては短いだけにとっつきやすいのでしょう、「訳してみようか」という刺激になるようです。日本語を大学などで教えている先生が、ご自分で、あるいは生徒たちに日本語勉強のための課題として、ショートショートの翻訳を課したと思われる場合がありました。

オーストラリアのクイーンズランド大学ロバート・マシュー教授が二〇篇のショートショー

トを訳されました。シンガポールの出版社が出版し、それを教材として使用したケースがありましたが、一般書店では期待したほどには売れませんでした。スペインでも同じような例がありました。翻訳のよしあしは、英語ならばまだしも、他の言語となると全くお手上げです。現地のエージェントや編集者に判断を任せるしかありません。テレビなどでよく見るアメリカ人タレントが、学生用の副読本のような企画に使いたいと送ってきた翻訳は、題名で、星さん特有の巧妙なオチをバラしてしまうようなものでした。勝手な解釈で書き換えられているものもありました。星さんの翻訳者には、作品の背後に隠れている哲学的思考や生物学的根拠、科学の基礎知識などの教養が問われるのです。

アメリカの有名な出版社二社の教科書部門が、ほぼ同時に、『ボッコちゃん』と『おーいでてこーい』への申しこみを送ってきました。講談社が学生用に日本語の解説を入れて出版した文庫本の訳者、スタンレー・ジョーンズ氏訳のもので、翻訳の質もよいとの判断でした。両社とも二十五年間の契約期間で、子どものランドセルからはみ出るほどのサイズ、八〇〇頁にもなる教科書の大きさでずっしりと重い本です。アメリカでは二十五年間使い続けるようなジャンボ教科書は当たり前なのだと、ハワイにお住いの星新一氏の次女、マリナさんからの情報を得て、交渉をまとめることができました。この場合は、作品が短いからといって値切られることはなく、星新一氏がご存命ならばよろこんでくださるだろうと思われる内容の契約になりました。

韓国では三〇冊のシリーズが編まれ、一冊に十五～二十五編、翻訳に時間は長くかかりましたが出版されました。インドのマラティ語に訳したので出版したいと申しこみが入りました。一冊に十二編の構成です。ルピーの定価を円に換算すると、印税は一万円にも満たない金額でしたが、「自分たちの知らない言語の訳者と出版社がいるだけでもうれしい」とご遺族はその申しこみをよろこんで受けてくださいました。

一方、英語でのオンデマンドの出版に対しては、ご遺族で検討の結果、翻訳の質に問題があるからと、留保されました。そして今、マリナさんがアメリカ人の友人の協力を得て、英訳に挑んでおられます。星新一作品の真髄を理解する方の努力が、やがて実ることが待ち望まれます。アメリカでも、機知に溢れてしかもペーソスのあるすばらしい作品を理解する出版社が現れると確信しています。

最相葉月さんが『星新一――一〇〇一話をつくった人』の取材の折には、私から海外版についてのよい情報を差し上げられなかったので、その後の状況をお伝えすると、「アジアの星」から「世界の星」そして「宇宙の星」となってくだされればいいですね、と返事をくださいました。そうなれば、星新一さんは「うん、これでよし」と例の大きな声を天から降らせてくださることでしょう。

アンソロジーの多様さ

何名かの作家の短編を選んで出版するアンソロジーは、これがベスト、と万人が納得するものはないと思います。ある時代の作家の作品を研究している訳者、あるいは一人の編者がテーマを絞って作品を選んだアンソロジーは、大学出版局に持ちこまれる場合が多いようです。多分、その出版物が編者の実績になるからでしょう。

著作権の交渉に必要な費用は、訳者自身が負担する場合と、大学出版局が出す場合とがありますが、それは多分力関係で決まるのだと思います。いずれにせよ、大きな金額の予算があるわけではなく、エージェントとしても効率だけで考えれば、割に合わない仕事です。しかし、それは、今から育つ日本文学研究者にとって大きく役立ちます。訳者・編者の苦労が理解できるだけに、私は引き受けていました。私が引き受けなければ一体誰が引き受けるのだろうか、という思いもありました。

最初の経験は、日本ユニ・エージェンシーに勤務していたころにハーバード大学ハワード・ヒベット教授の編纂による『現代日本文学アンソロジー』でアルフレッド・クノッフ社刊のものでした。多分一編二〇〇〇円から三〇〇〇円が提示されたと思いますが、著者たちはよろこんで承諾されました。日本の作品が英語版になるだけでもよろこばれていた時代です。その

10％がエージェントの収入でしたから、宮田社長（当時）は、私が交渉に時間を掛けることをよく許してくださったもの、と今にして思います。

最近では、こちらから条件を提示して、エージェントの手数料はきちんと予算化し、著者からでなく、出版社または出版局からコミッションを得ることで引き受けることにしています。著者によっては他のエージェントを使用している場合もあるので、この方法であれば合理的に処理できると思ったからです。

それでも手数はかかります。特に詩歌、和歌、俳句などが含まれた場合は、権利者の住所を見つけるのに時間がかかり、鬼籍に入られた著者の場合は、複数の著作権継承者がいたりしてすぐに同意を得ることが難しいこともあります。何度も催促して電話ではよい返事を得ても、すぐに同意書が返送されない場合もあります。また、著者が旅行中、あるいは行方不明という場合もあります。

〈困惑の極み〉

イタリアの大手出版社、モンダドーリからの申しこみを受けたときは、冷や汗をかきました。一〇名以上の作家のうち、一名は金額が少ないからと拒否され、一名はどうしても連絡がつかぬまま数ヶ月が経ってしまいました。もちろん中間報告は出していました。ある日、すでに許可をした日本の作家の友人がイタリアの書店でその本を見つけたと言って送ってきました。まさに懸案の未契約の本でした。しかも、表紙が奇抜です。龍の刺青を入れた東洋人らしい裸の女性の背中に、にぎりずしがいくつか乗っています。「タイム」のように周囲を真っ赤に縁取った正方形に近い判型で、大変目立つものでした。タイトルは英語で『セックス・アンド・スシ(Sex and sushi)』なのです。

たまたま編者を知っていたので、その人と担当者に直ちに連絡したのですが梨の礫《つぶて》です。手を尽くして、その上司の責任者名を探し出して、書留で返事を要求しました。弁護士にも相談しましたが、何百万円もかかるだろうと言われ、辛抱強く待って交渉することにしました。

二ヶ月ほどして、当の責任者から手紙が来ました。「妻(とわざわざ書いてあり)がはじめての子どもを産んだので、自分は長い休暇を取っていた。返事が遅れて申し訳なかった」との言い訳で、最終的な許可を得る前に出版したことを詫びていました。そのような場合、日本人ならば、親戚に不幸があったとしてしまうところでしょうが、おめでたいことを言い訳にするのはお国柄でしょうか?(ギリシャの編集者が出版の遅れの言い訳に自分の結婚式と美しい妻の写真をメールで送ってきたのには笑ってしまいました)

結局、モンダドーリ社では、市場に出してしまったイタリア語版『セックス・アンド・スシ』を回収し、新たに、許可を確実に得ている作品のみで出版を約し、ペナルティーも含めて当初の約一〇倍の著作権料を支払うことで決着しました。

〈コロンビア大学出版局〉

百名以上の著者（詩人、歌人、俳人を含む）との交渉で時間がかかったのは、コロンビア大学出版局から出たアンソロジー二巻（第一巻八六三頁、２００５年刊／第二巻八四一頁、２００７年刊）です。ブリンガムヤング大学教授で遠藤周作作品の翻訳で有名なヴァン・C・ゲッセル教授とピッツバーグ大学のトーマス・ライマー教授との共同編纂によるものです。イラク戦争がはじまった直後の２００３年3月、ニューヨークのヒルトンホテルで開催されたアジア学会（ＡＡＳ＝Association of Asian Studies）で旧知のお二人と、コロンビア大学出版局編集長のジェニファー・クリュエさんの訪問を受け、小説、戯曲、エッセイ、詩歌、和歌、俳句を網羅的に収録する企画内容の説明をうかがい、大きな意義があると認め、お引き受けしました。

『現代日本文学　維新から占領時代』という一巻目の副題の occupation という言葉が気になったので、「戦後」に変更して貰えないかとの打診に回答なしでした。第二巻目は副題が「１９４５年から現代まで」となり、二巻とも上製本で立派なアンソロジーができあがりました。ヒベット教授による１９７７年クノッフ刊の『現代日本文学：１９４５年までの小説、映画を含む作品集』は上製本とソフトカバーで出版され、三〇年以上経った今でも売れていますし、トロントのヨーク大学、テッド・グーセン教授選『オックスフォード日本文学短編集』（１９９７年刊）の重版もされています。コロンビア大学版の今回のアンソロジーも、おそらく図書館などで重宝がられる資料として長く売れることでしょう。

〈大学出版局以外からのアンソロジー〉

大学関係者ではなく、日本文学に魅せられてアンソロジーに挑戦した訳者もいます。アルフレッド・バーンバウム氏は、村上春樹氏の初期の作品の翻訳者として有名ですが、十一名の若手作家の作品を選び『モンキー・ブレイン・スシ』を講談社インターナショナルから1991年に出版しています。これは小社とかかわりなく出版された成功例です。

特に日本文学を学んだわけでも、造詣が深いわけでもなく、単に日本文学に興味を持ち、序文を書いたジェイ・マキナニーと親しいというだけの女性がグローブ・アトランティック社から刊行した『ニュー・ジャパニーズ・ヴォイセス』（1991年刊）は、選んだ短編はともかく、翻訳の質にむらがあり、著作権処理の手続きも杜撰なものでした。たまたまニューヨークを訪問していた作家には、万年筆一本が印税代わりに渡されたと後で聞きました。担当作家の翻訳原稿にひどい間違いがあり、正誤表を二頁にわたってリストにして提出しましたが訂正されず、そのまま出版されました。フランクフルト国際図書展で、抗議のため同社のスタンドを訪れると、社長のモーガン・エントレキン氏は、こちらが名乗りを挙げる前に「あなたの言うことは正しかった。申し訳ない」と謝りはじめましたが、「次の約束があるから」と、さっさとスタンドを出てしまいました。

きっと、自覚はしていたのでしょう。うるさい日本人が抗議にきたことで先手を打ったものと思われます。肩まで出した女性編者の写真ばかりが大きくジャケットの袖に刷られていたので、その女性の魅力で出版を決めたのかもしれないなどと勘ぐってしまいました。

スウェーデン大使館のラーシュ・ヴァリエ公使は、活躍中の現代作家の作品を一冊にして"Books for All"という意味のスウェーデンの出版社を見つけ、ご自身の翻訳で出版されました。真っ赤な日の丸の四分の一が描かれた白地の表紙に『分別ゴミ』と大きく書いた本が届いたので、よく見ると、それはヴァリエ公使によるスウェーデン語版短編集でした。収録された清水義範氏の短編を題名に使用し、日本語で描いているデザインなのでした。

そのほかにも、ドイツ、フランス、イタリア、オランダ、ブラジル、クロアチアでも国際交流基金などの援助のもとでアンソロジーが出版されています。

ロシアへの援助は国際交流基金で2000年に多額の予算が組まれ、「新しい日本小説」と銘打たれて、現代文学のアンソロジー『彼』『彼女』の二冊、それ以外にも他国では見られない時代小説集とSF小説集が出版され、2003年には増刷されるほどの評判となりました。この全体の選本と監修には、東京大学の沼野充義教授が当たられました。

この企画は、その後、ロシアで多くの日本小説が紹介されるきっかけとなりました。著作権の処理にかかわった者として、ロシア語は全く読めないながら、ロシア独特の重厚な装丁の分厚い献本が送られてくると誇らしい気持ちが湧いてきました。

7

栗田・板東事務所の船出

㈲栗田・板東事務所

ボローニャ国際児童図書展に初参加した1975年以来、写真や図版が多い大型単行本やシリーズ本の国際共同出版を担当しながら、ブームとなりつつあった児童書、特に絵本の日本語版権利の交渉に、私は多くの時間を割くようになりました。傍ら、本来やりたかった日本の出版物の輸出交渉にも応じていました。

ある日、事務所に近い神田の書店街で児童書売り場が大きく広がり、自分の紹介した絵本がところ狭しと平台に並べてあるのを見つけました。うれしくも誇らしい気持ちと同時に、それらの本が競争し合っているという皮肉な現実に気が付き、複雑な思いにかられました。

限られた時間のなかでは、上記の業務を満足のいくようにこなすことは、物理的に困難なことがわかってきました。競争の激しい「輸入」のほうに時間を取られることが多く、どうしても「輸出」は後回しになってしまいます。もっと、日本の図書を積極的に売りこむためには時間がほしい。「だれか」が本腰を入れてしなくてはならない仕事なのだが、その「だれか」は、ひょっとして自分かもしれない。そんなことを思いはじめていました。

そのような思いを、日本ユニ・エージェンシーの宮田社長(当時)に相談しました。宮田氏は「いつかその日が来るかもしれないと思っていた。よかろう。しかし、会社組織にしなさい。個人のボランティアではなし得ない事業なのだから、いつの日か、国の援助を受けることがあるかもしれない。企業も手助けするかもしれない。マイナスでもよいから実績を残すためには、ぜひ会社組織にするように」とのアドバイスをくださいました。

一人のフリーランサーとしてなら、どこかの出版社のスカウトをするなどして生活できるだろう、と気軽に考えていたのですが、さて、会社組織にするとなると東京に事務所を設け、協力してくれるパートナーが必要です。

熟慮の結果、そのアドバイスが的を射たものと悟りました。まず、福音館書店の海外課におられた板東悠美子さんに打診すると、快く承諾してくださり、事務所を九段下に借りて㈲栗田・板東事務所を1981年3月1日に、ともかくも二人で発足させました。

「出版未来の会」の会員の一人、アスク株式会社の天谷修身社長（当時）は、同社が持つ事務所を、ご好意でほんのわずかな賃料で貸してくださいました（「出版未来の会」というのは㈱名著普及会社長（当時）小関謙氏の主導ではじまった勉強会で、小出版社の社長や次世代を担う編集者が会員でした。私が「アメリカの出版界」を連載していた未来社のPR誌「未来」を購読していた方たちに誘われて、アメリカから帰国後に私も会員になっていたのです。徳間書店の徳間康快社長（当時・故人）を囲んで、同氏の多面的な活動のこと、時事問題、多角的に見なくてはならない政治や社会問題、時にはほら話をうかがうこともあり、大変刺激を受けた勉強会でした）。

「会社組織」のなかには、財団法人、社団法人もありますが、どこかの省などに所属するとなると、〝「天下り」を引き受ける〟〝然るべき場所の事務所を選ぶ〟といった条件がつくことが予想されました。そのうえ利益を出さなくていいということになれば、安易に流れる畏れがあると考えました。この仕事にはハングリー精神が必要で、努力すれば報われるであろう株式会社か有限会社にしたいと思い、後者を選びました。

私が通った西宮の建石小学校の大先輩と知って以来、親しみを覚えていた河野多恵子さんに、ご挨拶かたがた今回の経緯をご報告にうかがいました。「生年月日を教えてよ。占ってあげるわ」と言われたので申し上げると、「大金持ちにはならへんけど、食べることには困らへんわよ。何でも好きなことしたらええわ」とのことでした。そのお言葉に勇気と励ましを与えられたことを覚えています。

ケルンへ

実は、その年の四月に、私は活動拠点を、ヨーロッパならケルンにすると定めていました。図書展での三〇分刻みのアポイントメントだけでは、売りこみに不十分だと感じていました。日本語を海外編集者が読めないため、直接判断できないという障害があるからです。その三〇分でさえも、会いたい人が多くて十五分にならざるを得なかったり、働けば働くほど自分の仕事が増え、年々多忙になるばかりでした。図書展のスタンドでは同じように見えてしまう出版社も、それぞれに個性があります。訪問することによって、よりよく知り、一社ずつ食いこんでいくことが大切だと思っていました。

「なぜ、ケルンに?」と質問をよく受けますが、「ヨーロッパの地図を広げてさいころを振って決めました」と答えてもおかしくないような成り行きでした。本当は、イタリアの両親と(心理的に)思っていたステファノヴィッチ夫妻が住むフィレンツェに根城を置きたかったのですが、イタリアは郵便事情がよくありません。

ステファノヴィッチ氏推薦のスイスのルガーノやルツェルン、パリ、アムステルダムなども候補地でしたが、いずれも何らかの支障があり、思案しているところに、チューリヒのベッティーナ・ヒューリマンさんに書道を教えている日本人が現れました。チューリヒ大学の日本文学教授(当時)アウエハント氏の夫人、静子さんです。

「事情があって離婚し、しばらくケルンに住んでいたのだが、元の鞘に収まることにしたのでケルンのアパートを家具ごと引き取って借りる気はないか」とのこと。ケルンは訪れたことがないのですが、地図を広げるとヨーロッパ大陸のほぼ真ん中で、鉄道の便がよさそうです。北はアムステルダムに、西はアーヘン経由で、ブリュッセル、そこから南下してパリに、南はフランクフルトに線路が伸びています。しかも家具付きとは願ってもないことです。「では六月に」と、まるで東京から名古屋にでも引っ越すような気軽さで決めてしまいました。

会社組織にするといっても、経営のことなど全く知らずに、青写真もないまま、私は、会社設立三ヶ月後に、東京側の権利者との交渉などは板東悠美子に任せて、日本を飛び発っていました。

クリポート

私が、あしのあきのペンネームで翻訳した絵本の一冊、『郵便局員ねこ』（ゲイル・E・ヘイリー作、1979年、ほるぷ出版刊）が、幸いなことに「課題図書」に選ばれ、〝天からお金が降ってきた〟ので、それを資本金の一部に当てました。板東悠美子、宮田昇氏、当時児童書の翻訳出版に力を入れていたほるぷ出版の肥後政夫専務も、個人として資本参加をしてくださいました。

さらに、日本ユニ・エージェンシーは、私の扱った「輸出」契約の管理を全面委託し、その上、スカウト契約もするという配慮をしてくれました。このことは、最初は出費ばかりで、「輸出」の成約からの収入は当分見込めないことはわかっていたので、誠にありがたいことでした。

定期的な収入で考えられることは、欧米出版社からの新しい情報を日本側に売ることでした。不定期にでも海外出版社を訪問して得られる新企画の情報などを、いち早く日本の出版社に知らせるため、栗田のリポートを「クリポート」と称して配布することにしました。それを何社かの出版社が月額を決めて購入してくださいました。国際共同出版や児童書でお目にかかることの多かった日本の出版社の社長や編集長が、恐らく応援という気持ちで購読を決めてくださったのでしょう。それは、実質的に大きな支えになりました。
日本で、長期有効のユーレイルパスを求め、ケルンから汽車での出版社めぐりがはじまります。日本ユニ・エージェンシー在職中に交渉しはじめた日本の出版物も何点かあり、その売りこみや交渉を続けることも仕事のひとつでした。

『劫火を見た』

パンセオンの編集者、トム・エンゲルハート氏の細長い部屋に何度か訪れていたのは、同氏が、アジアの出版物に関心を持っており、『日本写真史』（1971年平凡社刊）を出版することになったからです。1978年にニューヨークに出張した折、『劫火を見た』（NHK編、1974年、NHK出版局刊）にたいへん興味を持ち、「三〇〇〇部出しても売れるかなあ」と自信なげでしたが、日本で製作した完本二〇〇〇部と三〇〇〇部それぞれの見積もりがほしいと言われました。この本は、次のような経緯でできた本です。

ある日、七十七歳の被爆者が下駄履きで自転車に乗り、一枚の絵を携え、NHK広島局を訪れました。それは原爆が落された直後の場面をそのまま描いたもので、〝4 p.m. August 6, 1945〟と記入してあり、シンプルながらその惨事が生き生きと描写されていました。次世代の人たちに残しておきたいと切望して持参したといいます。それをきっかけにNHKでは「市民の手で原爆の絵を残そう」と視聴者に呼びかけ、集まった九七五枚から一〇四枚を選んで一冊にまとめました。

ＮＨＫ出版局では、他国語版を完本製作して輸出した経験がないから、四色分解したフィルムの複版をパンセオン社に提供したいとその見積もりを出してきました。プロモーションの結果、三〇〇〇部のつもりが、一万五〇〇〇部の注文が来て営業部でも驚いている、とのうれしい知らせがエンゲルハート氏からありました。決して上手ではないけれども、被爆者が見たままの光景は、胸を打つものばかりでした。アメリカの良心は健全なり、と思わせました。"Unforgettable Fire"という英語題名で、１９８１年に全英語圏で出版されました。その後も、一度に大部数ではありませんが、長期間にわたって印税報告が届く本となりました。

英語版が出版されたことで『劫火を見た』は、デンマーク、ノルウェイ、フィンランドでも出版されました。

丸木俊　文・絵／丸木位里　協力『ひろしまのピカ』アメリカ版

しばらくして、パンセオン出版社のエンゲルハート氏から、同社の児童書部門のパトリシア・ロス編集長があなたに会いたがっている、と連絡をしてきました。『ひろしまのピカ』（１９７５年、小峰書店刊）を英訳とともに送っておいたので、そのことではないかと期待を持ってロスさんを訪問しました。

　ボローニャの図書展で、アメリカの何名かの編集長に見せていましたが、「加害者としては、これを出すのは難しいわ」というのがほとんどの反応でした。ロスさんは、「これほど酷いことを、こんなに美しく芸術的な作品に昇華した作家の手腕はすばらしいわ。これを読んだ日は、悪夢で眠れなかったのよ」とご自身の感動を伝えてくださったのですが、結論は否定的でした。

「自分の手でぜひ出したいのだけれども、出版社の規模が大きすぎるので、このような本を出すときには営業部がきっと反対すると思う。もう少し規模の小さい出版社の編集長を紹介するので、見せてごらんなさい」と紹介されたのは、ウィリアム・モロー（William Morrow and Company）傘下のロスロップ・リー・アンド・シェパード（Lothlop, Lee & Shephard Books）の当時の編集長、ドロシー・ブライリーさん（故人）でした。ボローニャ国際児童図書展では時々会っていたショートヘアのきりっとした印象の方です。

　ブライリーさんは、日を置かず、出版の決断をしてくださいました。やはり、営業部の反対はあったものの、ブライリーさんの熱心な説得に応じたとのことでした。結果、三つの大きな賞を与えられました。翻訳された本で過去一年間に出版されたなかでベストの本に与えられるミルドレッド・L・バチェルダー賞（Mildred L. Batchelder Award）、続いて、ジェーン・アダムズ平和賞（Jane Addams Peace Award／１９３０年にノーベル平和賞の受賞者にちなんだ賞）、ボストン・グローブ－ホーン・ブック賞（Boston Globe - Horn Book Award）という高い水準の児童書に与え

丸木俊 文・絵『ひろしまのピカ』 後列左からフランス版（アクト・シュド社）、イタリア版、フランス版、ノルウェー版（シロス社）、中央左からオランダ版、イギリス版、デンマーク版、前列左からアメリカ版、日本版（小峰書店、1975年） 写真提供：原爆の図丸木美術館

られる賞です。そしてアメリカ図書館協会推薦図書になりました。

『ひろしまのピカ』の行脚《あんぎゃ》

図書展のスタンドに並べた本を、偶然目に止めて気に入ってくれる編集者を待つだけでは成約にこぎつける確率は少ないのです。自分が海外の読者に伝えたい、読んでほしいという本は積極的に出版社に持ちこんで売りこむことが大切と考え、『ひろしまのピカ』を鞄に、オランダを手はじめに汽車で出版社をめぐることにしました。

「疎開児童」だった私は、1945年8月6日の出来事を、疎開先の熊本県玉名郡南関小学校で聞きました。「広島に新型爆弾が落ちたとよ」「落下傘爆弾ともいうげな。マッチ箱みたいにちっちゃいけどすごいんやて」「空中で破裂して、広島はほとんどやられてしもうたげな」などと、テレビのない時代でしたので、新聞の報道だったのか噂だったのか、教室でひそひそとささやかれていました。そして三日後には、同様なことが長崎で起こったのです。次はどこだろう？　日本はどうなってしまうのだろう？　小学校の最後の学年で叔父の家で不自由なく過ごしていたものの、大きな不安を抱きました。

広島については、もう一つ思い出があります。高校一年生の修学旅行先は、広島でした。日赤病院の医師による原爆症の講義を受けました。「原爆患者第一号」と称された肩幅が広くてがっしりした四〇歳代の吉川《きっかわ》さんが、浴衣の片肌を脱いで、ケロイド状に焼け爛《ただ》れた背中をさらけ出しました。そのケロイドの背中を触ることが、私たちの「学習」の一端でした。焼け爛れた細胞は二度と蘇らない、と説明を受けました。講義をした先生の名前は覚えておらず、患者の名前は覚えているのです。そうした体験が、「被爆国として原爆の酷さを海外に訴えなくては」という気持ちを私に抱かせました。

ユトレヒトで降り、ハーレム行きのバスに乗ったのは、ホットマー出版社（Gottmer）を訪問しようと思ったからです。バスの運転手にハーレムで降ろしてほしいというと、駅が三つあるがどの駅だ？　と聞かれたものの答えられず、真ん中で降りたら出版社名を言えば誰かが教えてくれるだろうと思い、真ん中のバス停で降りました。ところが住宅が並んでいて通る人もいません。遠くに建物が見えるのでそこにたどり着くと病院でした。

ホットマー出版社と尋ねても誰も知りません。仕方なく電話を借りて、出版社にかけ、車で迎えに来てもらいました。一〇分ばかり走って海岸に近い森のなかの二階建てのビル。それがホットマーでした。一階が印刷所で二階が出版社です。ヘンス・ホットマー社長は、私とほぼ同年の女性です。出版社は祖父が創立したとのことでした。日本が好きで、何年かかけてお遍路さんめぐりをした日本通ですから、ヒロシマにも関心を持っているにちがいないと思っていました。予想どおり、興味は持ちましたが、現在オランダではきれいな絵本が売れなくなっているとのこと。確かに、あれほど人気があった安野光雅氏の絵本を出していたプロフスマ出版社（Plogsma）でさえもオランダ版の権利を買い控えています。

やむなくあきらめて、スウェーデンに向かいました。ラーベン（Raben & Sojogren）という生活協同組合の子会社では、すぐに決めました。デンマークとノルウェーは、ヒュレット（Hjulet）という小さな出版社が決めました。草の根運動などをしている社長でした。三ヶ国が決まったことで気をよくして、いったんケルンに戻ると、オランダのホットマーさんからの手紙が待っていました。「忘れられない本だから、もう一度見せて頂戴」とうれしい内容でした。結局、出版を決めました。

肝心のドイツは、大手出版社に見せましたが、「絵本を買う母親やおばあさんが、血を見ただけで買わないだろう」と、つばめが羽から血を流してちょんちょん歩いている絵を示しています。書店でも敬遠してしまうだろうと言います。グーテンベルク博物館の館長に相談したところ、「ベッティーナ・ヒューリマンが生きていたら、きっと出版するだろうけどね」と思案するばかりでした。

結局、ドイツ語版は、オーストリア、ウィーン郊外のザンクト・ガブリエル（St. Gabriel）という宗教書関係の出版社が、共同出版に加わりました。

フランスの出版社はシロス（Syros）です。当時、緑の党とかオルタネイト（alternate）という草の根運動がヨーロッパで盛んでしたが、その関係の数人で運営している、小さな志のある出版社でした。こうした絵本は、大手の児童書出版社では出せないと、翻訳をしてくださった二コル・クーロンさんが、ご自身で見つけてくださった出版社です。

イギリスのA・C・ブラック（A.C. Black）の編集者、ポール・ホワイト氏は、協力関係にあるウェールズのコルベット出版社（Corbet）に推薦してくれました。

こうして、ヨーロッパの八ヶ国の共同制作が可能となりました。イタリア、ユーゴスラビア（当時）、スペインなど安いといわれる印刷所を調査した結果、結局、シンガポールの凸版印刷で製作されることになりました。私が、タイム社に勤務していたころ、同社の担当者として出入りしておられた重盛慎太郎氏が、その時シンガポールに赴任しておられたのは幸いでした。複版フィルムを安く提供してくださった小峰書店の協力とともに、有難いことでした。そのお陰で、合計一万八〇〇〇部を小国の少部数でも引き合うような値段で提供することができました。円が高いため、質に定評のある日本の印刷所では、値段が高くて引き合わなかったのです。

同じ英語版でもアメリカの題名が〝Hiroshima no Pika〟イギリスでは〝The Hiroshima Story〟です。ブライリーさんは、〝no〟を否定の〝no〟と考えると、これ以上いい題名はないと判断されたそうです。

英国版の出版社では、多分児童書界で有名な名前で売りたかったのでしょう。〝Story in English by Judith Eikin〟とタイトルページに刷ってあり、丸木俊さんが絵のみを描かれたような印象を受けるのは残念でした。締め切りが差し迫っていたとはいえ、文章のフィルムのチェック、あるいは校正が不十分だったのは、エージェントとしての落ち度であったと、それが痛恨事でした。

読者層の差でもあると思うのですが、英国版では、死者が二十六万名でそれ以上の重傷者が出た、爆弾の威力は従来の爆弾の二〇〇〇倍もの破壊力を持ったもの、爆発点より三キロが被害にあった、と数字を使用し客観的な描写を挿入しています。丸木俊さんは、情緒的ともいえる表現で、酷さを表現しておられます。日本では、絵本といえば一般的に小学校低学年の子ども向けが多いので、あえて客観的な情報を必要とされなかったのでしょう。また、数字については教科書でも記述されています。一方、イギリスでは五年生から九年生向きを読者対象にしていましたから、数字による情報を盛りこんだものと思われます。チマチョゴリが空を飛ぶ場面は、死体になってからも差別されて、川端に長らく放置されてカラスの餌食になっていた朝鮮の人が、魂となって祖国をめざして飛んでゆく姿を象徴しています。「日本で強制的に働かされていた朝鮮人もたくさん死にました」、また、「爆弾を落とした国であるアメリカ人も死にました」は、英国版では生きていますが、米国版では「朝鮮、ロシア、中国、インドネシア、アメリカ人も含まれていた」と並列で書かれています。そのようなちがいを指摘したところで、恐らく、英米両国ともあっさりと日本版通りに訂正するとは思えませんが、編集者とじっくり話し合うこともなく、理解を深められなかったのは残念でした。

スペインでは、ミニョン(Minon)という出版社がマドリッドの図書展で興味を示しましたが、自社の双書シリーズに入れるために判型を少し小さくしたいとのことで、独自に製作しました。

私は、スペイン語が話せず、ミニョンの編集者は英語が不得手というので、日本大使館員に通訳をお願いして、交渉しました。

イタリア、ギリシャ、中国がその後に決まり、複版フィルムやデータを提供して出版に漕ぎつけました。また、フランスの担当編集者が、アルルのアクト・シュド（Actes Sud）に移動したことで、絶版になっていたフランス語版が復刊されたことは、予想外のうれしい出来事でした。こうして、『ひろしまのピカ』は延べ十四ヶ国語で出版されました。

２０１１年3月11日に、東日本大震災に続き、大津波という天災、そして福島第一原発事故という人災が起こりました。『ひろしまのピカ』の最後の灯篭流しの場面で、おかあさんがみいちゃんに話しかけます。「ピカは、ひとがおとさにゃ、おちてこん」。丸木俊さんの短いけれども言い尽くした表現です。このメッセージは、日本の現状に当てはまります。原発が、ほんとうに今の日本に必要なものか、新しい日本の再生には、経済が少し後戻りしても、出直すきっかけではないのか。原爆の唯一の被害国として、未来の子どもたちを守るために、私たちは自分の考えをしっかり持って、将来の日本はどうあるべきかを真剣に考え、実行に移す転機が来たのではないでしょうか。

後輩たちの努力で、『ひろしまのピカ』はインドのヒンディー語とロシア語での出版が進行中です。この機に、絶版になった国への再版の働きかけもしていることでしょう。

ほん（本）の行商

1981年秋から、私の「本の行商」がはじまりました。ヨーロッパのなかでもイギリスやフランスは、それぞれロンドンとパリに出版社が集中してありますが、ドイツやオランダは出版社が大都市に固まらず、地方都市に散在しています。せっかく訪問するのですから、あれもこれもと、さまざまな種類の本を用意し、それぞれの本に興味を持ちそうな出版社とのアポイントメントを取ってから出発です。

先方の新刊本あるいは企画中の本のことも教えてほしいとあらかじめ伝えておかなくてはなりません。どの出版社も自社の本の日本語版権利を売りたがっているからです。キャリー・バッグに本を詰めこんで、パリや、アムステルダムの運河沿いの石畳の上をガラガラと引っ張って歩くときには、普段の倍くらいの時間を見なくてはなりませんでした。

『ひろしまのピカ』を持ち歩いた折には、大人の本の『劫火を見た』や他のジャンルの本も持参しました。小さな出版社では、同じ人に見せて判断を仰ぐことができますが、大手出版社では、児童書と大人向けの一般書ではちがう人が担当しますから、別の人に会わなくてはなりません。

デンマークのリンドハート・アンド・リングホフ（Rindhardt & Linghoff）という出版社に『劫

火を見た』を見せたときは、その場で即決でした。大出版社の編集者二名がそれぞれの社を退社してこの社を興し、「ほんとうに自分たちが出したい本を出版する」と「パブリッシャーズ・ウィークリー」の取材に応じて語っていたのを覚えていたので、志のある人たちなら、きっと興味を持つだろうと予想していました。「わが意を得たり」で、即決がうれしかったことを思い出します。

その社にそぐわない本でも、担当者が親切な人ならば、某社の誰さんなら、きっと興味を持つでしょう、と推薦してくれます。フランクフルト国際図書展では、ビジネスライクでむしろつっけんどんだった人が、その社を訪ねていったら、こんな親切ないい人だったのだわ、と思えるほど印象ががらりと変わる、ということもありました。スウェーデンの編集者は、「この街ははじめてなのでしょう?」と、仕事が終わった後も、家族が家で待っているというのに、街を案内してくれました。

「クリポート」を書くためには、さまざまな情報が必要なので、図書展で会ったこともないはじめての出版社も訪問しました。オランダでは、ホットマー社で断られた後、キャンペンという小さな都市のコック社（Kok）を訪ねて『ひろしまのピカ』を見せようと思っていました。駅にはタクシーのあることを期待していたのですが、一台も見当たりません。駅員に聞いたら、電話代を出せば呼んでやるよ、とのことで頼みました。乗ったはいいのですが、ちょうど運河の跳ね橋が開いて舟を通す時間で、十五分車内で待ち、やっとコック社にたどり着きまし

ケルンにて本の行商中。1984 年

た。かまぼこ型の兵舎のような事務所でした。そこでこちらが持参した本を見せる前に、編集者が見せてくれた本には血が騒ぐというか、すっかり魅せられてしまいました。そのときのことは、拙著『ゆめの宝石箱』（1986年、国土社刊）に書いたので、一部手直しして転記します。

「トミー」に出遭う

幼い坊やがお尻を丸だしのまま、トランクの上に乗っかって、小さな窓から外を眺めている表紙の絵本です。空にはカラスが軽がると飛んでいますが、ぼうやのいるところは自由のない収容所でした。

編集者が、絵本として出版されるにいたった経緯を話してくれました。

西ドイツのテレビで、「ホロコースト」が放映されてまもなく、「シュピーゲル」という週刊誌に載った一通の投書が、コック社のイペンベルグ編集長の目をとらえました。トーマス・フリッタ＝ハースという人からのものです。「ホロコースト」に登場した四人の画家の一人が自分の父親であること、その父が自分が三歳の誕生日に作った絵本が、戦後養父の手でアウシュビッツの壁のなかから取り出され、今、自分の手元にある、という内容でした。

イペンベルグ氏は、さっそく投書の主を探し出し、その本の出版に着手しました。

オランダの有名な作家ミース・バウハウス女史に依頼して、いまの子どもたちにもアウシュビッツの出来事がよくわかるように、壁から取り出されたスケッチをもとにして、読者に語りかけるというスタイルの絵本にしました。日本版は、『トミーが三歳になった日』（横山和子訳）という厚めの絵本として、1982年にほるぷ出版から刊行されました。

1944年の1月22日、トミーは三歳の誕生日を、チェコのテレジンシュタットという街の、ユダヤ人収容所で迎えることになりました。画家の父親は、何一つプレゼントをするものがないので、息子に、収容所の外の世界を描いて贈ってやろうと思いつきます。

まーるいお月さま、色とりどりの花畑、ひろーい海、南や北のにこにこ顔の子どもたち、街から村へと走る汽車など、トミーのよろこびそうな絵を、毎日少しずつ描きためました。最後のページには、一年後のトミーの誕生日への願いをこめて、輝く太陽、平和の象徴としてのハト、自由の女神、おいしそうなケーキやくだものも描きました。

トミーの未来を気遣った父親の愛情が、ほのぼのと伝わってくる、しかも、ウイットに富んだ絵。「なにになろうと、なにをしようと、みんながよろこぶことをしておくれ」とトミーに呼びかけて、ベレー帽の絵かきや探偵の絵を描き、「ビジネスマンと将軍になるのだけはおよし」と、出っ腹の金満家と勲章をぶら下げて威張って胸をはる将軍の絵をユーモラスに描いています。

やがて、秘密の絵本造りがドイツ兵に見つかり、フリッタ氏はアウシュビッツのガス室に送られてしまいます。しかし、フリッタ氏は、友人の画家、レオ・ハース氏に、トミーのこととともに、壁に塗りこんだ数々の絵のことも託しました。

奇跡的に生きのびた、ただ一人の画家ハース氏は、戦後トミーを養子に迎え、トミーの十八歳の誕生日に、そのスケッチ集を贈ったのです。

テレジンシュタットの牢獄で父親が連れ去られたあと、トミーは最年少の〝政治犯〟となり、母親も失います。のちに養母となったハース夫人と二人で、「小要塞」といわれる独房で、約一年間を過ごしました。五万人の子どものうち、生き残ったのはたったの九〇人。自由の身になってからもしばらく、トミーは、鍵のガチャガチャ鳴る音を聞くだけでぶるぶるふるえ、犬を死ぬほどこわがったそうです。

悲惨な小要塞での体験から逃れるためか、義母は酒とたばこにおぼれるようになり、トミーにもつらくあたりっぱなしでした。そして、トミーが十四歳のときに亡くなりました。養父のハース氏が、その後東ドイツに行って再婚したため、トミーは十五歳で、ふたたび天涯孤独の身となりました。イスラエルで暗い学校時代を送り、プラハに来て、はじめて明るさにめぐまれます。妻となるベラに出会ったからです。

「そのトミーに会ってみませんか」とコック社の編集者に言われ、マンハイムに一家を訪ねました。父親の遺言どおり、ビジネスマンにも将軍にもならず、トミーは、図書館の司書になっていました。やさしそうなひげもじゃおじさんがトミーで、細身で小柄なベラ夫人と五歳の娘ミハルとともに駅まで迎えにきてくれました。

簡素なアパートに着くと、三人の子どもたちが、「シャローム」と元気のいい声であいさつをしました。子どもたちを中心に、ベラの優しさにささえられた、和気あいあいとした生活が、トミーの不幸な前半の生活をおぎなっているようで、ほのぼのとした気持ちにさせられました。ベジュリフ・フリッタの絵は、現在プラハにあるユダヤ美術館で見ることができます。いまのトミーの夢は、この絵本が日本だけでなく、他の国、とくにドイツで出版されることです。二度とこのような悲惨な出来事が起こらないようにと。

好奇心旺盛とはいえ、私が週末にケルンから約二時間のマンハイムまで気軽に訪ねられたのはユーレイルパスという便利な無料パスが使えたからです。

ケルンの事務所で

汽車での旅を終えてケルンに戻ると、すぐさま「クリポート」を書いて、東京事務所に送り、その写しを、購読契約いただいた各出版社に配布して貰っていました。ヨーロッパの各出版社を訪問して仕入れた情報を、カーボン紙を挟んで力を入れて書いていたのが今からすると嘘のようです。パソコンどころか、まだワープロもなく、ファクスも普及していませんでした。

まだニューヨークに滞在していた1971年3月に、マンハッタンでエレクトロニクス・ショウが開催され、東芝のブースでアルバイトをしました。はじめてファクスの見本器が展示され、

―海外出版情報―

KURIPORT

58年 7月 13日号

オランダ再訪

有限会社 栗田・板東事務所

〒180 東京都武蔵野市御殿山2−10−11

電話 (0422) 49 − [redacted] 番

手書きのKURIPORT　1983.7.13「オランダ再訪」

Querido

12年内に120点の児童書（主に読物）を出版，オランダでも有数の作家をかかえ，ご自慢は，

golden Pencil（を4点に）
Golden Brush（を2点に）
Silver Pencil（を10点に）

などの児童文学賞を獲得していることです。

今年からペーパーバックでの児童書出版をはじめ，Janosch, Irina Korschunow, Miep Diekmann の作品などが出されています。

1. The Pim-and-Pomnibus
2. Time for mischief　　by Mies Bouhuys（文）
Fiep Westendorp（絵）

ピンとポン，2匹の猫は夢とファンタジーがいっぱい。自分たちの住む世界で様々な発見をしながら愉快な毎日を過す。

1. 184頁　2. 64頁

4歳以上

作者の名は，「トミーが3歳になった日」で日本に知られたと思いますが，著名な作家の1人です。

文字や絵が瞬時にして離れたところにそのまま送られるのを、驚きとともに見た来場者が「いつごろから一般に普及されるのか?」と質問しました。私はあらかじめ教えられたとおり、「数年内には一般企業に普及するはずです」と答えていました。ファクスは、それから一〇年経った1981年には、まだ一般に普及されておらず、私は手書きでリポートを書いていました。

デュモン・ブッフフェアラーク（DuMont Buchverlag）

ケルンにもユニークな出版社がありました。特に自宅兼事務所から徒歩で約一〇分のデュモン・ブッフフェアラークには何度も通いました。同社はドイツ最大の美術出版社で、ノイエマルクト広場に面したロマネスク教会と道を挟んで建つ、モダンなガラス張りのビルのなかにありました。

日本びいきの担当者、アンドレアス・バーテルス氏の部屋に、日本の図版本を運んでは見せて、多くの作品を売りこむことができました。思い出深いのは、竹の四季や、竹製品ばかりを撮影している高間新治氏の写真集『竹の世界』（1981年、同朋舎刊）です。大型で定価も高く、版元が、訪問販売で売っていた図版本です。サンフランシスコの平安インターナショナルの英語版二〇〇〇部と共同出版で、ドイツ語版六〇〇〇部が1983年に発売され、ドイツ語版はさらに装丁を変えて2000年に再版され、大型カレンダーにもなりました。

同社は、鈴木大拙著『仙崖』も出版しました。これは鈴木大拙が英語で書き下ろしたもので、最初に英語版がイギリスのフェイバー・アンド・フェイバー（Faber & Faber）で出版されていますが、権利は東慶寺内の松ヶ岡文庫が持っており、当時の文庫長、古田紹欽《しょうきん》氏（故人）と交渉するため、何度か板東悠美子に足を運んで貰いました。ドイツ語版のあと、イタリア語版が、ロンガネシ社（Longnesi）からも出版され、ヨーロッパでは、「白隠」「仙崖」など、禅に興味を持つ人たちが相当数いることを知りました。

ケルンに住むまでは、デュモンの存在すら知りませんでしたが、カタログや書店で同社の出版物を見るに及んで、改めてドイツで一番大きな美術書出版社であることを認識しました。フランクフルト国際図書展で同社主催のパーティーに招かれるようになり、ハリー・N・エイブラムズ（ニューヨーク）やテムズ・アンド・ハドソン（ロンドン）をはじめ、美術書界で有名な出版社が集まり、そのグループが、業界では「アート・マフィア」と呼ばれていることを知ります。

背の低い私は「マフィア」のメンバーを、見上げるようにして話さなくてはならず、着席するまでに首が痛くなるほどでした。音楽演奏の間は飲み物で談笑し、午後十時ごろから着席してフルコースになります。身長だけでなく、体力にも、欧米の出版人と日本人には（少なくとも私の間には）歴然とした差があることを痛感しました。十二時ごろにディナーが終わると、ブッヒャー社長の末息子が制作した映画鑑賞会の会場までバスで移動します。さすがに最後までお付き合いする自信がなく、「ホテルが遠いので」と失礼しました。

ケルンの日本文化会館

ケルンには、国際交流基金の出先である日本文化会館が東洋美術館と並んで公園のなかの人口池の畔にありました。当時、ドイツ語に堪能な清水陽一氏が活躍しておられました。私はまず二つのことへの協力を要請しました。ひとつは、日本の作品を出版していながら日本の文化や出版事情をよく知らない若い編集者を日本に招聘していただきたいこと。二つ目は、日本の文化交流の窓口である国際交流基金の本部、もしくはケルンの日本文化会館からフランクフルト国際図書展に視察に来て、他国の同様な機関がどのように文化交流にかかわり、手を貸しているのかを見て、その後何らかの関与をしていただきたいこと、です。

どういう経緯でか、一度フランスのストック社（Ed. Stock）の編集長、ピエール・ベイ氏が日本に招かれましたが、定年間近であったために、日本で吸収した出版界の知識や人脈が後継者に引き継がれませんでした。

それで、「〝若い編集者〟を」と強調し、実際にインゼル・ズアカンプ社の若い日本担当者が招かれました。しかし、原因は不明ですが、帰国後まもなく退社して、ミュンヘンの児童書専門の出版社に移ってしまいました。私の推薦は、よい結果をもたらしませんでしたが、少なくとも、日本での経験と知識の報告は上司になされたと思います。河野多恵子、大庭みな子、古井由吉諸氏の作品をはじめ、日本の文芸書シリーズは引き続きインゼル社から出版されました。

二つ目の要請にも応えていただいたのですが、最初は、日本文化会館図書室の資料を充実させることが目的だったような気がします。1990年のフランクフルトでの「日本図書年」には、国際交流基金の予算もついて、出版文化国際交流会との共同で、以前よりは見栄えのいい日本のインフォーメーションセンターになり、東京の本部からも担当者が視察に訪れるようになりました。

しかし、いまだにドイツのゲーテ・インスティトゥートやイギリスのブリティッシュ・カウンシルに匹敵するような積極的文化政策にはなり得ていません。少し後の1988年に、日仏文化サミットが京都で開催されました。当時のフランスのジャック・ラング文化大臣の「文化は明日の反映を生む産業」という言葉は、なんと羨ましいひびきを持ったことでしょう。

ケルンでの私生活

日本文化会館の隣の東洋美術館学芸員、庄野真佐子さんは、心理的な応援者であるばかりか、個人的に友人としても私を支え、知人の全くいなかったケルンでの孤独な生活に潤いを与えてくださいました。

ケルンの大聖堂はかろうじて戦禍を免れ、戦後焼け跡から立ち直るときに25％は森にするという市長の政策が功を奏して、森の多い美しい街になっていました。仕事が終わると、庄野さんと愛犬二匹を連れて車で五分ばかりの森に散歩に出かけては犬たちをリードから放して、一緒に走り回ったり、白鳥や鴨が遊ぶ池の周りを散歩したり、と心身を癒すことができました。そして、スロバキア出身のパントマイム役者であるミラン・スラデック氏と庄野さんが結婚するときの立会人という光栄な役目を、ローマ時代の遺跡の上に建てられたケルン市役所の一室で果たすことができました。

クリスマスには、庄野さんのドイツ人の友人宅でのパーティーに、年末には郊外のコテージで雪の新年を犬たちも一緒に、といつも気にかけて誘ってくださいました。

ドイツ語の話せない私の通訳として、車の事故を起こしたときなどは、保険会社との交渉でもドクター・庄野の威力は大いに発揮されて、助かったものです。庄野さんは慶応大学卒業後、ボン大学で美術を学び、博士号を取得しておられました。ドクターの肩書きは誠に威力がありました。

私とて、日本を出る前は多少ともドイツ語を習おうと努力はしたのですが、挫折していました。「これは、何ですか?」と古そうな教科書の白黒の絵を指し示す男の先生が、「これは、ダックスフントか、シェパードか?」と聞いたときに、「私には犬か、猫かを教えてくだされば結構です。犬の種類までを習う時間がないのですけど」と恐る恐る申し入れたところ、「OK、次からはそうしましょう」と言いながら、「これは、フォルクスワーゲンか、メルセデス・

ベンツか？」と車の絵を指差しながら聞いてきたので、（もう、この先生はあかんわ。どうせ、仕事ではドイツ語を使わへんのやから、もうええわ）と、さっさと断念してしまったのでした。

日常生活については、ドイツ語ができなくても、ボディー・ランゲジを駆使してなんとか生活できました。苦労したのはお風呂です。

日本人としては、毎日シャワーでは物足りないので、なんとか工夫したいのですが、浴槽が大きくて深いのです。それに比べて付いている湯沸かし器が小さくて、すべてを使用して水で薄めても半分にも満ちません。上を向いても、下を向いてもどこかが露出してしまい、あたたまった気がしません。

たとえば、大きなビア樽があれば、縦に入ってあたたまることができる。しかし、どうして入ればいいだろう？　たとえ踏み台を使ってどっぷり入っても、出るときは、樽ごとひっくり返る？　やっぱり樽ではだめだ……。

ある日、デパートで探し出したのが、楕円形の大きな洗面器のようなものでした。多分、赤ちゃん用のお風呂なのでしょう。何しろドイツでは何でも大きいのだから、こんなものを使っているのだろう、とそれを求めました。脇に抱えにくいものの、何とか持ち帰ろうと一階に下りると、雨が降り出しています。まだ、知人もそういないことだし、「えい！」とそれを両手でかぶって帰ることにしました。ドイツ人の目など気になるものか、おかしなものが歩いているぐらいですむだろう、と十分ぐらいの道のりを、赤面することなく帰宅しました。これでなんとか、日本のお風呂に近いものに入れるだろうと、早速実験に及びました。

ドイツの赤ちゃんが大きいとはいえ、やはり大人がすっぽり入るには小さいとわかりました。上を向くと膝から先の足が二本と、二本の腕も出てしまいます。おまけにせっかく張ったお湯の大部分が、アルキメデスもびっくりするほど、ざざっと溢れてしまうのです。大きな亀がひっくり返って、手足をじたばたしている様子を想像して笑ってしまいました。

日本ほど湿気がないので、ドイツ人は、シャワーで十分なのだそうです。家ではシャワーで我慢し、時々近くのジムで泳いだ後に、日本の檜《ひのき》の香りのする広いお風呂を想像しながら、その味気ない入浴設備を利用することにしました。

専門書の書き下ろし

栗田・板東事務所を設立してまもなく、大越孝敬東大教授（当時・故人）のご紹介とのことで、古河電工の村田浩氏の訪問を受けました。アメリカの中堅出版社、マルセル・デッカーから、光ファイバーについて書き下ろしをしてほしいという依頼がきたので、大越教授に相談したところ、ぜひエージェントを入れて交渉するようにとアドバイスを受け、栗田・板東事務所を紹介されたとのことでした。

大越先生は、ご著書『光ファイバーの基礎』（1977年、オーム社刊）の英語版の権利を、私がアカデミック・プレスに仲介したことを覚えていてくださったようです。

実は専門書については、エージェントとして積極的に売りこむことが憚られるようなことがありました。ある専門書の編集者から、すばらしい論文なので海外に紹介したいと相談があり、その内容を吟味できないまま、用意された英文梗概をシュプリンガーに送ったところ、すぐにも契約したいとのことです。よろこんで件の編集者に伝えたところ、しばらくして「申し訳ないが、この話はなかったことにしてほしい」と詫びに来られました。その先生は、英文で発表された論文を寄せ集めて書かれたことを、青くなって「告白された」というのです。真実は告げずにシュプリンガーに断りました。専門知識のない者が、学術的な本を売りこむ怖さを経験したのです。

しかし、光ファイバーについては、日本の得意な分野であることを聞いていましたし、わざわざアメリカの出版社が依頼してくるからには、自信を持って書いていただけると、引き受けました。

契約は、先方が通常の対定価ではなく、実利益に対しての印税と申しこんできましたが（アメリカには再販制度がないので本の価格が変動するのです）、それを対定価にしてほしいと要求し、後はスムーズにできました。しかし、途中で原稿を書き直さなくてはならないことが起こって執筆は大幅に遅れました。

英語の原稿をアメリカの専門の先生方が推敲され、１９８７年に"Handbook of Optical

Fibers and Cables"と題して無事出版、部数は少ないながら再版もされました。よい実績になったと、村田氏をはじめ関係者はよろこばれて何よりでした。地味な仕事で実収入とは結びつきませんでしたが、私たちも日本の先端技術紹介の一端を担ったようなよろこびを味わいました。

汽車から車になった「本の行商」

日本で取得した運転免許証を持ってはいましたが、私はペーパードライバーで実際には運転の経験がありませんでした。庄野真佐子さんの友人の大使館員が、急に転勤が決まったことから、その夫人が使用している車を買うことになりました。汽車で重い本を何冊も持ち運ぶには限度があり、ケルン駅の赤帽の姿も見えなくなっていたので、庄野さんの強い勧めもあり、いよいよ決心したのです。抹茶色のVWゴルフが自宅に到着しました。

ドイツでのライセンスは、ケルンのミドルハーベ出版社（Middelhauve）の社長に依頼して、同社の車で過去二年間無事故で運転していたという証明書で、いわばズルをしてドイツ語での筆記試験なしで獲得しました。

片言ながら英語を話すドライバー教師について、教習所ではなく、最初から道路を走る練習がはじまりました。「まだ、まだ」と言われていたのですが、早朝七時前にケルン駅周辺まで自分ひとりで運転練習に出かけたある日、二人の若いポリスに止められ、免許証提示を求められました。すると「カワサキだって！」と二人で顔を見合わせています。「この道はバスとタクシー専用の道路だから、今後気をつけるように」と無罪放免となりました。

私の出生地は川崎なのです。生後一ヶ月で、母と祖母に連れられ、「高千穂丸」で、父と兄二人が待つ台北に行き、四歳まで過ごしました。「富士山がきれいに見えて、庭にはお父さんが丹精した大きな菊の花壇がある家だったのよ」と母から聞かされていても、川崎には全くなじみがありません。四歳以降は阪神間で育っており、書類に出生地を記入するとき、川崎はローマ字が長くて面倒だなあ、と思っていました。日本のモーターバイク（KAWASAKI）が、こんなときに役立ってくれたと、その時ばかりは、出生地が川崎であることに感謝したものです。

森に犬たちと散歩に出かけるときは、庄野さんの好意で、私がシトロエンのハンドルを握らせて貰いました。車のトランクにビニールシートを敷いて犬たちを乗せます。ブレーキの掛け方が下手なために、信号停止のたびにシュル、シュル、シュルーと音をたてています。コッカースパニエルのディーナとギリシャのコルフ島から連れて来られたボビーの二匹は、顔を見合わせて「なんで止まるたびに俺たちは滑らされるんだ？」というように首をかしげていました。

完全ではないけれども、何とか運転できるようになったので、ベルギーの出版社も訪問しました。主都ブリュッセルにある出版社は少なく、郊外のルーバンやアントワープ、南はフランスとの国境近くのトゥルネイまで、出版社を訪ねて走りました。標識は、フランス語とフラマン語と併記してあり、同じ地名がかくも異なるものか、と驚くほどでした。どちらか片方で統一することは、言語に対するこだわりが強い二つの民族の間で、極めて困難なことなのだそうです。

ベルギーの出版社には、日本のサザエさんにちょっと似た『ベカシン』をはじめ、漫画のような面白いシリーズがあったのは意外でした。しかし、こちらからの売りこみ成績はゼロでした。

寒い季節には南の国に

暑い季節には北の国に、そして、寒いときは南の国に出かけました。

スペインやポルトガルまでは車ではなく、列車を利用しました。ピレネー山脈を過ぎると、景色が緑から茶色に変わります。南仏の山々とて緑の灌木がまばらで決して肥沃な土地とはいえませんでしたが、さらに荒地になった印象でした。マドリッドでは数社を選んで回りましたが、魅力的な週刊美術雑誌「パートワーク」が中規模の出版社から、子ども向けの教育的な面白いシリーズが小出版社から出ていました。秘書が通訳してくれる場合はまだしも、こちらが英語、相手はスペイン語でなんとなく通じているような、いないような、そんな訪問もあり、売りこみは困難でしたが、「クリポート」は書けそうでした。

マドリッドからリスボンまでは夜行列車を利用しました。国境ではレールの幅が異なるため、夜中にだいぶ待たされて、どんな仕掛けなのか、進行、後退、を繰り返して、その間に通関の人がパスポートを見に来てようやく国境を越えました。

リスボンでは、アポイントメントを取りたいのに出版社のオペレーターに英語が通じず、ホテルのフロントの女性に助けて貰いました。日本とポルトガルとの歴史的な深い関係について知識を持っている編集者もいて、話が弾みましたが、ポルトガルの旅での成約は、有吉佐和子著『華岡青洲の妻』のブッククラブ版のみでした。

再びスペインへ入るときには、ポルトガルからバスを使いました。一月というのに強い日差しを受けて小ぶりのひまわりが群生しており、いかにも南国という印象です。国境は、鉄道の踏み切りのようなものがあるだけで、ごく簡単な通関でした。

首都であるマドリッドよりも、バルセロナの出版社のほうが活発という印象を受けました。大きなちがいは、公用語がマドリッドではカステリア語（スペイン語）であるのに対し、バルセロナではカタロニア語も使われています。言葉はもちろん、カタロニアの文化を大変誇りにしていることを知りました。カタロニア語を話す地域は、スペインのみならず、フランス南部から、イタリアの一部にも及んでいます。ブッククラブも「カタロニア語圏」という国境を超えた組織がありました。

フランクフルトでもボローニャでも、図書展で会う編集者は大体決まってしまい、英、米、仏、独などが中心になってしまうので、バルセロナの出版社では大いに歓迎されました。各地を足で回ることによって、私にとっては面白い情報が多く得られて思わぬ発見もあり、「クリポート」

に書くことがたくさんできました。

しかし、購読者である日本の出版社にとっては、英米の出版社の企画や新情報のほうが望まれているようでした。その一方で、フランスの雑誌事情を詳しく知りたい、あるいは幼児向けの新企画特集を組みたいので、保育園や幼稚園の取材を、といった要望が来るようになりました。

栗田・板東事務所の台所

どこの企業でも行うように、期末には決算書を作成し、次年度の予算を立てていましたが、予算はどうしても数字のお遊びの域を出ません。絵本を中心に契約点数が増加してはいたものの、経営的にはまだまだ暗いトンネルが続きそうでした。

ヨーロッパに住む間は、聖書とギリシャ神話だけを集中して読もうと思っていたのですが、日本からは新刊がどんどん送られてきますし、すべての雑用をこなさなくてはなりません。最初のもくろみを実行することは不可能でした。とにかく、三年間は何が何でも日本の出版物という種を蒔き続けて、根づかせることが大きな課題でした。

安野光雅作「美しい数学」シリーズ

私たちが扱う絵本のなかで一番人気があったのは、安野光雅作品でした。

安野光雅氏に私が最初にお目にかかったのは、小学館の一室で、当時同社の「めばえ」編集長兼海外研究室長、金平聖之助氏が主導しておられた「絵本の会」のゲストとして、『あいうえおの本』（1976年、福音館書店刊）ができあがるまでのお話をうかがったときでした。自然の木の美しさを生かして「あいうえお」の文字を立体的に描き、絵はウイットに満ち溢れ、いたずら心が随所に潜んでいて、見飽きることがありません。飾り気のない安野先生の語り口と面白いお話に惹き入れられていました。そのときは、自分が安野先生のご本の海外版に深くかかわっていくとは、まだ想像もしていませんでした。

私が国際図書展に参加しはじめたころ、各国に安野光雅ファンである編集者がいたので、同氏の本が出版されさえすれば、図書展のスタンドまで編集者に集まってもらうことができました。童話屋から出版された「美しい数学」シリーズも、大歓迎されました。

最初は『10人のゆかいなひっこし』（1981年）で、左頁の三角屋根の家に住む10人の子どもたちが、一人ずつ右頁の四角の家に引っ越していくさまを、仕掛け本の窓から、どの子がどんな格好でどの部屋に移っていくかを見ることができる本です。足し算、引き算の本ともいえますが、教育的なものではありません。

次の本は、『壷の中』です。壷の中に海があり、そこにひとつの島があり、その島には二つの国、ひとつの国に三つの山、山には城が四つ、城に村が五つ、村に家が六つ、家に部屋が七つ、部屋に戸棚が八つ、戸棚に箱が九つ、そして、箱には一〇個の壷が入っています。

専門用語では「階乗」といってびっくりマークで1！（1×1）、2！（1×2）、3！（1×2×3）のように表すそうです。

読んでいるうちに「ああ、あの小さな島は壷でいっぱいになっている」と読者が思うだけでもよいと、安野先生はいいながらも、「階乗」の数の増え方を小さな赤い点と計算で示しています。見開きにびっしり打たれた点でも、8！が限度です。10！＝3，628，800を点で示していたら一八〇頁必要で、もう〝こうさん〟だそうです。

数学は決して難しいものではなく、愉しく、しかも美しいことを、子どもたちにいかに易しく伝えるか、というのが安野先生の大きな関心事でした。安野先生の頭の中はどうなっているのでしょう。出版物が出るたびにいつも驚かされ、海外の編集者も心待ちにしていました。「組み合わせ」や「確率」をテーマに、『赤いぼうし』（野崎昭弘 文、1984年）、『3びきのこぶた』（森毅 文、1985年）、『ふしぎなたね』（1992年）と、「美しい数学シリーズ」は、お二人の著名な数学者の協力を得て続きました。

『魔法使いのＡＢＣ』

1980年に童話屋から出版されたひずみ絵の絵本は、今までに見たことがない工夫が凝らされた楽しさに満ちた作品でした。

　表紙はハート模様の洋服を着たウサギがすでにひずんでいて、次の題字頁は魔法使いのお婆さんが四人、「ひずみ絵」で丸く連なっています。真ん中は「魔法使いのＡＢＣ　安野光雅・雅一郎　童話屋」の文字。その次の頁は木の机でろうそくを灯して魔法使いが開いた本の真ん中にセロファンミラー（アルミ箔）を巻いた缶を乗せて「ひずみ絵」が投影され、正しく見える絵を見入っています。机の下では二匹のネズミが同じように紙の上に缶を乗っけて見ています。

　本文は、一頁ずつアルファベットの大文字ではじまる生物を含むモノの絵がひずんで描いてあります。Ａは、Angelで、カラフルな洋服の天使が白くて長い羽をつけて笛を吹いています。白い羽をふわりと羽織った天使が、日本でのイメージですが、欧米では必ずしもそうではないようです。アルファベットの最後のＺはZipperでした。絵はすべて安野先生が描いておられますが、逆側の文字はひずんだＡで、ご子息の雅一郎さんが受け持たれました。この本のアイデアも、文字デザインも、早稲田の理工学部を出られた雅一郎さんによるものでした。缶を立てる真ん中は植物で、ＡはApple、ＢはBlueberryと毎頁、アルファベット順に植物が描かれ、小文字の頁も同じ植物の絵が描かれました。

　ひっくり返すと裏表紙は首から上が魔法使いのウサギ、開くと見返しに袋がついていてアルミ箔が入っています。題字頁と次頁は、表紙から繰るのと同じで、本文は小文字のabcではじまる動物の絵が、aはant（蟻）とanteater（アリクイ）、bはbee（ハチ）とbear（クマ）というふうにはじまり、zはzebra（シマウマ）で終わります。

そして、真ん中の大文字と小文字が出合う頁では、「ひずみ絵」のしくみの説明があり、描かれた動・植物の正しい名前が英語・日本語で併記されています。子どもが自分でも「ひずみ絵」が作れるように、方眼紙が別刷りで挿入されていました。

1981年のボローニャ国際児童図書展では、安野ファンの各国の編集者を一堂に集め、私は魔法使いになった気分で、実演をして得意になったものです。皆さん大喜びで、叫び声のような歓声が挙がりました。英語では「ひずみ絵」をアナモルフォーシスというので、これは「（アンノと掛けて）アノモルフォーシスだ」と言っては、編集者たちはそれぞれ楽しんでいました。しかし、フランス、ドイツ、オランダなどは英語が第二言語という理由で、共同出版には加わらず、結局、アメリカとイギリスが、日本での共同出版に参加しただけでした。アメリカ版と日本版は、今でも版を重ねて売れています。

出版社の童話屋から一年遅れて、㈲栗田・板東事務所が船出をしたのですが、童話屋から出版された安野先生の作品群が、小さな船の帆に風を送ってくださったのでした。仕掛け絵本『10人のゆかいなひっこし』が、アメリカでブッククラブの選定本となり、そのおかげで、私たちの小さな会社は、三年目ではじめて単年度が黒字決算になりました。

三年間の成約点数は、合計一〇八でした。この数字は、私が日本ユニ・エージェンシーで一〇年間に扱った数字と偶然にも同じでした。

いたずら電話？

ある日、男性の声で「わたしは、だれでしょう？」と電話がかかってきました。日本からのいたずら電話？　と一瞬思いましたが、聞き覚えのある声です。そんなことをおっしゃるのは安野先生以外には考えられません。そのとおりでした。

デンマークでの仕事が思ったより早く終わったので、南仏にファーブルゆかりの場所を訪ねようと思っているから、一緒に行かないかと、うれしいお誘いでした。翌日、マルセイユに飛び、安野先生が運転をしてくださるレンタカーの助手席に座り、しばらく走って真っ赤なけしが一面に咲き乱れる野原で、持参したおにぎりを食べたのが、南仏の旅のはじまりでした。

それ以後、何度か安野先生の旅のお供をする光栄に浴するのですが、心もとないナビゲーターで、地図を読みちがえて逆方向を走らせたりすることもありました。「迷ったら真直ぐ」が安野先生の迷い道脱出方法で「迷うことも旅の面白さ」と慰めてくださいました。周知のように、安野先生はたいへんな読書家です。博覧強記にユーモアが加わる安野節が面白くないはずはありません。思えば贅沢な旅をさせていただいたものです。しかも、単に遊びの旅ではなく、新しい絵本の企画を生み出す旅にもなりました。

"All in a Day"＝『まるいちきゅうの　まるいちにち』

１９８５年、アメリカはベトナム戦争の後遺症から抜け出せず、超大国の権威は揺らいでいました。ソ連（当時）には鉄のカーテン、中国には竹のカーテンが下りていて、国際的に不安定な時代でした。「地球は宇宙でたった一つの美しい星なのだから、平和を守らなくてはならない。今こそ、子どもたちに、それを訴えるような絵本をつくりたい」と安野先生がつぶやかれたのがきっかけでした。

ああでもない、こうでもない、と話し合っているうちに、アイデアがまとまりました。見開き頁を、上四コマ、下四コマに分けて、八ヶ国の子どもの一日を各国の画家に描いて貰うのがよい、と決まりました。

グリニッチタイム1月1日0時を基準にして、三時間おきに合計八枚の絵でその国の子どもたちの生活を描いて貰います。日本ならば、1月1日の午前9時からの子どもの生活を、というふうにです。英米のほかにソ連、中国、そして日本を入れるとなると、北半球四枚、南半球四枚、にきっちり分けることができず、北半球はアメリカ、イギリス、ロシア、中国、日本、の五ヶ国になってしまうので、中国を下の段に入れ、南半球はブラジル、オーストラリア、そしてアフリカのケニア、としました。

話をしているときから、どの画家に描いて貰うか、ということが私の頭にありました。アメリカはエリック・カール、イギリスはレイモンド・ブリッグス、ブラジルはジャン・カルビ、ケニアはレオ&ダイアン・ディロン夫妻、オーストラリアはロン・ブルックス、日本は林明子、諸氏と決まりました。ロシアと中国の画家はよく知らないので、ユネスコ主催のコンテストに応募してきた画家たちの作品から安野先生に選んでいただき、ロシアはニコライ・ポポフ、中国は朱成梁の両氏になりました。

私は、そのお二人の画家と、イギリスの候補者、レイモンド・ブリッグス氏のみ直接は知りませんでしたが、手紙での依頼で、趣旨に快く応じてくださいました。見開き頁の上段と下段の間の細長いスペースには、安野先生が描かれ、日付変更線付近の孤島に暮らすロビンソン・クルーソーのような少年の一日になりました。

問題は、有名画家たちに低い画料でも引き受けていただけるだろうか、ということでした。ロンドンで、安野先生の担当、元ボードリー・ヘッドの児童書編集長ジュディー・テイラーさんに新企画の相談をしたところ、「簡単よ。世界平和がテーマだから、印税の一部はユニセフに寄付することにすればいいのよ。タイトルは"All in a day"ね」と即座の提案でした。

テイラーさんは、安野光雅、モーリス・センダック、エドワード・アーディゾーニなど有名絵本作家の担当でしたが、ランダムハウス(UK)が同社と、兄弟会社のジョナサン・ケープ、チャットー・アンド・ウィンダスとともに吸収合併してしまい、テイラーさん自身も、結婚のため、すでに退職していました。テイラーさんは、その後はビアトリクス・ポターの研究者として執筆、講演、と出版界での活躍が続いていました。テイラーさんの編集者としての手腕を高く評価しておられた安野先生とともに、素朴で牧歌的な環境の、元酪農家を改築したコッツウォルズのご自宅に彼女を訪ね、アドバイスを受けたのでした。

私は詳しい企画書と手紙を候補の画家たちに送り、それが着くころ電話をかけると、皆さんはその趣旨に賛同して快諾してくださいました。そして、締切どおりに原画が到着し、難産とも思えた安野先生発案による平和の本は完成しました。

日本語の題は、童話屋の若い編集者の案で、『まるいちきゅうの まるいちにち』となりました。１９８６年に日、英、米の共同出版で完成し、全米の図書館でも受け入れられ、中国語では台湾の晩声出版社で出版されました。栗田・板東事務所としては、はじめて編集料として印税報酬を受ける作品になり、重版されています。

ジュディー・テイラー・ハウ

今でもテイラーさんをジュディーと呼び、ずっとお友だちとしてのお付き合いが続いています。

マウント・バッテン提督やウィンストン・チャーチル卿などの伝記作家として著名なリチャー

ド・ハウ氏は、ボードリー・ヘッド出版社から作品を数多く発表されていました。夫人を亡くされて、五人の子どもがありましたが、子どもたちはそれぞれ独立していたので、ジュディーと再婚をされ、二人で幸せな日々を過ごしておられました。

ビアトリクス・ポター生誕百年記念の講演で来日していたジュディーと、板東悠美子さんも一緒に、津和野に安野美術館を訪ねた後、萩の海辺のホテルに泊まりました。初秋の海が静かだったので、はだしで渚を散歩しているとき、ジュディーは自分が育ったウェールズの海にここは似ていると、話しはじめました。

両親を早く亡くしたために、司書として勤めていた叔母に育てられたのだが、毎晩自分を抱いて絵本を読んでくれたその声が、叔母の胸から赤ちゃんだった自分に伝わってきた感覚を今でもしっかり覚えている。それからずっと絵本にかかわる仕事につき、今も仕事の合間を見ては朗読奉仕をしている、と問わず語りに話してくれました。十五歳で、ボードリー・ヘッドに入社して、雑用係でもなんでもこなしていたジュディーは、ある日、児童書を出版するについて年が一番若いからと、ある編集者から意見を聞かれ、自分の正直な考えを述べたことがきっかけで、児童書を担当するようになり、研鑽を積み、やがて編集長になりました。背が高く、細身のマーガレット・クラークさんと一緒に、ボローニャでは新刊の日本の絵本を吟味するため立ち寄ってくださるのが常でした。絵本に対して即座に出るジュディーの感想はいつも参考になりました。イギリスの児童書出版界ばかりか、国際的にも一目置かれている存在です。

『旅の絵本 Ⅲ』（イギリス編）で、ジュディーさん自身がコッツウォルズの家の庭で犬と戯れているのを鳥瞰図のように描かれているのを見て、「あなたは神か？」と安野先生に尋ねていました。ユーモアがあり、機転が利き、いたずら好き、そんなところが安野先生とも気が合うところかもしれません。

彼女が来日したときには、京都で目ざとくパチンコ屋を見つけ、「あれはなに？」と言うが早いか入りこんで、夢中になるといったふうでした。ビギナーズ・ラックというのでしょうか、ジャラジャラと玉が出るので大喜びでした。観光客が写真に撮るような風景ではなく、植木屋さんの裾がふくらんだズボンと地下足袋姿などに興味をそそられたようです。

馬場のぼるさんと「11ぴきのねこ」

ボローニャ国際図書展でも、馬場のぼるさんの絵本「11ぴきのねこ」シリーズには、人気がありました。その証拠に、『絵巻絵本　11ぴきのねこ マラソン大会』は、１９８５年にボローニャでエルバ賞を受賞します。ボローニャの小学生一〇名が選ぶ賞で、絵本作家としては冥利に尽きる栄誉です。

アメリカのラーナー出版社の幼児向けインプリント、キャロル・ローダの編集者は、そのユーモアに魅せられて、他の国の編集者に『11ぴきのねこ』のストーリーを自分で語って聞かせる

郵 便 は が き

恐れ入りますが、50円切手をお貼りください

101-0051

東京都千代田区
神田神保町1−11

晶 文 社 行

◇購入申込書◇

ご注文がある場合にのみご記入下さい。

■お近くの書店にご注文下さい。
■お近くに書店がない場合は、この申込書にて直接小社へお申込み下さい。
送料は代金引き換えで、冊数に関係なく一回210円になります。
宅配ですので、電話番号は必ずご記入下さい。

(書名)	¥	( )部
(書名)	¥	( )部
(書名)	¥	( )部

ご氏名 ㊞ TEL.

ご住所 〒

晶文社　愛読者カード

お名前《ふりがな》　　　　（　　歳）　ご職業

ご住所　　　　〒

Eメールアドレス

お買上げの本の
書　　名

本書に関するご感想、今後の小社出版物についてのご希望などお聞かせください。

ホームページなどでご紹介させていただく場合があります。(諾・否)

お求めの書店名		ご購読新聞名		
お求めの動機	広告を見て (新聞・雑誌名)	書評を見て (新聞・雑誌名)	書店で実物を見て / 晶文社ホームページ〃	その他

ご購読、およびアンケートのご協力ありがとうございます。今後の参考にさせていただきます。

ほどでした。その甲斐あり、スウェーデンのラベンの編集者は、特に『11ぴきのねこ ふくろのなか』が気に入って八〇〇〇部を注文しました。

韓国でも大成功でした。「マラソン」の絵巻絵本を紙ではなく、下敷きのような硬いプラスチックの材質を探してきて印刷したり、熱心さが伝わってきました。もちろん絵本のシリーズも売れました。

しかし、アジアでの人気に反し、アメリカでは期待していたほどは売れませんでした。なぜだろう？ 版元であるこぐま社の佐藤社長（当時）は、きっと、トラねこ大将だけ名前があって、一〇ぴきのねこたちに名前がなくて、集団行動をとるからだろう。個性を重んじる西洋の人たちにとっては、きちんと名前があって、それぞれのねこが個性を発揮しなくては受け入れられないのだろう、と分析しておられました。

「マラソン」の絵巻絵本では、大勢のねこも参加して丘を越え、池をめぐり、起伏のある街や村を、大勢の野次ねこたちが見守るなかを一生懸命に走って、結局、完走するのは11ぴきのねこたちなのですが、道々や、池でも、空でも起こるハプニングを発見しては、子どもたちも大人も抱腹絶倒してしまうのです。左開きであろうと右開きであろうと、子どもたちには関係ありません。馬場先生のユーモア、なんともいえぬペーソスに心があたたまるのでした。

日本で1967年の初版以来11ぴきのねこ七点シリーズが、四〇〇万部近くも売れ続けているということは驚異です。絵本の魅力もさることながら、こぐま社独特の販売方法、二大取次を頼らずに、読者を大切にして丁寧に「手づくり」の販売方法を講じていることが、このロングセラーを支えているのではないかと思います。

海外でも、もっと売れ続けてほしいと思う絵本の作品群です。

折り紙の本をめぐって

ボローニャ国際児童図書展の往《ゆ》きか復《かえ》りに、フィレンツェに寄り、図書展ではゆっくり話せなかったジウンティ出版社や、ファタトラック社という心理学を専攻したという女性社長が経営するユニークな幼児向け児童書出版社を訪ねたりしました。

週末には、ウフィティ美術館、ピッティ宮殿、ドナテルロの彫刻、『聖告』のあるサンタ・クローチェ寺院やマサッチオの『楽園追放』で有名なカペルラ・ブランカッチ教会を訪れ、街中が美術館のようなフィレンツェの小道を道草しながらたどったりするのを、私は楽しみにしていました。ステファノヴィッチ夫妻とのゆっくりした時間を持つことも、大きな楽しみのひとつでした。

1977年、定宿となった、アルノ河畔のホテル・ルンガルノでチェックインしようとしたら、「ミス・クリタ?」と見たことあるような、ひげの濃い青年が、フロントデスクで近寄ってきました。アレッサンドロ・イッツオと名乗り、はて? どこで会ったかしら? と思っていたら、ボローニャのスタンドで、折り紙の本のことで話をした青年のひとりということを思い出しました。その夜、九時からフィレンツェの街の一室で集まりを持つから、ぜひ参加してほしい、という要請でした。

夕食後、描いて貰った地図を頼りに、迷路のような小道をたどっていくと、古いお城のような建物の三階で、一〇名くらいの男性たちが集まっていました。なにやら秘密めいたお誘いでしたが、フィレンツェ大学物理学のロベルト・モラッシ教授が会長で、イッツオ氏のようなホテルマンもいれば、建築関係者、数学者、幾何学、力学など、理工関係の人たちで、折り紙に興味のある人たちが月に一度は集まって、好きなものを折る会を開いているそうです。

その日は、人の顔がテーマで、シュバイツアー、ニクソンなど、写真で知る有名人の顔の特徴を、一枚の大きな硬い紙を使用して折っているのです。それぞれに図形のようなものを方眼紙に描いて参考にしたり、あるいは写真を見て考えながら、単なる顔ではなく、固有名詞のついた顔を紙一枚で表現しようと試みていました。折り紙が、そのような理工系の人たちの頭を刺激していることをはじめて知りました。

そういえば、日本の折り紙の神様といわれる吉澤章氏（故人）のお宅にうかがったとき、三菱造船の依頼で描いたと、大きな船のタービンの複雑な図形を見せていただいたことがあります。一枚の紙から、蝉をまるで生きているように折ってくださり、舌を巻きました。その「神の手」にかかると、紙一枚がいきいきと立体的に動物、植物とさまざまな造形が生まれるのでした。吉澤氏の作品は、そのイタリアの折り紙愛好家の仲間内ですでによく知られているとのことでした。

そんなことがきっかけで、翌年からはミラノの出版社、イル・カステロ（Il Castello）の編集者とモラッシ氏らが、栗田・板東事務所のスタンドを一緒に訪れ、そのグループの翻訳で折り紙関係の本が出版されるようになりました。イル・カステロは、建築関係の図書を専門に出している出版社です。読者対象は、女性や子どもではなく、折り紙に関心のある一般人とのことでした。

小野健一先生（当時・東京大学物理学教授・故人）のご紹介でお目にかかった、パドバ大学、原子核物理学の藤田文章教授（当時・故人）に、フィレンツェでのことをお伝えすると、ぜひ、そのグループを紹介してほしいとのこと。同教授もその出版物の翻訳に参加されて、日本語からの完璧な翻訳で、折り紙の本がイタリア語で出版される運びとなりました。吉澤章著『折り紙博物誌 I』（鎌倉書房刊）が1979年に、布施知子著『ユニット折り紙』（1988年、筑摩書房刊）が1988年、『箱 自由自在〈その1〉四角箱と八角箱』（1989年、筑摩書房刊）が1990年に出版されました。

パドバで最初にお目にかかったとき、藤田教授は、「文化でお金儲けをすることなど、成功するとは考えられない」と、私の仕事に、懐疑的な発言をされた方です。ボローニャのスタンドで握手を求められたときは、そのお考えを変えてくださったようで、私はうれしくなり手を差し出しました。

　吉澤章氏については、国際交流基金でもその実力を認めていて、カナダを含め、北米大陸各地、ラテンアメリカ、ヨーロッパ諸国と年に何度か、一般人向けの実演・講演のために、夫人とともに派遣され、「民間外交官」として活躍されました。吉澤章氏の創作折り紙は、世界各地で普及されたばかりか、折り紙愛好会や学会が結成されていて、多くの人たちとの交流が生まれ、独創的な折り紙芸術が楽しまれるようになりました。

　そのような会場では、パンフレットのような形で配布されるようなものしかないので、英文でぜひ本を作りたいとのご希望があり、ご自宅にうかがっては少しずつ原稿をいただいていました。八十四歳で他界される前にそれが完成を見なかったのは、大変残念なことでした。

8

日本著作権輸出センター発足

四者会談

㈲栗田・板東事務所は三年目を終えようとしていました。単年度黒字でよろこんでいるのは甘く、累積赤字を早急に埋めるあてもなく、先行きは不透明でした。「クリポート」購読の出版社の好意にすがっているのにも限度があります。今後、どのように発展させるのかを真剣に話し合うため、1983年のフランクフルト国際図書展の後に「四者会談」を持ちました。栗田、板東のほかに経営者の立場でアドバイスをいただきたいと、日本ユニ・エージェンシーの宮田昇社長（当時）と、こぐま社の佐藤英和社長（当時）のお二人に声を掛けました。佐藤氏は、ボローニャ、フランクフルトの両国際図書展に毎回のように参加され、私共の仕事ぶりを見ておられ、何かと応援をしてくださっていました。

選択肢は二つしかないというのが宮田氏の意見でした。

1．著者エージェント（欧米並みの自国の著者の作品を自国の出版社に仲介するAuthor's Agent）になるか

2．ナショナル・エージェンシーとして出版界の〝認知〟を得るために、各出版社の協力を得て株式会社にするか

私は、日本ユニ・エージェンシーで働いているときに、今から伸びるであろう若手作家を売

り出すことに熱心に努力している先輩方を見ていました。しかし、受賞したりすると、エージェントを離れてゆく作家がほとんどであることを知っていましたから、即座に2の方法しかないと言いました。文芸誌も文芸賞も多く、いったん受賞すると、各社の編集者が原稿依頼に押し寄せるという日本は、著者エージェントが成立しにくい土壌です。

㈱日本著作権輸出センター

その後私は一時帰国をして、二〇〇〇万円の資本金を目標に、まず七社の社長を訪問して、私の「夢」を語り、発起人になっていただきたいとお願いをしはじめました。その社長たちへの橋渡しをしてくださったのが、当時日本書籍出版協会の常任理事をしておられた偕成社の今村廣社長（故人）です。その後、日本ユニ・エージェンシーの宮田昇社長（当時）が推薦してくださる出版社の社長たちを順番に訪問しました。ほとんどの方が即座に快諾をしてくださいました。上記お二人のご協力、ご推薦なしには、私の力だけでは会社設立はできなかったことだと、今も感謝しています。

詩人の大岡信氏のご紹介で、当時セゾン・グループ代表の堤清二氏ともお目にかかりました。「大変有意義な仕事ですね。たった二〇〇〇万円の資本金で足りますか？」と尋ねられ、「二人ではじめますから、頭でっかちでは困りますので、二〇〇〇万円ではじめるつもりです」と、経営の何たるかも知らずに答えたことを覚えています。堤清二氏は、その場で個人としての出資を決めてくださり、それは、大きな励ましになりました。

思ったより短期間で、目標額に達したため、株式会社への手続きをはじめることになりました。私は、社名は短いほどいい、たとえば「インターフェイス」はどうかと思っていたのですが、権利者、特に著者が聞いてすぐわかる名前にすべき、という意見が多く、結局「日本著作権輸出センター」とし、英文名は英語を母国語とする方たちの意見を聞いて、"Japan Foreign-Rights Centre"としました。英国式のスペリングにしたのは、私がケルンから本拠をロンドンに移すことにしていたからです。短縮してJFCと覚えて貰えるように、Foreign と Rights の間はハイフンで結ぶことにしました。JFCは、1984年3月に新しい一歩を踏み出しました。

JAPAN BOOK NEWS 再試行

ロンドンに移ることにしたのは、私が海外出版社で最も必要とされている日本の出版界と出版物に関する情報誌を作成することに、国際交流基金のロンドン支局長和田純氏（当時）が賛同して積極的に応援、人材を集めて協力してくださっていたからです。

実際、英文編集経験者、ジャパノロジスト、デザイナーなど一〇名ばかりで意見を出し合い、以前宮田氏たちが出しておられた"Japan Book News"を参考に、何度かブレインストーミングをしました。円高のため、フィナンシャル・タイムズを通じて日本よりかなり安い製作の見積もりも出ていました。

しかし、いざ編集作業をはじめようとすると、日本からの新情報が足りず、書き手不足ですぐに行き詰まってしまいました。ある作家の研究者といっても、すべての作品を読みつくしているわけではなく、全体を見渡して客観的な作家・作品を紹介するのは困難でした。また、広告は日本でしか取れないことにも気がつき、これでは、先の見通しも立たないので、やはり編集作業は東京事務所に委ねるしかありませんでした。

板東悠美子が中心になり、元河出書房新社の編集者、三村美智子さんや英語への訳者など、外部の助っ人も得て、編集作業が進みました。準備万端を整えて、経済的基盤ができてからの発行にしたい、と私は考えていたのですが、すでに依頼した原稿も、広告も集まりつつあるので、先延ばしにはできないという東京側の意見でした。肝心の著作権を売る仕事がおろそかになり、何度か電話でやりとりをしましたが、後戻りはできないところまで来ていました。

フランクフルト国際図書展に合わせて、「文芸特集」として"Japan Book News"（JBN）の第一号は、とにかく三〇〇〇部で発刊されました。

図書展では、無料配布をすると同時に購読者も募集しました。はじめての日本からの出版情報誌として、関係者からは貴重な資料であると歓迎され、幸先のよいスタートでした。

ＪＦＣより発行されたJAPAN BOOK NEWS　1984.10.1

第二号は、ボローニャ国際児童図書展を意識して「児童書特集」としました。国際交流基金で五〇〇部の買い上げがあったものの、「ご祝儀広告」の集まった創刊号ほどには広告が集まらず、購読数も費用を上回るほどには集まらず、本来の仕事が滞ることも考えると、一号について約二〇〇万円の出費を続けることは、到底無理なことでした。とりあえず、二号で「休刊」を決意し、私が本社に戻る時期も近づいているようでした。

そのころ、元実業之日本社児童書編集長の篠遠喜健氏（故人）に、総務、経理関係を担当していただいてはどうか、と宮田氏の推薦があり、同氏に契約社員として協力をお願いしました。私が日本ユニ・エージェンシーの社員だったころ、実業之日本社は図版の美しい乗り物シリーズをスウェーデンで共同製作して輸入しました。このときの担当だったので篠遠氏のお人柄と、きちんとした仕事をなさる方ということを知っていました。

やがて国際交流基金では、"Japanese Book News"と題して、季刊での定期刊行物を出版することになりました（325頁参照）。有識者による編集委員会を設けて準備をし、ＪＦＣのＪＢＮ休刊以来約一〇年を要しましたが、１９９３年冬号から、五〇〇〇部で発刊となりました。時間はかかりましたが、出版に関する情報誌の必要性を、念仏のように誰彼となく話していたのが関係者に聞こえたせいかもしれない、と思いました。いずれにせよ、そのような文化の情報発信が日本政府の主導でなされることに、ほっとしたものです。

幻の神戸国際図書展

それより前、日本著作権輸出センターが発足した直後、宮田昇、佐藤英和両氏とで、今後の方針について話し合ったことがありました。アジアの中心として日本での国際図書展を企画すべきではないか？　ナショナル・エージェンシーとしての立場も確立できるだろう、と宮田氏から意見が出ました。二大取次任せの出版から、自社が販売に責任を持ち、複製権と副次権の譲渡を受ける重要さを自覚するために、日本の出版社の近代化を図らなくてはならない。日本での国際図書展は、その第一歩になるのではないか。極東で唯一出版産業が発達している日本でのブックフェアを開く意義はそこにある、と、宮田氏がご自身の夢を熱く語られたことを覚えています。

ハーパーの赤石正副社長（当時・故人）の講演を思い出しながら、宮田氏の意見に私は心から賛同していました。開催場所の話になると、横浜か神戸がよいのではないか。児童図書展がローマやミラノでなくて、ボローニャで行われていることを考えれば、東京以外がよい。東京では、催事が多いので、one of them になって埋もれてしまう。阪神間で育った佐藤氏も私も、神戸ならば、ポートピアに国際会場にふさわしい施設があり、ホテルも隣接してあり、三宮からはモノレールで簡単に到着できる。関西国際空港からの交通も便利で、海外からの来場者には図書展終了後に訪問できる京都、奈良、瀬戸内海など、魅力的な観光地にも近いのでは、と話は盛り上がりました。

さらに佐藤氏は神戸の宮崎辰雄市長（当時・故人）のブレインである神戸大学新野幸次郎学長（当時）が、大学時のゼミの先生でもあったので、早速相談しよう、と緻密な企画書を手に宮田氏とともに行動を起こしてくださり、実務を担う神戸国際交流協会の積極的な賛同を得てくださいました。折しも、神戸は１９８７年の開港一二〇周年のイベントを求めており、何億円かの予算を計上できる、成功すれば隔年からはじめて、定例にする、海にちなんだ図書の特別展などを三宮駅に近いビルで企画し、神戸の人たちのムードも盛り上げよう、と熱心に具体案を出してきました。

宮田氏は、関西の出版人の協力も必要と、日本書籍出版協会理事の一人で神戸大学出身の創元社、矢部文治社長（当時・故人）の快諾を得、海外出版社との交流が多い日本ユニ・エージェンシーの長沢立子さん（故人）を通じて、取引先出版社にアンケートを依頼しました。ランダムハウス、ハーパー、サイモン・アンド・シュスター、バンタム、マグローヒルなど、フランクフルト国際図書展の常連参加者は、神戸ブックフェアにブースを出すだけでなく、会社に説得済みで出席もすると積極的でした。また、日本でも、偕成社はもちろん、岩波書店の緑川亨社長（当時・故人）や、日貿出版の吉崎巌社長（当時・故人）も熱心な応援団でした。

私は、国際展示会を専門に行う業者二社の責任者との話し合いをすませてロンドンに戻り、フランクフルト、ボローニャ、ロンドンの各ブックフェアの事務局長に主旨を告げて協力の内諾を得、親しい出版社からの色よい返事も貰うなど、動きはじめていました。

問題は、日本書籍出版協会との交渉でした。私がロンドンに発った後、同協会の今村廣常任理事（当時・故人）のお口添えで、宮田氏や篠遠氏が何度か訪問しては説得を試みてくださいました。

神戸側が予算を議会に認めて貰うためには、日本書籍出版協会の名前だけでも必要として、助役まで協会を訪ねましたが、書籍協会では、ほとんどの出版社が東京にあり、「神戸は東京から遠い」という理由で、結論は否でした。私はその場にいませんでしたが、関係者の皆さんは張り切っていただけに、その落胆ぶりが大きいことは電話で察せられました。

その後、台北、北京、ソウル、ニューデリー、ハノイなどでのブックフェアに参加するにつけ、日本が中心になり得なかったアジアのブックフェアの現状が残念に思えてなりません。

「空気だけを売るな」

傍から見ていたら、株主でなくてもあぶなっかしい船出だと思われたのでしょう、「空気だけ売っていては事業は成り立たない。とにかく軌道に乗るまでは、空気だけでなくて、ちゃんとモノも売らなくては」とアドバイスをくださる方々がありました。

講談社の加藤勝久専務取締役（当時）の許可を得て、同社が長期にわたって心血を注いだ「講談社百科事典」（Kodansha Encyclopedia of Japan ＝ＫＥＪ）を私がロンドンにいる間に売る試みをしました。在ロンドン日本企業の名簿を入手し、手書きのダイレクト・メール（ＤＭ）を作成して二〇〇社に発送しました。申しこんできたのは二社のみでした。それも私が個人的に存じ上げているお二人（当時の伊藤忠商事在ロンドン欧阿総支配人、佐藤道生氏と日本航空のロンドン支店長、伊藤恒氏（故人））からの注文でした。

日本企業に勤務する現地雇員や社員に必ずや役立つであろうと、文面を工夫して出したのですが、百分の一という成果には、がっかりでした。それでもロンドンの英国人が経営するＫＥＪのディストリビューターは、大変なよろこびようでした。

タイム社に在籍していたときに、大きな企画を売るときは、必ずテストのためのＤＭを発送して、もし申しこみが一パーセント以上であれば、〝ＧＯ〟であったことを思い出しました。一度で諦めずに二度、三度とＤＭを追いかけて出せば、もっとよい結果が出たかもしれませんが、この時は、モノを売ることも簡単ではないという教訓を得たことで終わりました。

日本の経営に対する興味

学術書の売りこみを躊躇する理由を以前に述べましたが（232頁「専門書の書き下ろし」参照）、ノンフィクションも〝輸出〟の大変難しい分野です。原書は、日本人向けに書かれていますから、たとえば人名にしても日本人ならすぐわかる政界人、財界人、あるいは歴史上の人物にせよ、海外の読者にはいちいち説明が必要です。日本の経済成長が世界的に注目を浴びている時代でした。

面白い現象だと思ったのは、日本科学技術連盟の子会社、日科技連出版社が発行したＴＱＣ関係の本が注目されはじめたことです。アメリカのプレンティス・ホール社（Prentice-Hall）は、石川馨著『日本的品質管理――ＴＱＣとは何か　増補版』（１９８４年刊）を、"What is Total Quality Control?：The Japanese Way" と題してハードカバーで刊行、同社の支社があるイギリス、オーストラリア、カナダ、インド、シンガポール、メキシコ、ブラジルで販売し、多くの企業で利用され、数万部を売って成功を収めました。その後、プロダクティヴィティー（Productivity）という企業向けの出版を専門としている社が唐津一著『ＴＱＣ日本の知恵』（１９８１年刊）や、根本正夫著『ＴＱＣとトップ部課長の役割』（１９８３年刊）などＴＱＣものを出して好評でした。

元来、品質管理の考え方はアメリカから〝輸入〟されたものです。それを、〝日本的〟にした品質管理の本が、逆輸出されたわけです。フランスでもフランス工業規格協会（AFNOR）の出版部から出版されました。それは、フランス鉄鋼研究所（IRSID）に勤務していたシム洋子さんの推薦、そして翻訳で出されたことを後で知ります。

ロンドンのアスロン・プレス（Athlone Press）からは、〝ホンダイズム〟と海外でも評判になっていたホンダの経営に興味を持っているので、ロンドン大学の経営部門の学生の教科書になるような本がないだろうかと相談を受けました。

ダイヤモンド社から1980年に出版されていた『ホンダ・マネジメント・システム――日本経営の実践』を思い出し、たまたま存じ上げていた著者、三戸節雄氏にお願いして、日本版の翻訳ではなく、海外向けに書き直していただきました。1983年に着手し、ホンダの広報部の協力も得て、統括組織図や役員室の役員たちの座席や、会議のときの楕円形のテーブルでの席順などの図を挿入して、英語版"The Honda Book of Management"が出版されたのは1990年のことでした。

『調和配色ブック』

ノンフィクションのなかで図版の多い本が売れたのも、意外でうれしい出来事でした。ボストン近郊のロックポート社（Rockport）から"Color Harmony - A Guide to Creative Color Combinations"という題名で1987年から1990年の間に6インプリントで、八刷が出版されました。6インプリントというのは、カナダを含む北米、オーストラリア、タイ、シンガポール、香港、トルコの六ヶ国にある提携販売会社名で出版されたからです。延べ十五万部が日本で印刷されて、それぞれの国に輸出されました。

以上のノンフィクションは、社名が㈱日本著作権輸出センターになったときに公募して採用した鹿嶋明が担当したものです。特に『調和配色ブック』（監修 千々岩英彰・1985年永岡書店刊）に関しては、「ロックポートのトレイナー副社長との英語での複雑なやり取りが、後で他社との交渉に役立った」と、これは本人の述懐です。

日本の〝シムノン〟

フランスのピキエ社（Philippe Picquier）から、松本清張著『砂の器』（1986年）が出版され、『黒い福音』（1986年）、『点と線』（1989年）が続けて出されました。フィリップ・ピキエ社は日本、韓国、中国、ベトナムなど、アジアの出版物に興味を持ち、特に『日本の昭和文学アンソロジー』を上・下で出版し、日本の作家たちからも期待とともに注目されました。日本語からフランス語への翻訳者たちが「キリン・グループ」という名称のもとに、編んだアンソロジーです。ピキエ氏自身、日本語が読めないものの翻訳者たちと連携して、次々と推薦された日本の現代出版物を刊行しはじめたのは、1980年代からです。

アルルを訪問したときに、郊外の同社を訪れましたが、十八世紀のお城の一画を借りて、とても優雅な、どちらかというと、のんびりした雰囲気で仕事をしているという印象を受けました。それより先、パリでは、がらんとした体育館のような事務所で数名の社員が働いていて、なんとなく空気がよどんでいるように思えました。少し、様子を見たほうがいいというのが正直な感想でした。

やがて、ピキエ社は、アーモニア・ムンディ（Harmonia Mundi）という、レコード関係の会社の傘下に入り、アルルに移り、同社の販売組織を使うことになったようです。その〝お城〟の、アーモニア・ムンディ社社長室の黒い机の上には紙一枚なく、のっぺりとしていたので驚いてしまいました。私の机とはなんというちがいでしょうか。多分、社長室とは名ばかりで、パリかどこかに正式な事務所があるのでしょう。

初夏とはいえ、暑い日のことで、庭先のプールには水が張ってありました。「電話で僕が出なかったら、このプールで泳いでいると思って、何度か掛け直してほしい」と冗談ともつかず、ピキエ氏は笑っていました。広いお城のことなので、倉庫のスペースは十分で、営業活動や打ち合わせのために、月に一、二度パリに飛ぶとのことでした。

同じアルルでも、一人の作家の作品を出し続けるアクト・シュド社と、訳者が推薦する本を幅広く「つまみ食い」風に選択して出すピキエ社とは、対照的な存在でした。

ピキエ社の出版する日本の作家の一人が松本清張氏で、『点と線』はすでに他社から出版されていましたが、翻訳がよくない（間違いもある）とのことから、一度それをキャンセルして新たな翻訳で出版したいとの強い希望が寄せられました。ピキエ氏と訳者の坂井セシルさんも来日されて、ご一緒に著者にお目にかかり、了承を得ました。赤坂の清張先生お馴染みの小料理屋でご馳走になりましたが、清張先生ご自身はアルコールをまったく召し上がらず、ウィスキーと同じ色のウーロン茶を飲まれ、ビールを飲む私たちに気を遣っておられたのが印象に残っています。大変気さくに執筆中の小説のことなどもお話くださいました。

そのようなご縁で、松本清張氏は、フランスは南仏での推理作家のシンポジウムに招待され、ご家族、そして担当編集者も一緒にパリに飛ばれました。「ノワール」と名づけられた文字通り黒く塗られた特別列車で、パリからマルセイユまでの車中から、すでにシンポジウムがはじまるといった、フランスらしい趣向のシンポジウムでした。新聞では「日本のシムノン来る」と、松本清張氏の写真入りで採り上げられました。

その後、イタリア、チェコ、中国語繁体字版が台湾で、そして中国語簡体字版が中国本土の出版社でも出版されました。独占契約はしませんでしたから、きっと他の言語でも出版されていると思います。JFC経由でピキエ社から出版された数ある日本の作品のなかで、いつも一番売れているのが清張先生のお作品でした。

帰国

もう少しロンドンに滞在して英国の出版社やエージェントとの人脈を築きたいと思っていま

ロンドン大使館での日本のブックフェア　1983 年

したが、株式会社設立後責任者が本社に不在なのはまずいと痛感し、ロンドンで編集を予定していたＪＢＮは休刊にしましたから、ロンドンを引き揚げることにしました。１９８５年末、ケルン、ロンドンでの生活に終止符を打ち、東京に戻りました。

ケルン、ロンドン滞在中は、周囲のいろんな方にお世話になりました。ケルンで画廊を営んでいたモーク夫妻、フランクフルト郊外のヘキストにある自宅の一室を国際図書展の期間中、快く使わせてくださったティーレン夫妻、ミラノの合原夫妻、オランダの島田夫妻、フィレンツェのステファノヴィッチ夫妻、ルガーノのレーマー氏などなど、数えきれないほどの方々が、手を差し伸べてくださいました。

「スイスのお父さん」と私が慕っていたエミール・ビューラー氏のことも忘れることができません。まるで孫に話すように、赤ワイン片手にそれとなく話してくださったことが心に残っています。「人生にとって大切なことを三つ挙げるとしたら――まず、本当に自分がしたいと思う仕事を手がけること。つぎに、よい友だちを持つ能力を備えること。いいですか、よい友だちを持つこと自体よりも、よい友だちを持ち得る能力が必要なのですよ。そして、最後に、いつでもゆめを持つこと。どんな小さなゆめでもよい。いつもゆめを持っていることです。心豊かに生きる秘訣ですからね」。

リューバ・ステファノヴィッチ氏も、エミール・ビューラー氏も、あの世に旅立ってしまわれましたが、私の心のなかにお二人はいつも生きて、励ましてくださっています。"There must be a way.〟（大丈夫だよ、なんとかなるよ）と、困ったことがあったとき、ゆったりした語り口のステファノヴィッチ氏の一言に、何度勇気づけられたことでしょう。

銀行との交渉

帰国して、まず私のすべきことは、国民金融公庫に借金を申しこむことでした。資本金の二〇〇〇万円は、ほとんど消えかけていたのです。当時は、「代理店」というと一般的に知られていたのは広告代理店くらいです。職種の説明からはじめなくてはならず、〝水物〟といわれている出版業のなかでも、日本と海外出版社との仲介業は、もっと危険な商売だと思われていたのでしょう。申請額の八〇〇万円に対して実際の融資は三〇〇万円でした。社員の給料遅延という事態にはなりませんでしたが、権利者への支払いを一ヶ月延期せざるを得ない時もありました。

いったん栗田一人になって出直してはどうか？　という提案が役員会で出されました。確かに、著作権の収入だけでは、とても事業として成り立っていきません。しかし、だからといってたった一人では、どう考えても、たいした量の仕事をこなすことは不可能です。

折から「家庭の事情で退社したい」と、パートナーの板東悠美子からの申し出があり、大きな痛手でした。当分は、鹿嶋と二人で何とか荒波を乗り越えていかなくてはならないと覚悟を決めました。

鹿嶋には、退社を促すつもりで話し合いをはじめたのですが、雇用した責任があり、気が重くて肝心のことを切り出せません。「給料が減っても、賞与がなくてもこの仕事を続けたい」という熱意を鹿嶋が示したことから、解雇の話は出しませんでした。ゼロ地点から再出発のつもりでした。

事務所の移転

㈲栗田・板東事務所のころは、斉藤（板東悠美子の実名）一家の三鷹にある住まいの応接間ともう一室を事務所として借用していました。㈱日本著作権輸出センターとなってからは、新宿一丁目のビルの一室を借りていましたが、神保町にある学術雑誌を輸出する㈱協和図書の、広い部屋の片隅を借りることにしました。

旧・第一勧業銀行、住友銀行、富士銀行など大手市中銀行が周辺にありましたが、零細企業とあってか、いたって冷たくあしらわれていました。そこに、日本ユニ・エージェンシーからの紹介と言って、東京都民銀行の融資担当者森氏の訪問を受けました。

銀行は何処も同じという先入観があったのですが、以前、未来社社長、西谷能雄氏（故人）から、同行が出版関係には特に理解があり、文化の支援に熱心で、使命感を持っていることをうかがっていました。西谷氏は著書、『預金者の論理と心理　一出版人の銀行関係論』（１９８１年未来社刊）で、後に東京都民銀行頭取になられた陶山繁弘《すやましげひろ》氏（故人）が、いかに未来社の出版姿勢に理解を示して、融資に応じてくださったかを詳述されています。森氏は、外為取引への優遇処置までを申し出てくださり、「捨てる神あれば、救う神あり」を実感し、ありがたく思ったものです。

世はバブルたけなわのころで、協和図書の家主がビルを建て替えたい意向を伝えて来ました。「又借り」の身としては、借主に迷惑をかけられないと移転を考えましたが、神保町辺りではとても手が出ません。会計士とも相談して、私がマンションの一室を求めて、それを会社に貸すという方法を採ることにしました。銀行からの借金が必要な場合、抵当物件が必要であることを考えてのことです。結局中落合の自宅の近くに一室、見つけることができました。自分の報酬だけではローンが組めず、義弟の協力を得ました。それで何とか、零細企業としての形を整えることができました。

新入社員

ＪＦＣが、そのような苦境にあることをまだご存じないこぐま社の佐藤社長（当時）から、新人候補として横田ゆりかさんと会ってほしい、と連絡がありました。同社に応募してきたが、その年には採用できない事情があるとのことです。児童書のみに興味を持つ人はほしくないので、と辞退しましたが「会ってみるだけでも」と押されて会うことにしました。

英語での簡単な面接をし、現在の状況が厳しいので、給料は横田が受験しようとしている出版社（初任給が高いことで出版界では群を抜いていた）の三分の一しか出せない。だから、その社の受験を最後まで受けてほしい。だめなら考え直す、と、いったん引き揚げてもらいました。

しばらくして「第三次試験まで残ったが『ゆめの宝石箱』（拙著、1986年、国土社刊）を読み、感動した。このような仕事があることをはじめて知り、大変興味を持ったので、給料が低くても著作権仲介の仕事をしたい」との申し出でを受けました。そこまで言うなら、と最低一〇年は退社しないことを条件に、採用することにしました。

最初は何でも手がけて貰うという考えで、まず経理の基礎を篠遠氏が横田に教えました。こんなに少ない収入なのか、と驚いていたようですが、この「叩きこみ」が後の吉田ゆりか（旧姓・横田）が手がける経営に大いに役立ちます。そして、私は徐々に児童書の仕事を吉田に引き継ぎ、ボローニャにも参加させました。後進を育てることは急務でした。

吉田の大きな功績は、契約と印税管理のソフトを作成したことです。理系の男性ならばすぐ着手してくれるものと期待していましたが、鹿嶋は何度催促しても手がけようとしません。当時は、ＪＦＣとしては身に余るかもしれないＮＥＣの大型コンピューターを入れて契約作成などに利用していました。エージェントとしては、大切な過去のデータの管理に利用したいと考えており、入社間もない吉田に、印税管理にＰＣをいかに利用するか研究してほしい、と課題を与えました。経理を担当していましたから、吉田は短期間に必要条件を満たした管理ソフトを作成し、それは現在でも役立っています。

万国・ベルヌ両著作権条約に加盟した韓国

1987年7月に、韓国は万国著作権条約に批准、実効は三ヶ月後の10月1日でした。私は同年2月にはじめて訪韓し、前年にJFCを訪問された、当時IPS出版社の著作権責任者、郭少晋氏のご手配で出版界の重鎮方にお目にかかり、主な出版社を訪問することができました。

それより先に、熊津出版社の尹《ゆん》社長と金専務（二氏とも当時）の訪問を受けて、あかね書房刊の『科学のアルバム』シリーズ五〇点の契約を仲介していました。

当時は韓国の親たちが教育熱心で教育費にはお金をかけるので、電話でシリーズの月賦販売の注文をとるということでした。万国著作権条約では過去に遡及されないので、すでに出版されていた作品には印税ゼロのところを、通常より安く設定した印税を支払うことで、JFC介入以前に日韓双方の出版社がすでに了解していました。四色に分解した製作用の複版フィルムは、実費で輸出する必要があります。一度に輸出するので膨大な金額になりましたが、信用状を開くことで解決しました。

同年の秋には、日・韓両国の出版学会合同でシンポジウムが、ソウルのアカデミー・ハウスで行われて、私も会員の一人として参加し、二度目の韓国訪問をしました。安春根韓国出版学会理事長（当時・故人）や、韓勝憲弁護士など、私とほぼ同年代の出版界の皆さんが流暢な日本語を話され、かつ、力強くも美しい漢字を書かれることに感銘しました。その二度の韓国訪問は、後にJFCの業務の拡大に役立つことになります。

その後は、八重洲ブックセンター、三省堂など大手書店で、韓国の出版人たちが両手に鞄いっぱいの本をぶらさげる風景をよく見ることになります。著作権の有無を確かめずに、韓国から多くの出版人が押し寄せて本を持ち帰りました。時には著者に直接日本語で電話をかけ、許可を得て契約書もなく発刊してしまった、といったトラブルも起こるようになりました。

はじめて海外からの申しこみを受けたことで、たやすく対応してしまった日本の出版社もあります。韓国のエージェントは急激に増え、日本側も、出版社では著作権を扱う部署を新設したり、取次、印刷会社などが、エージェント業務に参入し、しばらくは混乱が続くのですが、徐々に市場は安定して動くようになりました。

韓国や台湾の出版社が申しこんで来る図書は、ビジネス書、啓蒙書、健康関係書などの一般書が多く、JFCとしては、早い時期に独占的に扱う契約をしたPHP研究所の出版物には、特に多くの申しこみが寄せられました。

韓国で1987年10月に万国著作権条約が実効となり、その後、世界貿易機関（WTO）会員国としてベルヌ条約上の遡及保護原則を受け入れ、1996年7月から施行されたことで、日本の出版界に大きな変化をもたらします。「入超」といわれ続けていた著作権の日本からの「輸出」が、アジアでは「出超」に転換する時代に入りました。

「大幅入超」から「出超」へ

日本は長い間、「著作権は大幅入超」と言われていました。「出版貿易は圧倒的入超・1対36輸出政策ない日本」という見出しが、朝日新聞の読書欄に出たのは1982年1月11日です。そのころは、著作権の売買は対欧米に限られていました。その状況を変えたのは、韓国に続き、アジア諸国がそれぞれ著作権条約に加盟、あるいは同等の対策を講じたからでした。

中国は1992年10月にベルヌ、万国両条約に加盟しました。しかし、出版社は国営の域を脱しきらず、経済格差が大きいこともあり、日本の図書の翻訳出版を切望しながらも、ごく限られた出版社が申しこんで来るだけでした。契約の観念が異なることでトラブルも生じ、そのことは文化交流の推進を妨げていました。

台湾は、国内法を1992年6月に改正し、無許諾版の規制を政府主導で行いはじめました（台湾は、著作権条約の加盟〝国〟ではなく、無許可出版でも合法であるため「海賊版」という言い方を避けています）。この改定により、日本の月刊漫画誌が、発刊された翌週には台湾で発売されるといった不可思議な現象はなくなりました。

台湾当局は、公共機関はもとより、書店やコンビニエンス・ストアでも無許可出版物を購入・販売してはならないなどの流通規制もしはじめました。1989年7月にアメリカと結んだ二国間協定の内容を、他国の出版物にもある程度適用するもので、外国の著作物が台湾で三〇日以内に発行された場合には、台湾で著作権が保護されるとしています。それ以来、台湾の出版社は積極的に著作権を取得して日本の書籍の翻訳出版を行い、台北国際図書展にも力を注ぐようになりました。

とりわけアジアでは、漫画・コミック分野での競争は激しく、日本の大手出版社でコミック部門を持っている社は競って著作権部を創設して、積極的に交渉をするようになっていました。

私がスペインを訪問したのは1982年でしたが、当時すでに日本のアニメ番組が評判になっていて、昼食時間が変更されるほどの人気であると知りました。一時帰国した折、日本の大出版社の担当編集者に、海外向けに日本のアニメーションの「著作権輸出」について打診したところ、日本国内市場で十分利益を得ているのだから、これ以上自分たちの仕事を増やすことは考えられないという回答でした。私の提案が、きっと早過ぎたか、あるいは相談相手を間違ったのでしょう。

ＪＦＣにも、手塚プロなど出版社数社からの依頼が来はじめたので、コミック関係の担当を鹿嶋に決め、台北、香港、ソウルなどでのブックフェアに出張してもらいました。台湾では日本の出版社と提携して雑誌創刊の話もあり、単行本は一シリーズの巻数が多いため、文芸書や児童書とは比較にならないほど、急速に契約点数も利益も多くなりました。

暴力やセックスのシーンには規制があるために、修正箇所の要請が多く、権利者の許可を得るため毎日のようにその訂正部分の図柄がファクスで送られてくるようになりました。見本だけでも、日本の出版社からコミック・シリーズがダンボールで何箱と届くので、狭い事務所は人間が押し出されそうでした。１９９１年ごろから、台湾が韓国を凌ぐほどの勢いとなりました。次いでマレーシア、シンガポール、タイ、インドネシア、ベトナム、香港からも申しこみが入るようになりました。特にタイでは「Ｊ文学」ブームで、若者向け日本文学、そして横溝正史作品が大人気で重版が続きました。香港では赤川次郎作品が次々と出版されて好評でした。

海外で出版された日本の図書カタログ（１９４５〜１９９０）

１９９０年、フランクフルトで開かれた世界最大の国際図書展でのテーマ国に日本が選ばれました。それに向けて㈳日本書籍出版協会（書協）は、戦後１９４５年から１９９０年までの過去四十五年間に外国語で出版された日本の図書のカタログ"Japanese Publications in Foreign Languages 1945-1990"を作成、来場者に配布することになりました。

〈文芸編〉を日本ペンクラブ（図書館情報大学協力）が、〈非文芸編〉を書協が受け持つことになり、後者の編集業務をＪＦＣが請け負いました。「空気を売るな」と応援してくださった方の一人、

㈱ニッパン常務（当時）の石川博氏の推薦によるものでした。

日本の出版界を端的に紹介する小冊子"Practical Guide to Publishing in Japan"の作成依頼が国際交流基金／㈳出版文化国際交流会（ＰＡＣＥ）からほぼ同時期にＪＦＣに来ました。ＰＡＣＥのＪＦＣへの特別の配慮であると感謝しつつ受託し、鹿嶋が担当しました。

カタログは、書協が各出版社よりアンケートで集めた資料を元に作成しましたが、書協の会員でない会社、過去の資料がない会社、担当者の変更で詳細が不明の会社、また出版社以外に翻訳権を扱いはじめた印刷会社、取次などの資料が含まれないため、資料として１００％完璧ではありませんでした。１９８７年から著作権の取引がはじまった韓国は、一気に契約点数が増加していましたが、当時はハングル文字で打てるパソコンが印刷所にないために収録できず、他のアジア諸国の資料も省かれました。それでも、対欧米への「著作権輸出」の大体の傾向がわかり、その数字から見えてきたことがありました。

たとえば、〈非文芸編〉の合計五三二五点のおよそ二分の一にあたる二六〇〇点は翻訳出版物ではなく、最初から海外向けに編集された出版物（日本美術、料理、活花など）です。それを除くと、翻訳書の合計は二六〇〇点。その二分の一にあたる一三〇〇点は、絵本を含む児童書（図書館を通じて資料を集めた〈文芸編〉に児童書も含まれ、〈非文芸編〉の資料とだぶっています。〈文芸編〉は１９８８年までの資料のため、およそ一二〇〇点です）。

次に多いのは、人文・社会科学のなかの宗教書四〇〇点。宗教界の教祖の伝記、哲学、世界の有名人との対談などで、恐らく翻訳費、制作費はその宗教団体から出されているのでしょう。言語別でポルトガル語への翻訳が多いのは、日系人が多いブラジル系ポルトガル語が含まれていると想像されます。

自然科学の分野では、医学書が二六〇点（基礎医学、臨床医学各一三〇点）で、これらは医師である著者が翻訳費用を負担している場合があるかもしれません。

〈文芸編〉の一万五〇〇〇件では、短編、詩歌の一編も「一件」と数えられ、評論は書き下ろしも含まれ、雑誌に発表されたものも入っています。児童書の一二〇〇点を差し引くと、文芸書の単行本は二〇〇〇点を上回ることはないでしょう。

かなり多くの文学やSFを出版しているロシア語の出版点数が少ないのは、同国が万国著作権条約に加盟したのが1973年5月、それ以前に無許諾で出版された点数が含まれていないからです。

「日本年」——フランクフルト国際図書展1990

日本がテーマ国に選ばれた1990年のフランクフルト国際図書展で、はじめて「日本のインフォメーション・コーナー」が設置されました。このときから、日本全体として海外に発信する姿勢を出版界の人たちが持つようになったと思います。

フランクフルトブックフェアでイギリスの編集者、こぐま社佐藤英和氏と。
1990 年

著者が著作権を所有していることから、総合出版社や文芸出版社は文芸書を展示し、売りこみをしても直接の受益者とはならないためか、1991年以後は、図書展では漫画やコミックの展示に偏り、徐々に日本コーナーは「漫画通り」のような状態に変化していきました。著作権の「輸入」を重点的に扱うエージェントがスタンドを出しても、編集者のたまり場となっていました。そのスタンドと〝輸出〟専門であるJFC以外のエージェントは、新設された「エージェント・コーナー」にあるテーブルで顧客と会ったり、交渉相手の出版社のスタンドで商談をするようになりました。

1990年のフランクフルト国際図書展で日本がテーマ国に選ばれたことは、海外に日本の出版文化を発信するまたとない好機で、日独の作家によるシンポジウムも開催されました。

そのフランクフルト国際図書展の期間中である10月3日に、東西ドイツの再統合という歴史的な事件がありました。あの厚い壁が一瞬にして崩れ落ちることを誰が想像できたでしょうか。歴史的な大事件の渦中にあることに、ドイツ人ならずとも大きな興奮を覚えたものです。

ソ連最後のモスクワ・ブックフェア

ソ連邦の崩壊も歴史的大事件でした。それより先、ソ連最後となる1989年第六回モスクワ国際ブックフェアに私が参加できたことも、何かのめぐりあわせに思えます（1991年の開催は、軍事クーデターで開催直前に中止となり、先発していた参加者の何名かは、シベリア鉄道とナホトカからの船を利用して帰国する羽目になりました）。

私にとって１９８９年は、最初で最後のソ連でのモスクワ・ブックフェアでした。ＶＡＡＰという当時ソ連唯一のエージェントが窓口で、担当の女性にお土産のストッキングを渡したところ、目の前で乱暴に包みを開き「私は要らない」とつき返されてしまいました。物資不足のソ連で女性なら誰でもよろこぶもの、と説明会で聞いて用意したものでしたが、恐らくすでに多くの人から同じものを贈られていたのでしょう。

このことが象徴するように、特権階級と一般人との差は大きくなっているようでした。レストランでもドルの使用できる店が何軒かあり、そこに出入りできる人たちは限られていました。夕食を中座したときに、いつの間にやら踊る群衆に巻きこまれて、大きなロシア人男性と踊っている自分に驚いたものでした。閉塞感から抜け出すために、人々はこのような機会を捉えては、楽しもうとしているようでした。「ざわめきも　いまはなく　ものみな　まどろむ。君知るや　すばらしき　夕べのひととき……」　なぜか私はＳ・セドイ作曲「モスクワ郊外の夕べ」（合唱団白樺訳詞）の一節を思い出していました。

そのモスクワ・ブックフェアで、ラドガ出版社（Raduga）で企画中の『現代日本女流作家作品集』を編集しているガリーナ・ドトキナさんと知り合ったことが、後に続く細いけれども確かなロシアへのパイプとなりました。昭和初期から現代までの女性作家の二十四作品が、ロシア語に翻訳されて1991年に出版されました。

夕食後は赤の広場に面したホテルの一室に、関係者がなんとなく集まって雑談がはじまりました。モスクワ在住の翻訳者の一人が、「ゴルバチョフ大統領の情報公開《グラスノスチ》はすばらしく、画期的なことだった。何しろいままでは、すべての情報が閉ざされていたのだから。でも、経済政策は失敗で、彼の人気はすでに落ち目にある。やがて失墜するだろう」と話したのも、外からは知り得ないことで、西側ではゴルバチョフが高い評価を受けているのに、と疑問を持ちました。

ドイツ再統一翌年の1991年、ソ連邦は解体し、大統領は、ゴルバチョフからエリツィンに替わりました。自由の思想は旧東欧を駆けめぐり、大きな変化が野火のように広がりました。

分裂したユーゴスラビア

ユーゴスラビアでは内戦が起こります。

遡ってベオグラード国際図書展に、日本ユニ・エージェンシー社長（当時）の宮田昇氏と訪問したのは1983年秋のことで、同年一月に他界されたリューバ・ステファノヴィッチ氏の墓参も私たちの目的の一つでした（136頁参照）。ベオグラードでの国際図書展では、フランクフルトと同様に、㈳出版文化国際交流会が外務省・国際交流基金の協力のもとスタンドを持ち、日本大使館の館員が熱心に協力していた印象があります。ユーゴは、七つの国境、六つの共和国、五つの民族、四つの言語、三つの宗教、二つの文字（「そして、一人のチトー」）と言われており、〝国内での共同出版〟が多く行われていることを知りました。アメリカではジョンソン・リプリントのヨハノヴィッチ氏、ヨーロッパではジウンティのステファノヴィッチ氏らと、ユーゴ出身の出版人が共同出版の分野で国際的に活躍している理由がわかったような気がしました。

チトー大統領だからこそユーゴスラビアとしてまとまっているが、彼亡きあとは、ユーゴは分裂してしまうかもしれない、と聞かされていました。チトー大統領は1980年に亡くなりましたが、1983年はまだ集団指導制で、国家が維持されていました。しかし、その後冷戦の終結とともに民族問題が起こり、内戦となります。それまでユーゴスラビアと書かれていたオリベラ・ステファノヴィッチさんからのクリスマスカードには、セルビア&モンテネグロと書かれるようになり、次にセルビアと国名が書き換えられました。

その背後にはどんな苦労があったのだろうか、と手紙の文面からは想像することが不可能でした。クロアチアになってしまったアドリア海ブラチ島のオリベラ・ステファノヴィッチさんの瀟洒な別荘は、クロアチア人に占領されてしまいました。

1983年に訪問したベオグラードでは、宮田氏とともにモトヴン・グループのバト・トマセビッチ氏の自宅に招待されましたが、まるで小美術館のような、多数のプリミティヴ絵画のコレクションに圧倒されました。当時、トマセビッチ氏は、ベオグラード新聞社の出版部で美術書の責任者でしたが、政治的な理由で内戦と同時に英国に亡命しました。集めた絵画は持ち出せなかったとのことでした。

モトヴン・グループ

それでも、トマセビッチ氏のモトヴン・グループ内での活躍は続いていました。モトヴンというのは、アドリア海に面した、イタリアに近い美しい小村の名前です。何ヶ国もの人たちがモトヴン・ホテルに集まって、共同出版をする計画を立てました。

アドリア海のクルージングでのミーティングを企画するなどまとめ役だったステファノヴィッチ、グループの会長でマグローヒル出版社社長エド・ブーハー両氏の亡き後は、トマセビッチ氏と、スイスのユルゲン・ブランシュワイガー氏が中心となり、児童書部門も新設されて、モトヴン・グループは中国を含む世界中にネットワークを拡げ、発展していました。

私の日本ユニ・エージェンシー在職中には、共同出版の責任者・青木日出夫氏（故人）が「モトヴン・ミーティング」に出席していたので参加を遠慮していましたが、1993年のプラハ郊外、ピランでの会合に、日本著作権輸出センターとしてはじめて参加しました。

劇作家でもあるヴァーツラフ・ハベル大統領（当時）の特別の配慮でプラハの宮殿でのパーティーが催されたのは、過去の西側からの支援に対するハベル大統領の感謝の気持ちの表われでした。「プラハの春」の夢をソ連の軍事介入によってうち砕かれた1968年後、チェコの作家たちは表現の自由を失いました。病院での汚物処理など肉体労働に携わっていた何名かの作家の原稿を、検閲を上手に潜《くぐ》ってブランシュワイガー夫妻が秘かに西側に持ち帰り、モトヴン・グループの同志たちに紹介、日本（恒文社）を含む海外での出版を成功させたのです。

ピランのホテルで三日間に及ぶプレゼンテーションが行われて、参加者間の親睦も深まりました。その折の私の〝収穫〟は、『日本　その心とかたち』の共同出版に、英語版の発行元を探し出したことでした。加藤周一氏の文章で、平凡社から1988年に出版された一〇巻セットを海外用に一巻にまとめたのは、平凡社の協力とブランシュワイガー氏の手腕です。フランス語、ドイツ語の出版社も決まっていて、英語を追加し、三ヶ国語の共同出版がなされました。完成後、鶴見俊輔氏から「日本美術を、日本と西洋だけでなく、中南米や全世界の芸術とを比較検討しているのは、さすがである」とその論評と慧眼に賞賛の感想が送られてきました。そのはがきの写しをお送りすると、加藤周一氏からは「鶴見先生からの感想はたいへんうれしい」とすぐ返事をくださり、それを鶴見先生に再び橋渡しをしました。「智の巨人」にはさまれて光栄だった、と思い出に残っています。

共同出版の企画に乗りそうな本があると、私が相談していたブランシュワイガー氏は、本造りのマイスター、ルツェルンの故エミール・ビューラー氏を師匠のようにして育った編集者であり、人脈の広い営業マンでもありました。

私の兄貴分のような大切な人でしたが、2004年のボローニャ国際児童図書展後、出張先

チェコのピラン（モトヴン・グループの会合）で。ハベル大統領（中央）と。1993 年

のドイツで他界されたと、悲しい知らせが届きました。

旧東独の文芸出版社

東ベルリンのフォルク・ウント・ヴェルト出版社（Volk und Welt Verlag＝V&W）と成約したのは、講談社インターナショナル（KI）が英語版を出版し、海外版の権利を扱かっていた大江健三郎著『万延元年のフットボール』でした。それ以来、フランクフルト国際図書展で、毎年V&Wのマネージング・ディレクター、ユルゲン・グリュネル氏と会うようになっていました。

ある時、グリュネル氏から日本の出版事情を視察したいが、国交がないので、招待状が必要で、万一亡命などの疑いを持たれるのを避けるため、大使館に提出する保証書も発行してもらえないか、という依頼を受けました。日本ユニ・エージェンシーの宮田社長（当時）が快諾、保証書を書き、同氏は1977年に来日することができました。数日間でしたが、私が都内でお供をしました。

グリュネル氏の日当は、ホテル代を含めて一日六〇〇〇円という厳しさでした。昼食は、普通のビジネスマンが行くようなところに、と言われて、宿泊先の六本木近辺の定食屋に案内すると、「どうしてこんなにおいしい店を探し当てたのか」と目を丸くしています。「自分たちは、どこに行っても、いも、いも、いもで、変わり映えしない食事をとっている」、さらに、「六本木は毎晩、夜中まであんなにたくさんの人々が歩いていて、まるでお祭りのようだ」と驚く毎日のようでした。グリュネル氏は、文芸担当編集者に会ったり、書店めぐりをしたり、はじめての訪日を有意義に過ごし、〝西寄り〟の空気を吸って東ベルリンに戻られました。

一年後の1978年3月に、上記への返礼という意味もあってか、ライプツィヒで開催される国際図書展に宮田社長とともに、私も招待されることになりました。私にとっても、はじめての東ドイツです。到着した日、V&W社を訪問して編集者たちと歓談した後、夜のオペラに招待されました。雪催《ゆきもよ》いのなかを、着飾った紳士・淑女が毛皮のコートを羽織って次々と現れ、昔の映画のひとこまを見るようです。私たちにとっては、昼間垣間見た一般人の質素な生活との隔たりの大きさが驚きでした。

どこに出かけるにも、必ずV&W社のマリアンヌ・ブレシュナイダーさんが付き添っているので、私たちに「自由」はありませんでした。その上、外国人に対する礼儀、と説明を受けましたが、レストランでの長い長い行列に並ばずに先頭に連れていかれるのが、居心地が悪いような、申し訳ない気分でいっぱいになりました。

ライプツィヒ国際図書展は、東独の出版社が中心ですが、旧東欧諸国や西ドイツの出版社も出展しています。西側と異なるのは、分野別に出版社がわかれていることでした。文芸書、専門書の領域でも社会学、経済学、博物学、心理学などなど分野が細分化されていました。多くの人たちが出入りしているのは、児童書やスポーツ専門の出版社でした。国営出版社がこのように専門化されていることをはじめて知りました。聞き覚えのある名前のレクラムやライプツィヒ社のスタンドも訪問しましたが、日本に紹介したいような出版物はごく限られていて、児童書でさえも商談に至ることはなく、日本の出版物の紹介もできず、見学に終わりました。

Ｖ＆Ｗの随行者、ブレシュナイダーさんとはドレスデンの駅で別れ、私たちは汽車でプラハに向かいました。

東西ドイツ統一後に開かれたフランクフルト国際図書展のときでした。Ｖ＆Ｗのグリュネル氏が申し訳なさそうにスタンドに現れて「今までどおりのお付き合いを続け、ぜひ日本の作家の作品を出させてほしい」と拝むように頼まれました。しかし、六〇名だった社員は一〇名以下となり、やがて、それも消えてしまう運命だったようです。民営になって西側並みの経営は難しかったのか、通信は途絶えてしまいました。具体的な知らせは遂にありませんでした。

南仏余談：アルルとマノスク

１９９４年の秋、プロヴァンスに『木を植えた人』の作者、ジャン・ジオノの故郷を訪ねて旅した折に、アルルのアクト・シュド社に寄りました。ベルトラン・ピィ編集長に旅の目的を話したところ、ピィ氏はジャン・ジオノの研究者で、同社では多くの作品を出版しており、親しいお付き合いをしていたことがわかりました。そしてひとつのエピソードを聞かせてくださいました。

アメリカの雑誌社から〝実在した忘れえぬ人〟のことを書いてほしいという依頼で、この作品を提出したところ、調査の結果その人物は実在していないことがわかったので、載せられない、と編集者から断ってきた。それを聞いてジオノ氏は、とても悲しい顔をして怒ったそうです。「何を言ってるんだ。羊飼いのエルゼアール・ブフィエは、ずっと長い間私と一緒に生き続けてきた友人なのだ」。

『木を植えた人』は、こぐま社が日本版を1989年に出版しました。それを読まれた資生堂の福原義春社長（当時）が、資生堂の一二〇周年を記念して全社員へのクリスマス・プレゼントにしたいとのご要望で、日本語版三万部と、日本語が読めない社員のために英語版二〇〇〇部を求められました。この本を通して意気投合された福原氏とこぐま社の佐藤社長、お二人による対談を添付して社員に贈ることとなりました。

そのことを、おそらくパリ駐在の資生堂の現地社員がジオノ家に伝えたのでしょう。ある日、ジャン・ジオノの娘さん、シルヴィーさんから大きな荷物が、感謝の手紙とともに福原氏に届きました。昔からフランスでよくある端を切らないままの手漉きの大型本で、何枚かの素朴な樹木の絵をあしらった『木を植えた人』の限定本でした。

それがきっかけで、こぐま社の佐藤氏は、ジャン・ジオノの故郷、マノスクを訪問したいと思われたのでした。「小野あけみさんというフランス在住のお知り合いが通訳とドライバー役

ジャン・ジオノの娘さん、こぐま社佐藤英和氏と。マノスクにて。1994 年

をしてくださるから」というお誘いを、仲介者としての私も受けたのです。「では、知り合いのアルルの出版社にもぜひ寄ってください」とお願いして参加させていただいたのでした。

プロヴァンスの牛小屋から二人ではじめたというそのアクト・シュド社は、ローヌ河に面した小さな公園の前に、教会、図書館、劇場、レストランを併設して、その二階が出版社の事務所になっていました。今では、アルルの文化の中心を担う施設というところでしょうか。編集者たちからも本への熱意を感じました。

マノスクは、南仏でも東南、地図で見るとセザンヌで有名なサント・ヴィクトワール山の斜め右上にある古い城下町です。そこの書店で、ジャン・ジオノの本や、アクト・シュド社の本がきちんと大切に扱われているのを見て、ジャン・ジオノ通りの坂を少し上ると、いかにも素朴でいい風情の家にたどり着きました。シルヴィーさんに招き入れられると、ジャン・ジオノの机には、つい今しがたまで書いていたような文具や眼鏡がそのまま置かれていて、多くの蔵書に囲まれて、窓からオリーブの木々や春の花に彩られた庭と青い空が遠くまで見渡せました。生前の著者の息吹を味わうことができる小博物館でした。

9

日本文化をいかに伝えるか

『キッチン』で海外デビューのよしもとばななさん

「海燕」新人文学賞を受賞して、変わったペンネームとともに、一躍有名になったよしもとばななさんの『キッチン』。この本には、海外からもいち早く反応がありました。「まだ処女作が出たばかりなので、評価が定まるまでは海外版のことを考えない」というのが、編集者を通しての著者の反応で、それは、若い作家として謙虚で、かつ賢明な判断かもしれないと感心しました。しかし、海外の紙誌で紹介されたのか、日ごとに多くの検討要請が届くようになりました。

月刊文芸誌「海燕」を創刊され、当時同誌の版元、福武書店の取締役、寺田博氏（故人）に相談したところ、山の上ホテルでよしもとばななさんに引き合わせてくださることになりました。若いけれども落ち着いていて、かざりっけのない話しぶりに親しみを覚えて、当時の海外出版社の状況について説明することができ、ＪＦＣが海外への窓口になる了承を得ました。

〈アメリカ版〉

アメリカからは数社からの検討要請がありましたが、結局、グローヴ・ワイデンフェルド（Grove Weidenfeld）に決まりました。グローヴ・プレスを率いる石油王ゲッティ家のアン・ゲッティさんと、英国の老舗出版社、ワイデンフェルド・アンド・ニコルソンのワイデンフェルド卿が〝結婚〟して誕生した会社が、1991年に『キッチン』を契約しました。そのときの社名は、グローヴ・ワイデンフェルドでした。何が原因で決裂し、〝離婚〟に至ったのか、業界誌ではわかりませんでしたが、ゲッティさんはロサンゼルスに、ワイデンフェルド卿はロンドンにそれぞれ戻り、『キッチン』が出版されたときは、グローヴ・プレスという元の社名に戻っていました。

それをアトランティック・マンスリー・プレスの社主、モーガン・エントレキン氏が吸収したために、今度はグローヴ・アトランティックとなったのでした。グローヴ・プレスの当時の編集長ジム・モーザー氏は「自分はクビになるかもしれないが、この作家を手放したくないので、X千ドルで次作のオプションを確保したいのだが」と電話で聞いてきましたが、個人では無理と断るほかありません。

当座は安泰のようでしたが、やがてモーザー氏の危惧した通りとなり、彼の元気な笑い声を聞くことはできなくなりました。独、仏語もこなすモーザー氏は明るい性格の黒人で、私は好感を持って接していました。彼の前任者は、フランス系で背の高い感じのいい女性でしたが、編集者としては疑問でした。

ある朝、その女性編集者から電話があり、いきなり「『キッチン』のプロットを少し変えてもらえないかしら？　男装のえり子さんが男に刺されて死んだとき、息子の雄一が、恋人のみかげにすぐ知らせないのは不自然だから」と言います。言下に私は断りました。
「私たちは、モノを売っているのではなくて、日本の文化を海外の読者に知ってほしいと思っているのよ。雄一がすぐみかげに知らせなかったのは、彼の愛情の表現でもあるのよ。みかげが、えり子さんを大好きで慕っていたことを知っているからこそ、仕事で旅行中のみかげを、哀しませたくない雄一の思いやりなの。それは日本独特の文化かもしれない。アメリカ製『キッチン』にしないでね」。私が著者に取り次ぐ気がないとわかると、彼女はあきらめたらしく電話を切りました。

四大都市を中心に積極的なプロモーションが行われ、『キッチン』英語版は、1991年無事にアメリカの書店の店頭に並び、「ニューヨーカー」をはじめ、多くの書評で絶賛されました。週刊誌「タイム」（1992年11月16日）も、カラー写真とともに日本の「ばなな現象」と、イタリア、ドイツで訳出されたことを紹介しました。

シアトルのエッセイ・コンテストで入選した女子高生の感想文は、誠に興味深いものでした。
「……『キッチン』は、命の尊さや環境に感謝することを教えてくれた。……この作品によって日本とアメリカの文化のちがいを発見した。……メディアが作り上げた日本の若者のステレオタイプをくずした。学生の多くは、ただ家に帰って宿題をし、猛烈な競争者になると決められていると思っていた。今は、どの人でも同じように興味深い生活と感性を持つと理解している……」（『北米報知』1995年6月2日）

『キッチン』は、今までの「エキゾチックな日本」のイメージから脱出した作品として高い評価を得たのでした。

〈コ・エージェント（Co-agent）〉

こうして、アメリカ版の評判もよく、順調に部数を伸ばしていたのですが、よしもとばななさんの次の作品からは、アメリカのエージェントの協力を得ることにしました。ライターズ・ハウスのジェニファー・ライオンズさんが「ばななさんの本に惚れこんだので、扱わせてほしい」と要請してきたからです。

直接出版社と交渉してきたものの、このように出版界の動きが激しく、まるで「椅子取りゲーム」のように、編集者の移動が頻繁に行われると、業界誌の情報だけでは付いていけないだろう、それにアメリカ式のエージェントの交渉についても学びたい、と考えました。

期待に応えて、ライオンズさんは、積極的に交渉をしてくれました。

ライターズ・ハウスのアルバート・ツッカーマン社長からは、東京国際図書展で、日本の作家の作品を協力して扱いたいと打診を受けていました。後に、日本ユニ・エージェンシーの社長となり、若くして亡くなり、今尚惜しまれている長沢立子さんからの紹介でした（長沢さんと私は、個人的に協力し合っていました。1980年にアメリカのクロウェル出版社の児童書編集長、アン・ベネデュースさんから、ボストン大学で児童文学を学んだ優秀な人がいる、日本で勤めるならエージェントがいいと思うのでよろしく、と言ってきたので、当時の日本ユニ・エージェンシー宮田社長に紹介した経緯があります。それが長沢さんです。同社に入社した長沢さんは、私と同じ芦屋の出身であることもわかり、親しくなっていました。長沢さんは、私よりも頻繁にアメリカに出張していたので、神保町で折々昼食時に会って、アメリカのことについて情報を得ていたのです）。

イギリス版は、文芸出版社のフェイバー・アンド・フェイバーから、1993年に出版されましたが、表紙が舞妓さんのうなじで仰天しました。『キッチン』という作品よりも日本を売りたかったのでしょうか？　舞妓は、本の内容と全く関係がないので変更してほしいと申し出ると、ペーパーバック版にするときに、やっと変更しました。ピンクのバックに白で「台所」と漢字のみを印刷したものに変わっていました。それ以来、契約では縛れませんが、表紙の案だけでも事前に見せてくれるよう出版社に頼んで実行されています。

〈イタリア版〉

イタリアは、ジャンジャコモ・フェルトリネッリ社でした。格調高い随筆で一躍有名になられた須賀敦子さん（故人）が、教え子のジョルジオ・アミトラーノ氏に「これをお読みなさい」と『キッチン』を渡されました。たちまち作品の虜になったアミトラーノ氏がそれを翻訳して、フェルトリネッリに持ちこんだからです。

ミラノ、スカラ座の裏の小道をたどると、お城のような建物があり、それがフェルトリネッリ出版社でした。日本の作品が話題になるとすぐに見本の要請をしてくるのが、当時翻訳権担当だったモニカ・ランディさんです。社主のインゲさんと、その息子のカルロ・フェルトリネッリ氏にも紹介され、感慨深いものがありました。

というのも、創業者のジャンジャコモ・フェルトリネッリが1972年に爆死していたことを覚えていたからです。自殺なのか他殺なのか、事故なのか、未だに謎に包まれたままです。当時、ソ連では発表できなかったパステルナークの『ドクトル・ジバゴ』を西側で最初に出版したのがフェルトリネッリで、共産党員としても活動をしていた、ということを思い出しました。

その後のフランクフルト国際図書展で、遠くの方から大きな声で「マイ ドーター、マイ ドーター」と叫びながら近寄る女性がありました。それは、華やかな朱色のワンピースが似合うインゲ・フェルトリネッリさんなのでした。JFCのスタンドでは、作家の顔写真をA3大のパネルで飾り、海外版になった作品や原本を並べています。よしもとばななさんがスカンノ賞をはじめ、文学賞をイタリアで受賞するたびに歓待しているインゲ・フェルトリネッリさんとしては、よしもとさんはまさしく〝娘〟のようにいとしい人なのだとわかりました。

『キッチン』イタリア語版の書評で、「現代の紫式部」という唯一私が理解できる単語があり、微笑を誘いましたが、それほどに日本の現代女性作家がこの国では知られていないという認識を新たにさせ、もっとエージェントとして積極的に動かなくては、と鼓舞されもしました。

今ではフェルトリネッリの出版リストに、よしもとばななさんの名前はなくてはならぬものになっています。日本で出版されて送本すると、同社ではすぐに、ジョルジオ・アミトラーノ氏か、アレッサンドロ・ジェレヴィーニ氏に評価を依頼、ほとんどもれなく二人の訳者で訳され、よしもとばななさんの作品を出版しています。初版の数から、固定の読者が多数いると想像できます。同社が持つ書店のネットワークで、今でも順調に売れ続けています。

〈ドイツ語（スイス）版〉

チューリヒのディオゲネス出版社は、ユニークなドイツ語圏の出版社として注目しており、それまでにも私は何度か訪問していました。トミー・ウンゲラー、モーリス・センダック、サンペといった大人も楽しめる絵本や戯画集、文芸作品（パトリシア・ハイスミス、ウッディー・アレンなどなど、そして近年話題の作家ではベルンハルト・シュリンク）、現代美術書、と幅広く出版しています。社長のキール氏は小美術館を持ち、同夫人は画家ということを知りました。

キール夫妻がバカンスでイタリアに行ったとき、海辺の小さな書店で平積みされていたのが『キッチン』で、どこの書店でも同じように積まれていたので読んでみたらすごく面白くて惹き入れられ、すぐに申しこんだ、とのこと。それ以来、イタリア語版が刊行されるとその少し後に申しこんできます。ドイツ語圏ラジオの朗読権も多く売れました。

私は恐らく、著者の〝身代わり〟として、社長夫妻に昼食に招待される光栄に浴しました。チューリヒ湖畔に近い歴史のありそうな落ち着いた雰囲気のレストランでした。ジェイムズ・

ジョイスが毎日のように訪れてこの席で食べていたメニューがある、というので、同じものを注文しました。仔牛のレバーをトマトソースで煮こんだもので、まことに美味でした。すでに目が見えなくなっていたジェイムズ・ジョイスは、お気に入りのウェイトレスに腕を組んでもらって食後のひと時、チューリヒ湖畔を散歩するのが日課だったとか。

ミラノから近いのだから、よしもとばななさんにぜひチューリヒに来てほしいというご夫妻のメッセージは伝えましたが、イタリア大好きになったよしもとばななさんの足は、どうしても南に向かってしまうようです。

〈一人歩きをした『キッチン』〉

フランスのガリマール社は結論が遅いことで有名ですが、イタリア語を読める編集者がフランクフルト国際図書展に来ていて、一晩で読み「すばらしい！」と推薦したとのことで、即座に申しこまれ、1994年に〝nrf《エヌ・エル・エフ》〟のインプリントで出版されました。

スペインでは、数社の入札になり、トゥスケッツ社からずっと続いて出ています。ポルトガル、ブラジル、オランダに続き、北欧諸国、旧東欧諸国、ギリシャ、トルコ、ベトナムなどアジア諸国……と『キッチン』は、一人歩きをはじめ、四〇ヶ国近い国で出版されました。

英語からの重訳ではなく、ほとんどが日本語からの翻訳であることから、日本語を学ぶ人たちが多くの国に広がっていることも察せられました。

ライターズ・ハウス

アメリカのライターズ・ハウスは、ケン・フォレットを最初に売り出したことで有名です。社長のアルバート・ツッカーマン氏は、無名の作家の作品に手を入れて出版社に持ちこみ、大成功を収めました。それでも、同社では児童書部門の作品とテレビ化などがもたらす利益が最も多いとのことでした。

ツッカーマン氏は、日本の現代作家の作品に特に興味を持っていたわけではなく、東京国際ブックフェアで『鬼平シリーズ』（池波正太郎著）の宣伝を見て、面白そう、日本の作家も扱ってみようと考えたようでした。やはり、ショーグン、サムライ、ニンジャなど「エキゾチックな日本」への興味が、より強かったようです。国際交流基金発行の〝Japanese Book News〟を丁寧に読んでいて、要請してくる作品は、時代物がほとんどでした。

同氏自身、純文学よりも、大衆的な作品に興味を持っていて、いわゆる純文学は、ジェニファー・ライオンズさんが担当でした。河野多恵子さんの短編集をニュー・ディレクションに売りこんだのはライオンズさんで、ニューヨークでの生活をはじめられた河野多恵子さんはたいへんよろこばれ、昼食をはさんでの祝賀会の模様を知らせてくださいました。訳者はイギリス出身でハーバード大学に在籍していたルーシー・ノースさんです。『幼児狩り』など、選りすぐった短編を格調ある英訳にしてくださいました。

　ライオンズさんのもう一つの「功績」は、若くて才能のある翻訳者、マイケル・エメリック氏をワークショップで見つけたことです。よしもとばななさんは、ぴったり合う訳者に恵まれていなかったのですが、当時はまだコロンビア大学に在学中のエメリック氏には安心して任せることができました。同氏は、高橋源一郎著『さようなら、ギャングたち』も訳し、それはアメリカの出版界に新入りしたヴァーティカル社で出版されました。ライオンズさんが訳者のマイケル・エメリック氏とともに著者の権利も扱ったため、アメリカから〝逆流〟してJFCに仲介依頼が来ました。以後、高橋源一郎氏の作品は、JFCで独占的に扱うことになります。

『鬼平シリーズ』については、同じ箇所を複数の翻訳候補者に試訳してもらいましたが、単に日本語からの翻訳能力だけでなく、時代背景の知識が必要であるため、訳者にとっても大変な難事のようでした。〝江戸ミステリー・シリーズ〟で売り出すのも面白いのでは、という案も社内で出てきましたが、当時のJFCの規模では、未契約の作品の翻訳に対して予算化することはできませんでした。

　ライターズ・ハウスでは、日本語が読める人がいるわけではないので、日本側から英語の資料を提供しないと、動き出すことができません。

〈吉村昭著『破船』〉

そのようなときに、吉村昭著『破船』（1982年、新潮社刊）の英訳原稿を持参した当時北海道大学（現・クライストチャーチ大学）のマーク・イーリー氏の訪問を受けました。それは、ライターズ・ハウスを通じて、ハーコート・ブレイス社（HBJ）より1996年に出版され、絶賛されました。

HBJは、Harcourt Brace Jovanovichの略で、共同出版に主力を置いたヨハノヴィッチ氏率いるジョンソン・リプリント、学術書専門のアカデミック・プレスなどを傘下に西海岸に本社を持ち、フロリダには水族館を持つ多角経営企業です。

文芸書を含む一般書は、シニア・エディターのドレンカ・ウィレンさんがマンハッタンで責任者として活躍していました。八〇歳に近いというのに、フランクフルト国際図書展の前に、ロンドン、パリ、ミュンヘン、ミラノなどの出版社を精力的にご自分の足で回り、新刊リストに入れるべき作品を探し、情報交換もし、自社で権利を扱わない出版物でも推薦に足ると信じた図書は宣伝なさる、心からのエディターです。

「……二〇点以上の作品がある（実際には二〇点以上）このようなすばらしい作品を書く日本の作家を探し出すのに、なぜアメリカの出版社はこんなに長くかかったのだろう。我々もこのような貧しい時代があったのだが、中世日本の過酷な小漁村の生活を、少年の目線から美しく描き出している」（ニューヨークタイムズ）、「……多くの日本人作家の作品に接していたが、これほど心動かされる作品はなかった」（セントルイス・ポスト・ディスパッチ）などと、『破船』は最大級の賞賛を得て、ニューヨーク公共図書館の選定委員による「前年度に出版された作品の中のベスト二十五冊」にも選ばれました。

このような賞賛を得て、「さあ、次には吉村昭氏のどの作品を推薦しますか？」とＨＢＪから催促がありました。

数ある吉村昭氏の作品のなかから、短編集と、複数巻で出ている長編、それと随筆を除くという消去法で荒選りをし、機会あるごとに日本の文芸編集者の意見を聞いたりもしました。結局、私がアメリカでの二点目に選んだのは『仮釈放』でした。『破獄』を推薦した編集者が一番多かったのですが、私がタイム社に在籍中に同社で出版したなかに『パピヨン』があり、スケールの大きなフランスの脱獄囚の話は映画化もされたことがあったので、推薦リストから外しました。

自分で大急ぎで『仮釈放』の英文梗概を書き、それをライターズ・ハウス経由で、ＨＢＪに送りました。直ぐに申しこみが出ましたが、そのときに、アメリカのリーダー（作品を読んで評価する人）の推薦書も送って来ました。それを読み、自分の送った梗概がいかに貧弱なものであったかを知り、今後はプロのリーダーによるものを提出しなくては、と反省したものです。スティーブン・スナイダー氏訳で『仮釈放』が出版され、それも評判となり、続いて『遠い日の戦争』（マーク・イーリー訳）、『アメリカ彦蔵』（フィリップ・ゲイブリエル訳）が出版されました。

後者は、日本で発行の英字紙「デイリーヨミウリ」で、毎土曜日に連載されるようになりました。連載に関して、吉村氏はよろこばれましたが、訳者に十分な報酬を送り、その後の金額は、売りこんだエージェントに、と有難いお申し出でした。吉村氏が心からよろこばれたのは、フランスで短編集が出版されたことでした。

〈フランスで上演もされた『少女架刑』〉

『破船』が英語で出版されて評判になると、フランス、ドイツ、オランダ、ポーランド、イスラエルなどからも次々と申しこみがあり、好評のうちに世界に広がりました。JFCではフランクフルト国際図書展、あるいは直接文書でプロモーションをしましたが、HBJのドレンカ・ウィレンさんも、会う人ごとに宣伝してくださったようです。

イスラエル、ショッケン出版社編集長のラシェル・エデルマンさんは、フランクフルト国際図書展のわが社のスタンドで、「ドレンカに薦められてニューヨークからの機中で読んで来たの。プロットもとても素晴らしかったし、文章は美しくて、迫力があったわ」と、大きな目をくるくるさせてその感激を表現し、ヘブライ語での出版を即座に申しこみました。

フランスの訳者、ローズマリー・牧野・ファイヨールさんは、日本語で次から次に吉村作品を読み、太宰治賞を受賞した短編集『星への旅』も訳してアクト・シュド社に提出し、同社は長編に続いて、その短編集も出版しました。そのなかの『少女架刑』は、南仏のフランス国際劇場で上演されて好評のため、再演申しこみが来ました。

劇場での公演は、経営的に決してたやすいことではなく、著者への報酬も多くありません。しかし、吉村氏はことのほかよろこばれました。

「最初『文学界』の依頼で書きましたが、主人公が死者では困る、といって没になりました。やむなく、同人誌『文学者』に発表、1963年に南北社（現存せず）がはじめての単行本におさめ、それを表題として出版したときに、臼井吉見氏が〝このような類のない名作が発表されていたことを知らなかったのは評論家としてまことに恥ずかしいかぎり〟と記されており、涙したことは忘れられません。

それだけにフランスで出版、公演されたことはこの上ないよろこびです。そんなことを思い起こしながら（再演許可の書類に）署名いたしました。この一事だけでも、栗田さんの存在は私にとって生涯、銘記されるもので、あらためて感謝申し上げます」と、いただいた手紙に記されてあり、〝なんだか遺書をいただいたみたいだわ〟と、ありがたく拝読しました。美しい和紙に、しっかりしたいつもの吉村氏の文字でしたが、それは死の床で書かれたものであることを後で知ります。手紙の日付は2006年7月4日で、同月31日に、吉村氏は遠くに旅立たれたのでした。

〈柳美里著『ゴールドラッシュ』〉

柳美里さんは、どうしても扱いたいと思っていた作家の一人です。文芸誌「新潮」に『石に泳ぐ魚』が発表されたときから、フランスのアクト・シュド社にふさわしい作家だと思っていました。しかし、何も実績がないときに、エージェントとして、どのようにアプローチすべきか、手をこまねいていました。芥川賞を受賞してすぐに連絡をすることに躊躇があったのは、「商売として狙っていた」ように思われることがいやだったからです。ジャッカルというニックネームのアメリカのエージェントがありますが、他人の食べ物を狙うようなことをしたくないという、臆する気持ちがありました。

フランス、アルルのフィリップ・ピキエ出版社に『家族シネマ』が他社経由で売れていました。しかし、『ゴールドラッシュ』を読んだときに、今こそ、と思い、当時の新潮社の担当編集者に連絡をして、三省堂のサイン会がはじまる前に紹介していただくことにしました。姪が同じ漢字で柳美里（やなぎ・みさと）ということもあり、サインを二冊お願いし、はじめてエージェントとして名乗りを挙げました。まだ新潮社では翻訳権を扱う部署を設けていなかったときでもあり、エージェントとして、今後独占的に扱うことに話はすんなり決まりました。

トロントのテッド・グーセン氏によって作成された『ゴールドラッシュ』の英文梗概と推薦文を、早速ライターズ・ハウスに送りました。大手からは、物語とはいえ、少年が殺人を犯すことに対して抵抗があるとの理由で断られ、結局、ウェルカム・レインという小出版社から

２００１年に英語版が出ました。

少し暗いムードの表紙でしたが、バーンズ・アンド・ノーブル書店チェーンで、「大型新作家発見プログラム」に選ばれて、同書店五〇〇余のチェーン店の特別な棚に三ヶ月間並べられるというニュースが、２００２年の新年早々に飛びこんできました。

書評は、どれも好意的でした。以前に、ニューヨークタイムズ（１９９７年5月18日）日曜版では、「日本の三人のアウトロー」と、北野武、安藤忠雄とともに写真入りで柳美里が紹介されていたことを思い出しました。

「ヘラルド・トリビューン」２００２年４月６日号では、アジアの芸術やポップカルチャーに詳しいジョナサン・ナパック氏によるインタビューを載せており、「日本で柳美里は、アメリカのオプラ・ウィンフリーのように受け止められている」と紹介しました。また「ボルティモア・サン」紙では「オプラ・ウィンフリーの側近は、アメリカ以外に『ゴールドラッシュ』を書くようなすごい作家がいて、この作品を見つけ出せなかったのは不幸なことだ」と紹介しました。「タイム」（２００２年7月8日号）は一頁を費やして、バブル崩壊後の日本の「行き場のない子どもたち」と題し、『ゴールドラッシュ』の写真入りで、日本の社会状況の悲惨さを記事にしました。

評判は上々で、書評が出るたびに編集者は大喜びのコメントを付けて送って来ましたが、ウェルカム・レイン社は、まもなく倒産してしまいました。

韓国や台湾では『命』『生』を含め、他の作品も次々と出版されました。台湾ではフランス系書店のフナックが、台北ブックフェアの期間中に著者を招待して読者との交流を図り、雑誌や新聞でのインタビューもあり、ブームを呼ぶほどでした。

フランスでは長編、『8月の果て』も契約、訳者のコメントは、奥泉光著『石の来歴』と同種の感動を味わったというものでした。

話はそれますが、芥川賞を受賞した『石の来歴』は、アメリカではHBJで出版され、「ニューヨークタイムズ」の「二〇世紀の最も優れた作品一〇〇点」に選ばれました。ドイツではDVA、オランダではミューレンホフ、ロシアではイノストランカ、いずれも格式のある文芸出版社から出ました。次いで韓国、アイスランドでも出版されました。

〈梯《かけはし》久美子著『散るぞ悲しき』〉

1995年暮れに新潮社の編集者の訪問を受け、硫黄島をテーマに二本の映画がクリント・イーストウッドによって製作されることになったので、至急アメリカの出版社を探してほしいと依頼されました。

アメリカ側からの"Father's Flag"の後、日本側で『硫黄島からの手紙』の製作企画があることを知ったクリント・イーストウッド氏から、日本側の映画も自分の手で、という申し出があり、栗林中将を渡辺謙が演じるとのことです。

ノンフィクションの売りこみが難しいことを説明したものの、お二人の熱意にほだされて、引き受けることにしました。ただし、大変急ぐ仕事なので、売りこむためのよい資料作成に先行投資をお願いしました。黒井千次著『群棲』の英訳でドナルド・キーン賞受賞の訳者、アリゾナ大学のフィリップ・ゲイブリエル氏に、すぐ日本語版を送り、英文梗概とともに推薦文を依頼しました。同氏は学生時代に挨拶に来社されたことがあり、気安くお願いすることができたのです。すぐさま資料ができ、ライターズ・ハウス経由で、ランダムハウスの一部門、「軍隊モノ」専門のプレシディオ・プレスが申しこんで来ました。

しかし、ゲイブリエル氏は他の仕事を引き受けたばかりですぐに着手できないとのことで、ノンフィクションの翻訳に経験のあるジャイルス・マリー氏が、翻訳を引き受けてくださいました。元講談社インターナショナルの編集者、森安真知子さんの紹介でした。アメリカ側の編集者、訳者、日本側の編集者の連携プレイが順調に進み、気持ちがいいほどでした。日本で出た書評を休日でも訳すなど、マリー氏の熱心な協力には感謝するばかりでした。

"SO SAD TO FALL IN BATTLE――Based on General Tadamichi Kuribayashi's Letters from Iwo Jima"と題して、２００７年7月に英語版が届きました。初版は四万部です。アイスクリームの表紙カタログのすぐ裏側に一枚、この本の宣伝の頁が上手に貼り付けられていました。ランダムハウスの夏のカタログで売り出すべく、いかに急いで仕事が行われたかが推察できました。

私は、硫黄島での戦闘の話は、日・米のみでの関心だと想像していましたが、いち早くイギリスの老舗出版社、ワイデンフェルド・アンド・ニコルソンからの申しこみが入り、ついで、スペイン、イタリア、チェコ、ハンガリーと、次々に申しこみが続きました。「クリント・イーストウッドさまさま」です。

日本の外人記者クラブでは、著者の梯久美子さんを招き、スライドを使用して話を聴くという催しが行われました。渡辺謙氏は、梯さんの著書を常にポケットに入れて持ち歩いて参考にし、時には、イーストウッド監督にアドバイスもしていたとのことです。

ライターズ・ハウスのツッカーマン氏は七十五歳となったので、アメリカの作家のプロモーションに専念したく、日本の図書を扱うのはこれを最後にしたい、と連絡がありました。フランクフルトでは図書展会場ではなく、ホテル・ヘシッシャーホフでツッカーマン氏と朝食を取りながら情報交換や相談をしており、食堂で出版界のセレブリティーたちとの「やあ」「やあ」といった挨拶があり、ツッカーマン氏の人脈の広さに驚いたものです。ニューヨークのレストランでも同様なことがあり、同氏の仕事ぶりがうかがわれました。

ジェニファー・ライオンズさんは、ライターズ・ハウスから独立し、自分の名前を社名にして活躍をはじめることになり、それは、偶然にも私の退任とも時を同じくしたものでした。

〈司馬遼太郎作品の海外版〉

「国民的作家であるのに、司馬遼太郎氏の作品が海外で紹介されていないようだ」という旨のコラムは、確かジェトロの方が日経新聞に書かれたものでした。

私も、司馬遼太郎作品に興味はあったのですが、歴史物が多く、しかも、どの作品も長編であるために、手をつけられずにいました。１９７０年から７１年にかけてニューヨークに滞在したときに、駐在員たちが、長編の司馬作品を読んでいることを知りました。日本での勤務よりも少しまとまった自分の時間が持てる間に、「日本を味わう」のに適した作品だというのです。私も、それまでは、時間的にも歯がたたなかった『坂の上の雲』を借りて読みはじめると、止まらなかったことを思い出しました。

ある日、新潮社の伊藤貴和子さんが、『最後の将軍』が一冊で出版されていて、内容も、海外の読者に興味を持たれると思うので、自分が英訳料を出して海外向けプロモーションを進行させたいと考えているので協力してほしい、と相談に来られました。すでに翻訳候補者のジュリエット・カーペンターさんに内諾を得ておられるとのことです。

その熱意に動かされ、よろこんで協力することにしました。司馬夫人の福田みどりさんが、著作権の管理をしておられ、アジア圏についてはすでにお願いしているエージェントがあるが、欧米圏についてはＪＦＣで扱ってよいとのことでした。１９９５年のことです。やがて、そのエージェントはアジア圏での取り扱いを手放したので、１９９６年来、海外版はＪＦＣが独占的に扱うことになりました。司馬遼太郎氏とは、直接お目にかかる機会のないままで残念でしたが、東大阪のご自宅で、みどり夫人と、司馬遼太郎記念館の事務局長・上村元子さんもご一緒にお目にかかりました。さまざまなお話をうかがっているうちに、まるでその席に司馬先生が座っておられるような気持ちになったことが思い出されます。

『最後の将軍　徳川慶喜』の英語版は、アメリカでの英語版の出版・販売を本格的にはじめた講談社アメリカが1997年に出版しました。徳川慶喜を表紙にあしらったさすがに美しい表紙でした（一方、ピキエ出版社から出たフランス語版の表紙が、源実朝だったのにはびっくりしました。ショーグンならば、誰でも同じように思えたのでしょうか）。

時をそう経ずに、国際交流基金では、元大蔵省の方を中心に、司馬遼太郎作品特別プロジェクトを立ち上げ、司馬作品の翻訳援助を決めました。『酔って候』が選ばれ、それは講談社インターナショナルで、2001年に出版されました。『韃靼疾風録』の英語版が、西海岸のフローティング・ワールド・エディションズ（Floating World Editions）から2006年に出版されたのもうれしいことでした。元ウェザーヒル出版社の編集者が独立し、設立した出版社でした。

司馬遼太郎氏ご存命中に、直接文書で翻訳の許可を得ておられた善通寺境内に住む武本明子さんが、英国詩人ジェームズ・カーカップ氏の協力を得て完成された『空海の風景』の英訳本は、ＩＢＣパブリッシングから2001年に出版されました。

偶然のことでしょうが、上記とほぼ時を同じくして、2004年から韓国のチャン・ヘ出版社が、司馬遼太郎作品を積極的に刊行しはじめました。『竜馬がゆく』全一〇巻（2002～

2003年)、『宮本武蔵』『梟の城』『幕末』(いずれも2003年刊)、『燃えよ剣』上・下(2004年)、『国盗り物語』全四巻(2006年)、『新撰組血風録』(2007年)と、続いて出版されました。

選択の内容は異なりますが、中国語の繁体字(台湾)と簡体字(中国本土)でも、司馬遼太郎氏の作品が出版されはじめました。韓国、中国、台湾では、日本語での検討が可能で、翻訳にもそう時間をかけることなく出版されます。今では延べ五〇冊以上の海外版が、翻訳出版されています。

特筆すべきは、フランス語版の出版です。有吉佐和子さんの『華岡青洲の妻』と『紀ノ川』(いずれもストック社刊)をフランス語に訳された、シム洋子さんが、フランス鉄鋼研究所を定年退職され、「日本の歴史小説の面白さを、フランス人にぜひ知らしめたい」一心で、出版社が決まる前(決めるため)に『新史太閤記』の仏訳をはじめ、フランス人の推敲を経て、ロシェ社(Editions du Rocher)に持ちこまれました。本来は、エージェントとして翻訳原稿を預かって売りこむのですが、分厚い本の原稿を削られないためには、翻訳者が直接説明をした方がよいと思ったのです。

同社は、『新史太閤記』を2007年に、『覇王の家』を2008年に出版しました。秀吉が受け入れられたので、次は家康を、とのシムさんの思いが実現したことは何よりでした。出版社もよく決断したと思います。信長については、あまりに長い作品であることと、出版社の変化があるので、シムさんは手がけるのを逡巡しておられるようです。

ロシェ社は、私が思い入れのある梅崎春生作品『幻化』（1993、2003年）と『狂い凧』（2006年）を出版しており、私は何度かサン・シュルピース教会に面している事務所を訪問していました。編集者、翻訳者とも気が合って、来日したときも、日本の作家をめぐって話が弾みました。タイミングはずれたものの、翻訳者、編集者は、秀吉の足跡をたどるという旅をして、思いを新たにしたと報告を受けました。

ロシェ社では、日本文学専門の編集者も置き、島田雅彦著『彼岸先生』を出版したセルパンタ・プリュム社を吸収したので、順調に日本の作品を出し続けることを期待していました。しかし最近、ロシェ社はスイスの製薬会社に身売りしたと聞きました。財政的に安定して、さらに日本文学部門が発展することを願っていますが、その後、日本文学の担当編集者が退社したとのことです。フランスの出版界も決して安泰ではないようです。

英語版、フランス語版に限らず、韓国語、中国語（繁体字、簡体字）とも、長編の翻訳に挑まれた訳者たち、それを出版に漕ぎ着けた編集者たちの協力あってこその実現です。

進行中の英語版『坂の上の雲』の完成が待たれます。

〈ロシアで評判の島田雅彦作品〉

『砂漠のイルカ』『カタストロフの理論』など、島田雅彦氏の短編の何点かはすでにロシアで紹介されていましたが、2002年のフランクフルト国際図書展では、島田雅彦氏の長編三部作が大人気で、ロシアの三社が競うことになりました。『彗星の住人』『美しい魂』『エトロフの恋』の三冊ですが、渾身の力をこめて著者が執筆した話題作でした。多分、口コミで、ロシアの出版界では評判になっていたのでしょう。次々に編集者たちがＪＦＣのスタンドを訪れては、いかにその作品を出版したいかを語りました。

それぞれの出版社から出た申しこみを持ち帰りました。複数からの申しこみは、うれしい悲鳴で、島田氏も大変よろこばれました。折から、島田氏がロシアで開催されるシンポジウムに出席されるというので、各社の編集者に直接会い、質問もして、ご自身で納得された社に決めていただくことにしました。

イノストランカ（当時）が、アティカス（Atticus）という新しいインプリントで、その三部作を２００３年に出版しました。中国の繁体字、簡体字でも２００３、２００４年に、韓国語では２００８年に出版されました。いずれも、熱烈な翻訳者や編集者に支えられてのことです。ロシア語では、『夢使い』や『浮く女 沈む男』など、単行本も出版されました。

英語版についても、カナダ在住の熱心な翻訳者による『彼岸先生』の英文原稿がありましたが、私の力では、どうしても出版社を探すことはできませんでした。

島田雅彦氏だけでなく、大庭みな子、倉橋由美子、河野多恵子さんたちにも、熱心な訳者がいるのですが、いわゆる「文学通」といってもよい人たちが選んだ作品には、大学出版局かＮＰＯ法人以外の然るべき商業出版社を見つけ出せなかったことを残念に思っています。

シンポジウム「日本文化をいかに伝えるか」（1991、1993、1995年）

1991年の1月に、読売新聞編集委員（当時）永井清陽氏の訪問を受けました。ロンドン事務所所長のころお世話になった国際交流基金の和田純氏の紹介です。戦後、アメリカの奨学資金を得てコロンビア大学で学んだ人たちのグループが、文化交流で何かをしたいと計画していたのだが、中心人物の急死で頓挫している。ぜひ協力してほしいとの相談でした。

私は日ごろから、文化交流を推進するために日本側でなされねばならないことが二つあると考えていました。一つは、日本からの文化情報、特に出版に関する情報の発信です。これは、JFCとしては失敗しましたが、国際交流基金が"Japanese Book News"を発行することになり、解決されました。もう一つは、日本語から他の言語への翻訳者に理解と優遇が必要だと考えていました。そのために、各国の翻訳者を招いてシンポジウムを開けば、一般の人たちへの関心を惹き付ける好機になるのでは、と提案しました。

国際交流シンポジウムは、政治、経済、社会、科学などの分野で活発に行われていますが、文化を論ずることは少なく、「顔のない日本」と言われ、対外的に心の紹介が不十分です。永井氏は、パリ、ロンドンなど海外駐在の経験が長く、文化交流に関心が深いことから大いに賛成され、「日本文化をいかに伝えるか」をテーマにした国際文化交流シンポジウムを開くこと

本

Japanese Book News

NUMBER 13
SPRING 1996

Hanako and the Consumer Society
Bestsellers on Life and Death
"Exporting" Copyright

Monthly per capita consumption of books, magazines, and videos in Japan (numbers)

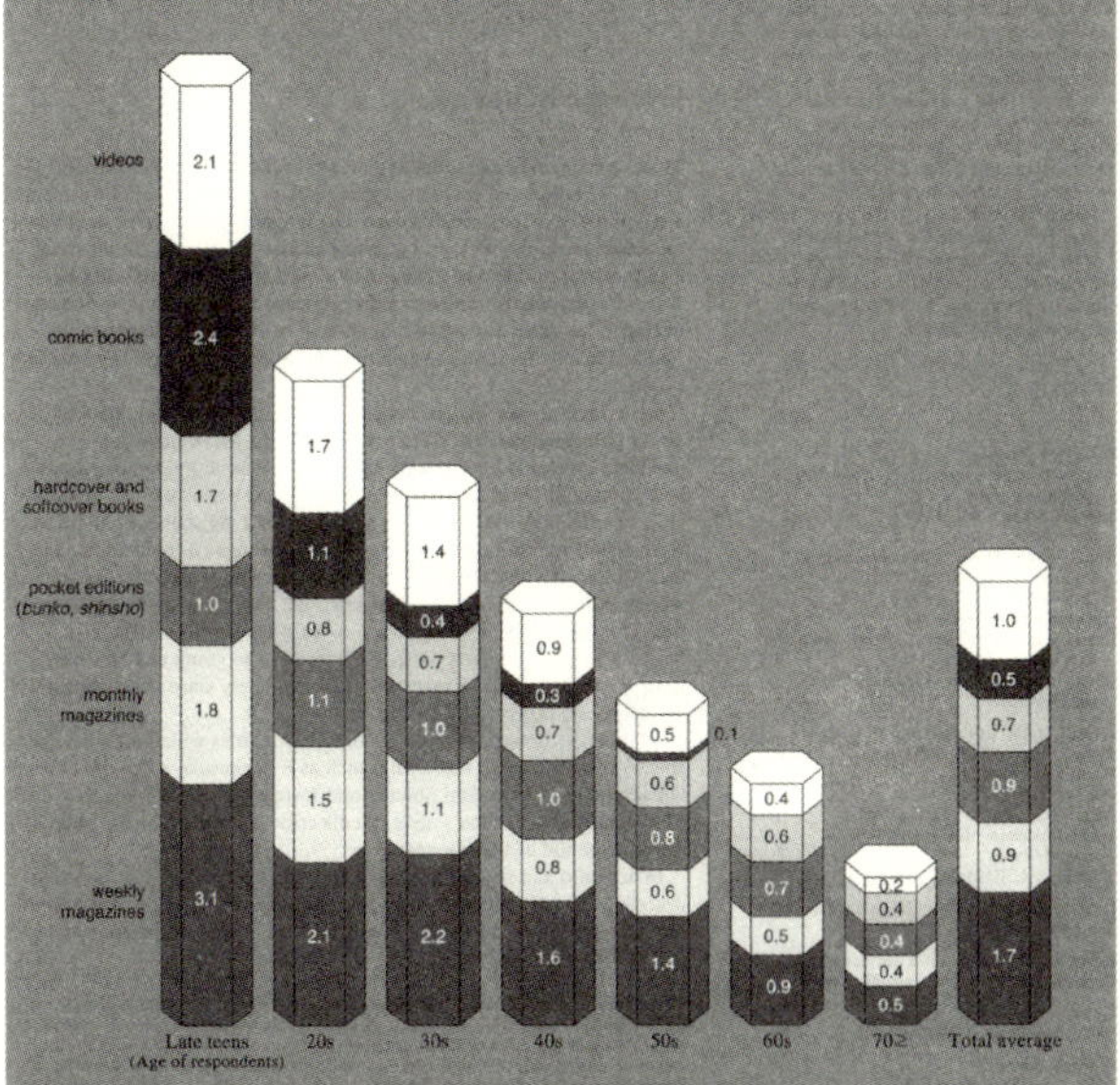

Source: "The 49th Mainichi Shimbun Survey on Popular Reading Habits," *Mainichi Shimbun*, October 27, 1995, pp. 12–13.

The Japan Foundation

国際交流基金発行の JAPANESE BOOK NEWS　1996. 春

にしました。

日本の文学作品を主に翻訳している各国の翻訳者、日本の詩人や作家、出版関係者が一堂に会してこれらの問題点を掘り下げる試みをすることになりました。

共催は、豊田市、豊田市国際交流基金、南山大学、日本ペンクラブ、読売新聞社、日本著作権輸出センター、後援は、外務省、国際交流基金、そして協賛は、実質的に寄付をした㈱イトーキです。第一回は1991年5月29日に豊田市で、30日に東京の国際文化会館で開催されました。

基調報告が、坂井セシル（フランス）、ガリーナ・ドトキナ（ロシア）、デニス・キーン（イギリス）、津島佑子（日本）、谷川俊太郎（日本）諸氏によってなされ、事例報告は、ユルゲン・ベルント（ドイツ）、ジェームズ・ウエスタホーベン（オランダ）、アレキサンドル・ドーリン（ロシア）、クリストファー遥盟・ブレイズデル（アメリカ）、徳島高義（日本）諸氏と栗田明子（日本）が行いました。

パネリストとして、詩人で日本ペンクラブ会長の大岡信氏と南山大学外国語学部教授の明石陽至氏も加わり、一同が共通のテーマを話し合い、翻訳者同士が励まし合う絶好の機会となりました。

琴古流尺八の師範、クリストファー遥盟さんが、すらっとした袴姿で尺八を披露、会場に花を咲かせました。

いままで、訳者間では横の連絡がなかったため、共通の作品に興味を持っている人たちがいることをお互いに発見するなど、シンポジウムが終わった後も、訳者たちの間で夜遅くまで話が弾みました。

第二回は、1993年8月7日に豊田市で開催されました。「世界の中の日本文学」がテーマで、大岡信氏（前日本ペンクラブ会長、詩人、評論家）、カイ・ニエミネン氏（フィンランド・ペンクラブ会長、詩人、翻訳家）、ジャニーン・バイチマンさん（与謝野晶子の研究者、大東文化大学助教授、翻訳家）、トム・カーシュナー氏（アメリカ出身、南山大学宗教文化研究所）、落合恵子さん（作家、翻訳家、クレヨンハウス主宰）も加わって活発な討議が行われました。

日本文学の翻訳をめぐっての討論も白熱したものでしたが、大岡信氏とカイ・ニエミネン氏が披露された「雲の峰」と題した連詩には、拍手喝采で、豊田市の聴衆も大感激でした。

第三回目のテーマは、大江健三郎氏のノーベル文学賞受賞のタイミングに合わせて「ノーベル文学賞の陰の実力者たち」にしました。1995年7月8日に再び豊田市で行われました。谷崎潤一郎、北杜夫、大江健三郎作品などのチェコ語への翻訳者であるヴラスタ・ヴィンケルヘーフェローヴァーさん（当時、在日チェコ大使夫人）、大江健三郎、村上春樹作品のスウェーデン語への共訳者であるデューク叡子／雪子さん母娘、オランダ在住の翻訳者近藤紀子・デ・フローメンさん、弘前大学講師で日本語からオランダ語、英語への翻訳者であるジェームズ・ウエスタホーベン氏に、大岡信氏がパネリストとして参加してくださいました。それぞれの国情や立場、そして日本語の難しさ、日本語の魅力について、熱い討論が展開されました。

読売新聞からは、三回のシンポジウムを見開きの紙面で大きく報道する形での協力を得ました。この開催に当たっては、豊田市国際交流協会（豊田寿子理事長）の全面的な協力によって行われました。当時の事務局長は、ベトナム出身のブイ・チ・トルン氏で、同氏の熱意に支えられて実現したものでした。

最初一〇〇〇万円あると聞いていた予算は、実は三〇〇万円だったので、三、四名の訳者に航空券の調達はできましたが、薄謝で了解を得て、なるべく日本在住あるいは、たまたま日本に駐在中の翻訳者に参加を依頼しました。出費は、恐らくこの種のシンポジウムには例のないほど低い金額に抑えることができました。それでも、初の試みに翻訳者たちは大層よろこばれ、それが救いでした。

もう一つよかったことは、すべてが日本語で行われたことです。通訳に費用をかけず、参加者も聴衆も日本語で理解し合えました。豊田市国際交流協会では、三度の報告書の予算化をし、小冊子に実績を残すことができました。

そしてもう一つ、この三回にわたるシンポジウムの「おきみやげ」がありました。

「日本の１００冊翻訳の会」

シンポジウムではっきりしたことは、現場の厳しい実情でした。日本語から各国語への翻訳者が、学校の先生など他の職業につきながら自分の時間を使って、「いい作品に出会い、日本語から翻訳するよろこび」のために翻訳するにもかかわらず、名前を表紙に印刷もされないほど職業として軽視されており、しかも、報酬が極度に低いという事実がはっきりしました。

日本国内での産業翻訳が、原稿用紙四百字詰め一枚につき一万円が相場と聞いていましたが、欧米の日本語からの訳者には二〇〇〇円前後です。日本語の難しさが理解されていないこともあり、そのような過酷ともいえる状況で、こつこつといわば手作業で翻訳にいそしむ方たちの努力には頭が下がります。「文学作品を訳すことのよろこびでやっているのよ」と、一人が言うと、皆さん同意していました。

文学を通じて日本の心の輸出をしたいとずっと考えていた者としては、ここで立ち上がらなくてはなりません。

たまたま、作家の加賀乙彦氏が、1992年の年賀状に「翻訳に援助をしたい企業家がいるのだが、それの受け皿はないだろうか?」と書いてこられました。

JFCの取締役の一人であるこぐま社社長（当時）の佐藤英和氏に相談すると、早速、資生堂の福原義春社長（当時）に話をしてくださり、有志で集まりを持ってできたのが、任意団体「日本の100冊翻訳の会」でした。

福原、佐藤両氏は、ジャン・ジオノの『木を植えた人』で心が結ばれていました。ジオノの「一〇〇個のどんぐり」にちなんで、福原氏の命名によるものです。

一企業または一個人が、すでに契約されて完成を待っている日本の作品に、それが何語であれ、翻訳費を援助する、という大筋の案がまとまり、その案に賛成して関心を持つ方々に運営委員になっていただきました。

小塩節《おしおたかし》、加賀乙彦、河北倫明（故人）、河野多恵子、佐藤英和、高階秀爾、辻井喬の諸氏、関西からは梅棹忠夫（故人）、司馬遼太郎（故人）、鶴見俊輔、山崎正和諸氏が快諾してくださり、会長は大岡信氏にお願いしました。「ぼくは丸顔でにこにこしているから、いろんな人がいろんなことを頼みに来る」と苦笑されながらも、日ごろから翻訳者の優遇については関心を持っていたから、と引き受けてくださいました。「まず、最初のターゲットを一〇〇冊にしましょう。百人一首とか、日本では百が好まれて縁起もいい数字ですから」と。

こうして、記者会見も開かれて、「日本の100冊翻訳の会」は旗揚げをすることができました。資生堂の福原氏は、表には立たないが、裏方としての協力を申し出てくださり、資生堂パーラーの一室を記者会見の場所として提供、ご自身の講演料のすべてを「100冊の会」に寄付、鈴木奎三郎《けいざぶろう》氏をはじめ秘書課の協力を得るように、と有難い申し出でした。当座の費用は、上記のシンポジウムでのわずかな残金を、豊田側の了解も得て、役立たせることができました。

記者会見の効力は大きく、事務局からの直接の働きかけもありましたが、大阪ガス㈱エネルギー・文化研究所、㈱講談社、㈱資生堂、㈱小学館、昭和シェル石油㈱、㈱増進会出版社、第一生命保険相互会社、東京海上各務記念財団、東京電力㈱、凸版印刷㈱、日興証券㈱、レンゴー㈱、㈱ワコール、と企業、団体からの会員申しこみがありました。

メセナ活動が盛んだったのは一年前までのことで、ちょうどバブルが弾けたばかりの悪いタイミングであったために、プロモーションをしても反応が順調とはいきませんでした。税金免除の特典がないと、という企業が多く、税制の改正が必要という大きな課題が横たわっていました。寄付の習慣が欧米ほど根づいていないことも事実です。たとえば、アメリカでは、宣伝・広告ではなく、スポンサーとなった企業名が一行"Underwriters"（支援者）の下に出てくるだけです。友人・知人を頼り、個人の会員を増やすことが、「日本の100冊翻訳の会」を維持できるもう一つの方法でした。

企業で一番乗りだったのは昭和シェル石油です。当時の高橋清会長（故人）は文化交流に大きな関心があり、日本とオランダをつなげるような図書がないだろうかと問い合わせをしてこられました。すぐ応じられたのは、朝日新聞出版社刊『オランダの花』（1988年刊）でした。安野光雅氏のオランダの美しいスケッチとエッセーを組み合わせた横長の本ですが、オランダ語と英語で訳されて、普通なら二〇〇〇部しか出せないところを、翻訳費用に援助が出ると知り、六〇〇〇部の注文でした。オランダへの観光客にも買ってもらいたいから、と、丸木俊の絵本『ひろしまのピカ』の出版社、ホットマー社長の決断でした。円が高く、日本での印刷は引き合わないためシンガポールで印刷され、六〇〇〇部がオランダに出荷されました。

藤沢周平著『玄鳥』が中国語で出版されたのは、「愛読書が、ご縁のあった中国で出版されるなら、お香典返しよりも意義深いものとなるだろう」と、小寺隆氏（当時ホーチキ株式会社副社長）の未亡人が寄付を申しこんで来られたからです。故人が、病院のベッドで「１００冊の会」の記事を読み関心を示していたので、翻訳援助に役立ててほしいとのことでした。同書は、北京の中国社会科学出版社から出版されました。

一〇〇冊にはまだ至っていませんが、六〇冊余が「日本の１００冊翻訳の会」の援助で出版されています。加藤周一著『日本 その心とかたち』（１９９４年刊）の、独、仏に続き英語版が、資生堂と福原義春氏個人の援助で、チャールズ・Ｅ・タトル出版社から刊行されました。それを資生堂ではまとめて買い上げて、文化関係のシンポジウムの海外からの出席者におみやげとして配布してくださいました。

エージェントよりも、さらに中立的な立場で運営したほうが望ましいと考え、事務局長が私から、戸谷美苗さん（元・彌生書房編集長）に引き継がれました。その後、東京海上各務記念財団からの寄付とともに、久米邦武編による『米欧回覧実記 全五巻』の英語版が、２００２年に㈱日本文献出版から出版されたのが印象深く残っています。北杜夫著『楡家の人びと』のドイツ語版が、松本高校で著者の後輩、ドイツ文学者の小塩節氏による寄付に加え、サントリー文化財団と国際交流基金の助成を得て、ベルリンのベブラ出版社（bebra verlag）から２０１０年に刊行されました。紆余曲折があっただけに、心に残るうれしい出来事でした。

文化庁主催「現代日本文学の翻訳・普及事業」（ＪＬＰＰ）

文化庁は、2002年から日本文学を海外に紹介する「現代日本文学の翻訳・普及事業」（JLPP）をはじめました。事業の概要は、文化庁の選定委員会で日本から紹介する文学作品を選考し、これを日本側で翻訳し、海外の出版社が出版・販売する。日本側は、翻訳費の負担のほかに、世界二〇〇〇ヶ所の図書館や文化機関に寄贈するために、二〇〇〇部を買い上げる。翻訳言語は、英語、フランス語、ドイツ語、ロシア語の四言語で、翻訳者による翻訳と原書との照合作業を行い、編集者によって文学書として相応しい翻訳に仕上げる。事業予算は約三億円というものです。

NPO法人日本文学出版交流センター、略称J－Litセンター（代表広瀬恵子）は、文化庁からの委託を受け、著者の著作権の許諾、翻訳者の選考および海外出版社との出版契約事項のまとめ、言語別海外委員会の設置、寄贈先機関の選定等、JLPP事業を実施するうえで必要とされる基盤を作りつつ、一〇〇タイトルを超える翻訳・出版をしてきました。

どの国でも、特にヨーロッパの主要国では、自国の作品が海外で出版されるときに、何がしかの援助を行っていましたから、経済大国日本としては、活字文化に対する援助は、遅れを取っていたといってもいいでしょう。官がだめなら民の力で、と考えて「日本の100冊翻訳の会」を発足させたのですから、その活動が、官を文化交流に着手させるきっかけになったかどうかは別として、民としてのそれなりの役割を「日本の100冊翻訳の会」では果たせたのではないかと考えています。

「営々と自力でやってきたことに対して、反撥を感じませんか？」と訊ねてきた記者もいましたが、反撥を感じるというよりは、小さな私企業の努力は、どんなに頑張っても限度がありますから、幅広く日本の文化が知れわたるように、長期的視野で、よりよい運営を考え出されれば、国からの助成は歓迎すべきことです。

たとえば、長編の出版が可能になりました。翻訳費用のことを考えると、内容がすばらしくても一般出版社が避けてしまうような長編が出版されました。ＪＦＣが扱う作家の例を挙げると、松浦理英子著『親指Ｐの修行時代』、水村美苗著『本格小説』（２０１１年現在、翻訳中）が英語版で出版の機会を得ました。ドイツ語版では加賀乙彦著『高山右近』、筒井康隆著『ヘル』、柳美里著『ゴールドラッシュ』等が、次々と国の援助によって出版されたことを是としたいと思います。

もし、この場で提言を許されるなら、二つのことを挙げたいと思います。

1．援助をする言語圏が、英、仏、独、露の四ヶ国に限られていますが、イタリア、スペイン語圏、スカンジナビア諸国、東欧圏諸国、アジア諸国など、小国でも日本文化に興味を持ち、翻訳に熱心な出版社、翻訳者のことに思いをいたしてほしいと思います。小国の場合、金額的には比較的小額で十分援助することが可能です。

2．実務に携わる団体として文化庁の委託でＪＬＰＰが設立され、やっと著作権の処理や翻訳原稿の推敲などの実務に慣れたころ、文化庁は、事業の担い手を毎年競争入札により選考することにしたという話を聞きました。当事者ではないので、批判は避けるべきかもしれませんが、文化交流が息の長い企画になることを願うばかりです。人脈を築くのには長い時間を要します。志を持ち、「日本の心を輸出」する使命感を持った人によって扱われるよう、長期の計画をぜひ立てていただくようお願いしたいものです。

「タロー・ボード・ブックス」

吉祥寺の五味太郎氏宅を訪問したのは1989年秋のことでした。文字をまだ読めない幼児向けに、ボード・ブックのシリーズ新企画について相談のためです。ボード・ブックといえば、親が文字や数字、形、色、童謡などを子どもに教えるための教養文具というイメージがあります。大型の正方形の本が、よく書店の回転棚に置いてありました。

子どもが持てるように、もっと小さくて、親子で一緒にお話が作れるような愉しい本のシリーズを作りたい。左開きで、判型は十二センチ位の正方形、頁割は八見開き、企画の段階から海外出版社に呼びかけて、日本版も含め何ヶ国かの版をシンガポールで共同印刷する。初期費用を倹約し、世界の子どもたちに内容のある面白い本を安く届けたい、と提案しました。

円高が続いていたので、日本で製作して海外に完本輸出するのでは高くなります。運賃こみでも、日本で製作される値段の約三分の二ですむシンガポールの印刷所ＴＷＰ（Tien Wah Press）とは、ＪＦＣはよい取引関係にありました。国境を越えた隣国マレーシアにある同社の工場は、人件費がシンガポールの75％、しかも、マレーシアの女性たち、特に海辺に住む人たちは、漁業用網の修理に慣れていて手先が器用、手作業が必要な仕掛け絵本は得意、とのことでした。

初対面にもかかわらず、五味太郎氏は、「うん、それは面白い」と、気持ちよく引き受けてくださいました。黒一色で統一したスマートな書斎で、ご自身でいれてくださったコーヒーをいただきながら、ほっとして、ひとしきり〝五味節〟をうかがいました。一週間ぐらいで三冊の案をくださることになりました。

児童書を担当していた吉田ゆりか（当時は横田）を伴って二度目の訪問をすると、穴をテーマにした、三冊の愉快な仕掛け絵本が待っており、小躍りしたくなるほどでした。たとえば、一冊目は、小さなネズミ君がただひたすら走ります。左側の壁の穴を抜けて走ると、クマの坊やが積木で遊んでいて、ネズミ君に気が付いていません。次の家ではカバ君が玉乗りに夢中です。ブタさんはすやすやとお昼寝で、もちろんなにも知りません。ネズミ君は、わき目も振らず右の穴に向けて走り続けます。次の壁の穴を抜けると、母さんワニが掃除機をかけています。あれれ、と見ている間にもネズミ君はさっさと駆け抜けます。そして、次は……とカラフルな壁の家のいろんなどうぶつたちを無視して駆け続けるネズミ君は、いつの間にか表紙のバスが通る街中を駆けている……という具合で、『ぼくとおれるよ』が題名です。

二冊目は『やあみなさん』で、見開きごとにさまざまなどうぶつや、ピエロ、男の子に変身するお面の絵で、二つの穴が目になります。三冊目は『なにかしら』で、穴から出ている糸だの水だのを繰ってみると、繋がっていて意外な何かが現れる仕掛けです。

早速、原画を有難くいただいて、カラーコピーを何枚か撮り、TWPにダミー（束《つか》見本）一〇セットを依頼、見積もりを出して貰いました。そして、五味氏とは契約書を作成し、原画料のほかに、印税ではなく一冊いくら、という欧米のパッケージャー（企画・編集会社）の採る方法に従い、印刷部数での支払いにも快諾を得ました。シリーズの通称を「タロー・ボード・ブックス」とし、印税を含めて一〇〇〇部単位で見積表を作成しました。

〈日本の出版社探し〉

海外出版社と共同出版をした安野光雅氏企画の『まるいちきゅうの まるいちにち』の場合は、すでに日本の出版社が童話屋と決まっていましたが、今回は、まず日本の出版社探しをしなくてはなりません。「空気だけを売るな」の一言が、そのころまだ私の頭に残っていて、そのような企画を思いついたのでしょう。

さて、どこの出版社に持ちこんだらいいのか？　書店を一回りした後に、クレヨンハウスの岩間建亜社長を訪問しました。お互いに名前は知っていても、初対面です。「う～ん。一番いいのは偕成社だろうな。でも、すでに五味さんの本を出しているのだから、五味さんの担当編集者は、面白くないかもしれないけどね」との感想でした。どの社のどなたが五味太郎氏の担当かも知らずに動きはじめていたのでした。

熟慮の末、偕成社の今村廣社長（当時）にお見せしたところ、「五万セットを注文しましょう」とおっしゃり、びっくりするやら、うれしいやら、ここでも私はとびあがりそうでした。株主としての側面援助の意味もあったのだろう、と今にして思います。幸運なスタートでした。五味太郎氏担当編集者の中川勇氏に、「文章がないと、母親たちは困ります。よろこびませんよ。誰でもが想像したり創作したりできるわけではないから、テキストは必要です」と、きっぱり言われ、私の「母子でおはなしをつくる」案は却下されました。

ネズミ君の場合は、「タッ、タッ、タッ」とか「ホイ、ホイ、ホイ」とか、擬音だけでもいいのに……と思っていたのですが、テキストは、あらためて五味太郎氏にお願いしました。偕成社では、このシリーズを「てのひら絵本」として販売することになりました。

1990年のボローニャ国際児童図書展では、見本を展示して共同出版を呼びかけ、アメリカのクロニクル・ブックス（Chronicle Books）とフランスのグランディール社（Grandir）が手を挙げました。

他の言語の出版社は「検討する」に止まり、まず、日本版の五万セット（三冊で十五万部）の製作を行うことにしました。著者は、色に厳しいとのことで、偕成社の中川氏とともにシンガポールのＴＷＰの製作に立ち会うことにしました。といっても、私は製作にも（編集にも）素人の域を出ません。専ら、中川氏のノウハウに頼りました。

幼児が怪我をしないように、穴をシャープに開ける、本の角に丸みをつける、という難題に、ＴＷＰでは真剣に取り組んでくれました。担当は、営業部長ヘンリー・ウォン氏でＴＷＰ創立者の末息子です。製作担当者とともに実際にひとつひとつ穴に指を突っこんでは試行錯誤を繰り返して、シャープに切断できる機械を発注し、完璧なまでに対応してくれました（創立者のウォン氏亡き後、長男は経営に興味がなく大日本印刷にさっさと売り渡して他業種に転じたそうです。しかしヘンリー・ウォン氏は営業部長として定年退職するまで活躍し、いつも臨機応変に処置を講じ、ＪＦＣに対して大変協力的でした）。

中川氏は、さすがプロの編集者です。この色がちょっと薄い、とか、濃すぎる、とか、微妙な色の変化を見落とさず的確に指示し、ＴＷＰの年配のベテラン印刷担当者がボタンの操作をしてその指示に従うと、みごとに原画通りの色の絵が出てきて、まるで魔術を見るようでした。

こうして十五万部がコンテナーで横浜まで運ばれて、無事日本の市場に出ました。私は書店で見かけるとうれしくなって、売り場で目立つような場所に並べ替えたりしていました。ルール違反かもしれませんが、何名かの絵本編集者も同じようなことをしているらしいと知り、ほっとしました。

〈海外版「てのひら絵本」〉

まもなく、アメリカとフランスでも発売されました。英語版はクロニクル・ブックスの編集者、ヴィクトリア・ロックさんが日本語にこだわらず、絵を見てぴったりのテキストを作りました。

私はフランス語は読めませんが、フランス版については、至光社の絵本をはじめ、日本の本に興味を持っているグランディール夫妻のセンスを信用しました。1991年にはパリの書店で平台に並んでいましたが、なぜか背に全く文字が印刷されていません。グランディール社長に背文字がない理由を聞くと、「忘れちゃったのだよ。ハッハッハッ」が答えでした。「でも、お陰で平台に並べてもらっている」とにこにこしていました。シンガポールで製作するために、日本を経由せず直接TWPにテキストのフィルムを送って貰ったので、チェックしなかったのは、こちらの落ち度でもあったのですが、一緒に笑ってしまいました。

続いて1993年、メキシコの出版社、フォンド・デ・クルトゥーラ・エコノミカ（Fond de Cultura Económica）がスペイン語で出版したいと、三万セットを注文したのは思いがけなく、うれしいことでした。特に『ぼくとおれるよ』は、子どもたちが大喜びで、マリアッチの拍子に合わせて踊りだしたりして、CDまでつくる始末でした。きっと編集者の文章のリズムもよかったのでしょう。その後、メキシコの幼児教育に役立つからと、教育省の援助が出ることになり、追加注文が続き、現在でも売れています。

台湾（三暉《さんき》図書公司）、韓国（熊津出版）でも出版され、韓国では重版が続いています。

その後、三巻ずつ二回、五味太郎氏が同じく穴をテーマにした仕掛け絵本を作成してくださいました。『なにかいってるよ』『このゆびなあに』『つまんでごらん』『あながらにげた』『どこにはいろうかな』『つかんでごらん』が、六冊のタイトルで、合計九冊の五味太郎作「てのひら絵本」が刊行されました。

１９９４年のＪＦＣの決算では、この結果が反映され、累積赤字を解消し、黒字の決算書となりました。「なかなか事業家なのだね」と、ある社長から電話をいただきました。しかし、これも事業として「儲け」のために手がけたことではなく、たまたま編集者と話をしているときに、ヒントを得て手がけたことが、その案に賛成するよき著者と編集者、そして印刷会社の担当者に恵まれて実を結び、幸運をもたらしたものだと思っています。

〈ＪＦＣのロゴタイプ〉

レターヘッドも名刺も、ありきたりの文字のみのものを使用していましたが、会社のシンボルになるようなマークがほしいと思っていました。五味太郎氏に、ある日、恐る恐るＪＦＣの顔になるロゴタイプを作っていただけないかとお願いしてみました。

五味氏は快諾してくださり、船をモチーフにしたものなど候補作数点が届きました。そのなかから、現在のロゴタイプ、太陽が東西南北ににこにこ微笑を送っているような印象のデザイ

JFC
Japan
Foreign-Rights
Centre

ＪＦＣのロゴタイプ

ンを選ばせていただきました。ＪＦＣと英語のフルネームを組み合わせ、濃いワインカラーで印刷されると、しゃれた名刺とレターヘッドができあがりました。「謝礼はいいよ。どうせ、貧乏なんだろ」との申し出でです。それはＪＦＣへの何よりのプレゼントでした。ある社では、有名デザイナーに何億円という謝礼金を支払ったと聞いていたので、一体どのくらいの謝礼をすればいいのか、何年で返却するかを交渉しなくては、と秘かに思いめぐらしていたのです。五味太郎氏は、ＪＦＣにとって「足を向けて寝られない」お一人になりました。

ヨースタイン・ゴルデル著『ソフィーの世界』

春のボローニャ国際児童図書展開催の前日、スタンド設営日には、北欧をカバーするデンマークのエージェント、ＩＣＢＳの人たちと一緒に昼食をとることにしていました。小さなエージェント同士で協力し合いましょう、ということから、最終日に必ず会うのですが、お互いに忙しいので、前もって打ち合わせも兼ねての昼食を、という約束でした。

1994年4月、ボローニャでの昼食時に、ICBSのバージニア・アレン・イエンセンさんが、ノルウェイの高校の哲学教師が書いた小説がベストセラーとなり、それがスカンジナビア諸国に広がり、欧米の出版社にも権利が売れて評判になっている話をしはじめました。

「フィロソフィーから採ったソフィーという名の十四歳の女の子が『あなたはだれ?』と手紙を受け取るところからはじまって、その手紙の主との文通を通じて、ソフィーが哲学を学んでいく話なの」。私は、その昔「わたしはだれ? ここにわたしがいるのがふしぎ」などと母を困らせたことがあったのを思い出しながら、聞いていました。

テーマが哲学、日本で未知の作家、分厚い、ノルウェイ語、と〝四重苦〟を持った本が果たして日本で売れるかしら? と疑問を感じながらも、権利を買った欧米の出版社名を聞くと、日本でも売れるかもしれないと思いはじめていました。日本の二人の編集者の名前と顔が浮かんだので、ノルウェイ語版原本と、英、仏、独のいずれかの言語に訳された原稿があれば送ってほしいと依頼しました。

私が最初に見せた出版社は「内容は面白く、さすがに読者を飽きさせずに最後までひっぱっていく筆力があり、編集者としてはやりたいのだけれども、何しろ分厚いので営業では初版部数の見当もつかず、したがって定価が付けられないというので、残念だけどあきらめます」と、断ってきました。

二社目は、親しい編集者がたまたま不在で、他の編集者が検討を約束したので送りましたが、「哲学がテーマなのに、西洋哲学だけで、東洋哲学に言及されていないから」と、あっさり断ってきました。大人の本も子どもの本も出している総合出版社はいくつかあっても、編集者の顔がどうしても浮かんできません。

そこに、NHK出版局の編集者がぜひこの件で会いたいと出向いて来られました。すでにドイツ語で検討済みで、訳者も監修者も決まっていて大変乗り気でした。すぐに申しこみがあり、ノルウェイ語ではなく、ドイツ語からの翻訳に対しても許可が出て、とんとん拍子に話が進みました。

そういえば、フランクフルト国際図書展開催中に、書店で、週刊誌「シュテルン」でのベストセラー第一位という記事とともに、ドイツ語版『ソフィーの世界』（カール・ハンザー刊）が文字通り山のように積んであるのを見ていました。

編集長の猪狩暢子さん、翻訳者の池田香代子さん、監修者の須田朗氏との息の合ったコンビでの作業が着々と進み、1995年6月に日本版『ソフィーの世界』は市場に出ました。書店では、文芸書、哲学書、児童書の部門それぞれの平台に並べられ、書評も多く掲載され、一躍脚光を浴びました。

著者ヨースタイン・ゴルデル氏は夫人とともにNHK出版局に招待されて、高校での哲学の授業、一般人向け講演、テレビ出演、そして、書店業界の人たちを招いてのパーティーなど、さすがNHKと思わせる大々的なセールス・キャンペーンが展開され、あれよ、あれよと思う間にベストセラーリストに入りました。

パーティーでのゴルデル氏の一言が頭に残っています。「地下鉄に乗ったとき、電子立国日本の若者はコンピューターを開いているのだろうと思っていたが、活字を読んでいる人が多く見られた。人間の脳は、本と向き合っているほうが活発に動いている。これで、日本も大丈夫だと感心し、安心もした」。その本には漫画が入っていたかもしれませんが、とにかく日本人の読書の姿を見てくださったのは幸いでした。

やがて、ソフトカバーでも出版され、二〇〇万部に近いという、信じられないような部数が、九歳から九十六歳までの読者に売れました。JFCにとっては、「天からの贈りもの」でした。そして、発足時には恐らく期待されていなかった株主たちに、はじめての配当を出すことができました。しかし、その黒字の由《よ》って来《きた》るものが、本来の会社設立の目的である「著作権輸出」によるものでなかったことを、残念に思いました。

ノルウェイとのご縁

『ソフィーの世界』の日本での成功は、たちまちノルウェイの出版界で知れわたったらしく、当時晴海で開催されていた東京国際ブックフェアに出展するノルウェイの出版社が急増しました。何名もの編集者や版権担当者が来日し、大使館では歓迎パーティーが行われ、国を挙げてノルウェイの出版物キャンペーンがはじまりました。多くの推薦図書が英訳とともにJFCにも届きはじめました。「著作権の輸出」が本来の仕事であるからと、期間を六ヶ月に区切ってのみ扱うことにしました。しかし、二匹目、三匹目のどじょうは見つかりませんでした。

私は、ノルウェイ外務省から、同国の文化普及に貢献したとのことで招待を受けました。1996年のフランクフルト国際図書展の後、オスロに飛び、著者とともにパーティーや編集者の自宅への招待、出版社めぐり、ムンク美術館訪問など、オスロ市内の見学・観光に止まらず、ベルゲンへの汽車の旅、というプレゼントも用意されていました。

緑の美しい山並みを走る汽車は、左に滝、右に湖と絶景を見せながら走り、一気に下って乗船場に着きます。船は、素朴な村々を抱える入り江の小港を転々と寄って、私をベルゲンへと運んでくれました。いわば、通勤、通学のための公共乗り物のフェリーでした。港に近づいても、広告どころか港の名前さえも見受けられず、「自己主張」をせずに、村々が美観を保っているのが印象的でした。

韓国語版　塩野七生著『ローマ人の物語』ほか

新潮社の当時の編集者、伊藤貴和子さんから「韓国から申しこみが来たので、塩野さんの海外向け著作物の権利を扱ってほしい」と依頼があり、よろこんで引き受けました。

『ローマ人の物語』をはじめ、塩野作品の愛読者であるハンギル社の金彦鍋《キム・オンホ》社長は、すでにローマに著者を訪ねておられました。「韓国には西洋の歴史の好著がない。塩野さんの著書を通じて、韓国の読者に西洋の歴史に興味を持たせ、学ばせたい。日韓の人たちも竹島問題など些細なことに目くじらを立てたりしないで、もっと大きな気持ちを持ち、時空を超えて、古代ローマについて語り合うことで理解を深めてはどうだろう」と提案され、塩野さんはすでに応じておられました。

第一巻目は、1992年に韓国で出版されました。第九巻『すべての道はローマに通ず』からは、使用する図版の数が多くなっていたので、著者了解のもと、新潮社で新設された著作権部経由で交渉しました。図や写真は、すべて新潮社から、交渉相手の連絡先リストとともに提供されました。初版部数は巻数が増えるごとに多くなっていたので、それに応じてアドバンスの額も印税も上げました。

『コンスタンティノープルの陥落』など海の三部作、ルネッサンスに関する作品や、随筆も並行して出版が決まりました。とりわけ『ローマ人の物語』の出版に際しては、金社長によって積極的なプロモーションが展開されました。

中・高生に試読をさせて読書感想文を募り、入選者一〇名をローマの遺跡見物に案内し、さらにその体験を書かせて、識者の評論とともに一冊の本を作りました。読書会を催し、色刷りの立派なカタログを作成して書店に置き、口コミでも広がるような工夫もしました。

そして、1999年、塩野七生さんが日本に一時帰国の折には韓国に招待し、大学教授や歴史家、評論家を招いて朝食会、政財界人との会合、若い読者との討論会、各種雑誌、新聞、テレビが次々にインタビュー、と、朝から晩まで塩野さんのスケジュールは詰まっていて、自由時間が一切ないほどでした。韓国駐在のイタリア大使から突然のご招待もありました（塩野さんは2002年にイタリア政府から国家功労賞を授与されました）。

訳者の金碩嬉《キム・ソッキ》氏は、この作品群との出会いをよろこび、塩野作品を「歴史評説」と位置づけて評論もしておられ、「翻訳賞」を受賞されました。金社長の並々ならぬ努力で、韓国で塩野作品は大評判になり、通算二〇〇万部以上のベストセラー、そしてロングセラーになりました。

後日、私がたまたまプラハの空港で韓国人親子と一緒になったことがありました。一〇歳ぐらいの男の子は、弟と追いかけっこをしているのですが、右手には見覚えのある表紙の本が握られています。よく見ると『ローマ人の物語』韓国語版の一冊でした。母親に、「ほんとうにあの子が読んでいるのか」と聞いたところ、「今、一〇歳なのだが、塩野作品の大ファンで毎日のように塩野さんの本を熱心に読んでおり、いつも新刊が出るのを待っている」とのことでした。

日本では小学生が『ローマ人の物語』を読んでいるのだろうか？　読む知識はあっても、塾通いで時間がない、あるいは、他の魅力的なコミックだのお手軽な本やゲームなどに時間を使っているのかもしれないなどと、私はまだ幼さの残っているその子を目で追っていました。

シリーズが完結すると、ハンギル社では保存版として装丁を新しくし、豪華な箱に入れて、定価も上げてデラックス版を限定販売とし、しばらくしたら小型版でも出版したいと意欲的でした。

韓国以外の塩野七生作品

同じアジアでも、台湾や中国では、ハンギル社のような出版社は見つからず、結局、台湾では社会科学、歴史、辞典類など〝固い〟書籍をこつこつと売っている三民書局になりました。東京国際ブックフェアで社長や編集者と何度か会い、台湾でも同社を訪問して、同社の地道な出版方針に私は好感を持っていました。

塩野さんには、日本でいえば、岩波書店のような辞書なども出している重厚な出版社と伝えましたが、ある日、ローマの塩野さんから電話で叱られてしまいました。「あれはフィクションなのだから、小説をたくさん売るような出版社じゃなくてはだめなのよ」。そのことは十分承知しており、山岡荘八作品など歴史モノを出している出版社などに、売る努力はしましたが、どうしてもそのような小説を出している出版社の食指を動かすことができなかったのです。

ベストセラーにはならなくとも、ロングセラーとして売られることを願って選んだ出版社で、1998年から出版され続けています。

中国の出版社でも何社かに検討してもらいましたが、韓国のハンギル社のような考えを持つ出版社はありませんでした。

塩野さんが特に望まれたのは、英語版が出版されることでした。ある英国人翻訳者が、「遂にライフワークが見つかった」とよろこび、日本人の夫人も協力して翻訳したいと試訳を送ってきました。塩野さんご指名のロナルド・ドーア教授（英ロンドン大学政治経済学院名誉客員）にコメントをいただくと、「このような訳者を持つことができて、塩野さんは幸せだ」とのこと。塩野さんもよろこばれたのですが、直後にその方は出張先のチューリヒで急逝されてしまいました。

何年か後に、新潮社では『ハンニバル戦記』を選んで英訳し、ソフトカバーの見本を作成したので、フランクフルト国際図書展で展示し、英国の主な出版社に見せましたが契約には至りませんでした。中身を読む前に、著者が日本人とわかるだけで、拒否反応です。このような偏見を取り払うことがエージェントの務め、と闘志が湧きました。

しかし、たとえば「日本の古代や戦国時代の小説をイギリス人が書いても検討しますか？」と、日本の歴史を学んだある編集者から言われたりもしました。ギボンの『ローマ帝国衰亡史』があるから、いまさら、という編集者もいました。

他の英語国でなら可能性もあるだろうと、オーストラリアのハーパーコリンズ、シンガポールのタイムズなど、親しい編集者に薦めましたが、「日本の現代文学なら検討したいのだが」と、送り返されました。

アメリカの出版社で興味を持ちそうな編集者の顔は全く浮かんできません。協力エージェントのライターズ・ハウス、ツッカーマン氏も、「よし、自分が見つけてみよう」とは言いませんでした。

古代ローマで繰り返し行われていた戦争場面を、まるで見て来たように活写している塩野さんの筆力を強調したのですが、興味を持たせることはできませんでした。

中間報告を手紙で塩野さんに送りましたが、「ホンダの本田宗一郎社長は、本場のマン島にまで行ってバイクを売りこんで成功したのよ」と塩野さんの〝励まし〟もありましたが、そのご期待に添えなかったのは残念なことでした。今後、「マン島での買い手」が見つかることを祈るばかりです。

ボローニャ国際児童図書展の後、ローマに塩野さんをお訪ねしたことがあります。英語はもちろん、ラテン語、ギリシャ語、フランス語などの資料を読んでおられるとうかがっていたので、さぞかし多くの本が机に積み上げてあるだろうと思っていたのですが、広い机の上はきれいさっぱりとしていて、後の本棚に資料らしい本が整然と並んでいました。すぐに、机の上が乱雑になる私は、びっくりしました。

その上、もっと驚かされたのは台所の美しさでした。古代ローマ時代の由緒ある赤や緑の大理石を組み合わせて造られた矩形の大テーブルは、それ自体存在感があります。何一つ飾り物の類は置かれておらず、磨かれた大理石は見飽きることがないほどの美しさでした。台所の壁などに油や水の跡の一滴もついていない、そして台所用具など何もないすっきりした流し台、ガス台は、今まで見たことがありません。息子さんのためにも、油を使用する料理などもなさるでしょうに、なめるようにきれいなのでした。きっと頭のなかもこのように整理されているのだろう、と感心することしきりでした。

日本で社員や友人に自戒をこめてそのことを話していましたが、未だに私の机の上の乱雑さは変わることがありません。

鶴見良行著『ナマコの眼』韓国語版

塩野七生さんのお供で韓国に行ったときに、私にとっては思いがけない「拾い物」がありました。ソウルでの最後の晩に、塩野さんから各新聞社のソウル駐在員との会食ご希望があり、記者たちと夕食を囲みました。その折に、共同通信の記者から、『ナマコの眼』の韓国語訳をした人がおり、出版社の心当たりもあるのだが、扱ってほしい、と言われました。決して大きくはないが、たいへん真面目な本を出版している社とのことでした。直接その出版社の人と会う時間はありませんでしたが、よろこんでお引き受けしました。アジア諸国（アボリジニも含め）の海底に住むナマコの眼を通して、社会学、経済学なども織りこんだ民俗学的に大変価値ある出版物で、分厚いのに読み出すとすいすい楽しく読めたことを思い出しました。

著作権者の鶴見千代子さんも大層よろこばれて、筑摩書房刊の原書に用いてある写真を探し出してくださるなど、積極的に協力してくださいました。ところが、その出版社は、まもなく倒産してしまったのです。

韓国語訳の原稿だけは入手し、心当たりの出版社に打診したり、韓国の出版事情に詳しい舘野晳氏のご協力も得て、小さいながら真面目なプリマ・イパリ（「根と葉っぱ」の意）出版社を探し出すことができました。時間はかかりましたが、2004年にようやく出版されました。「このようなすばらしい本を出すことができて幸いです」というメッセージとともに韓国語版『ナマコの眼』が届きました。大きなナマコが銀色に輝いて浮き出し加工がされていて、ナマコの肌触り？ まで感じられるような表紙でした。写真も多く挿入され、編集者が心をこめて作製した本ということが感じられました。ベストセラー入りこそしませんでしたが、価値ある図書が、韓国で出版されたことを誇りに思いました。最初の出版社が倒産したニュースが伝わってきたときは、共同通信社の記者を恨めしく思ったりしたのですが、今では、感謝しています。

短編ではじまった筒井康隆作品海外版

最初に短編集を売りこむのは至難であることを以前に述べました（183頁「短編を紹介する難しさ」参照）。しかし、例外がありました。イギリス人のアンドリュー・ドライバー氏が筒井康隆氏の十三編を訳したので海外版の権利を扱ってほしいと、新潮社の編集者から電話がありました。筒井氏から、「シュバリエ賞の〝同窓生〟である栗田さんに、エージェントを」と、ご指名とのことです。

大作家、筒井康隆氏はすでに他のエージェントを持っておられると思っていたので、自己紹介はしても、「ＪＦＣで扱わせていただきたい」とお願いすることは控えていました。１９９７年パリでお目にかかったときのことです。

その年、パリでの国際図書展、サロン・ド・リーブルでは、「日本国」がテーマで、フランス文化省から何名かの日本人が叙勲されました。フランス著作権事務所の岡田幸彦氏は〝オフィシエ〟というランクの叙勲、そして、〝シュバリエ（騎士）〟は、筒井康隆氏のほかに、藤原書店の藤原良雄社長、講談社社長・野間佐和子さん（当時・故人）、三修社社長・前田完治氏（当時・故人）、当時の日本書籍出版協会理事長・渡邊隆男氏、ピキエ社社長フィリップ・ピキエ氏、そして、なぜか私が含まれていました。

パリのフランス文化省（フランス芸術文化勲章シュバリエ章の授与式会場）
にて筒井康隆氏と。1997年

筒井氏の場合は、『文学部唯野教授』（ストック社）と『時をかける少女』（レコール・デ・ロワジール社）がフランス語で出版されていましたが、「断筆宣言をして〝言論の自由〟を守った勇気ある行為」が叙勲の理由でした。

フランスの作品を日本に広めたのではなく、私の場合は逆で、日本の書籍をフランスに紹介したのです。何かの間違いではないかと戸惑っていましたが、ピキエ氏が、「日本文学をフランスで出版した僕が受賞するのだから、安心していいのだよ」と言ってくださり、胸をなでおろし、フランスの懐の深さに感謝しました。文化省大臣から賞状と勲章をいただき、面映い限りでした。そのことを覚えていてくださった筒井氏のご配慮に深謝して、エージェント契約を結びました。

「ドライバー氏は、平生から筒井作品が大好きで、抱腹絶倒して読んでいる」と、元子夫人の報告でした。十三編を訳したものの、一体誰に連絡して許可を得るのかわからずに、新潮社に問い合わせられたのです。

ドライバー氏が探した英国側のエージェントＡＮＡ（Andrew Neunberg Associates）の努力で、ロンドン郊外のアルマ・ブックス（Alma Books）が名乗りを挙げたとのこと、ちょうど、英国の業界誌「ブックセラー」で、同社がイタリア出身の夫婦で興した小さいながらユニークな出版リストを持っているという記事を読んでいました。短編集十三篇は、『ポルノ惑星のサルモネラ人間　他十二篇』と題して、２００６年に出版されました。次いで、アメリカ、ロシア、スペインが契約しました。

アニメ化で評判になった長編『パプリカ』は、英、米、露、西各言語に、チェコでは『ヘル』と『銀齢の果て』、ドイツでは『ヘル』と『おれの血は他人の血』など、欧米で延べ十八作品が出版、または成約されました。長編、中編に韓国、台湾からの申しこみが相次ぎ、アジアでも出版されはじめました。

「こんなに申しこみを受けてエージェントなしでは、どうして対処できただろうか」。筒井さんのメールは、いつも機智とユーモアに富んでいて、しかも、思いやりのあるものでした。勘違いで、約束時間に一時間も遅れたのに、お咎めはなく「天才は得てしてそのようなことがある」が私の謝り状へのお返事でした。

瀬戸内寂聴さん、イタリアでの受賞

2005年の10月、イタリアのアントネーラ・ノニーノさんという方から電話がかかってきました。イタリア北東部、トリエステ近郊のウディナという小村にあるグラッパの醸造会社創業者の長女と名乗り、瀬戸内寂聴さんに2006年度のノニーノ賞を差し上げたいのだが、出席することが条件である、との知らせです。

同社は、上質のグラッパで成功し、その収益で1975年来、社会的に貢献した人を対象に「ノニーノ賞」という国際賞を設けており、ジョン・アップダイクや、サー・V・S・ナイポールなどノーベル賞作家も受賞しています。作品ではなく、個人に、特に瀬戸内さんの場合は、日本各地での講演を含め社会的な貢献に対しての授賞であるとのことでした。

八十三歳（当時）になられても、執筆、講演活動をしてはおられるものの、イタリアまで一月の寒いときに飛んでくださるだろうか？　と不安でしたが、秘書の長尾玲子さんから、快諾との電話を受けました。

それからは毎晩決まって八時になると、アントネーラさんから事務所中に響き渡るような元気な声で電話がかかるのが日課になりました。

大雪やストライキに遭遇しながらも無事目的地に着かれ、大きな酒樽が並ぶなか、授賞式で、サー・ナイポールが瀬戸内さんへの授賞のスピーチをされました。サー・ナイポールが言及されたのは、イタリアで出版された『比叡』（2004年）や『女徳』（2005年）ではなく、『美は乱調にあり』でした。もう三〇年以上も前に、新潟大学の教授訳で、タトル商会から英語で出版されたことを瀬戸内さんは思い出されました。「……最も先鋭的な感覚を持った仏教者の一人で、『静寂を聴くことを成し遂げた』」と、サー・ナイポールは賛辞を述べておられます。

伊藤野枝をはじめ、大杉栄、そして当時の「青鞜」の女性たちのことが描かれた本などは、ごく少数の人が関心を持つだけだろう、と思いこんでいたのは私の偏見でした。きちんと読みこんでいた小説家がいることだけでも驚きです。瀬戸内さんは、「気配りの行き届いた歓迎で、思わず阿波踊りまで踊ってしまったのよ」と、成田に着かれたばかりというのに、とてもうれしそうに弾んだお声で、ご報告くださるのでした。

ノニーノ家は、特別の葡萄を育てて上質のグラッパのみを造り、広告宣伝は一切せず、国際賞を出すことでそのプレスティージを保ち、同家の母親と三姉妹が役割分担を決めてノニーノ賞を運営しているとのことです。

瀬戸内さんのイタリアの出版社、ネリ・ポッツアが、その直後『夏の終り』（2006年）を出版し、推薦した『京まんだら』上・下の出版を決めました。それは、私が在任中の最後の契約となりました。

海外出版人八名の訪日

国際交流基金の藤井宏昭理事長（当時）から、海外との出版文化交流を推進するために、実務の上で大切なことは何か、なんでも話すようにと、発言の機会を与えられたので、率直に意見を述べました。1999年の秋です。部署の垣根を取り払って協力し、海外出版社の編集長クラスの人たち、とりわけ日本の著作物を出版しながら、日本を知らない人たちを招いていただくのが有効な文化交流になる、と進言しました。

すぐに反応があり、私は一年に一名のつもりで話したのが、一〇名を一年後の2000年秋に招きたい。訪日経験のない人で、出版の決定権を持つ社長か、編集長クラスから人選を、との依頼でした。

未来の子どもたちに日本文化の認識を高めるために、児童書の編集長も含めるように、とのことで、児童書出版社はミネアポリスのラーナー・グループの社長アダム・ラーナー氏を推薦しました（創業者で会長のハリー・ラーナー氏はすでに何度か来日していました）。

後は、文芸出版社で、国際交流基金の支部の推薦も含め、アメリカからグローブ・アトランティックのモーガン・エントレキン社長とハーコート・ブレイスのシニア・エディター、ドレンカ・ウィレンさん、イギリスはフェイバー・アンド・フェイバーのジョン・ライリー編集長、イタリアはフェルトリネッリのモニカ・ランディ・セーグレ著作権部長、フランスはル・セルパンタ・プリュムのピエール・アステア編集長、ドイツはＤＶＡのヴェルナー・ローレンス文芸編集長、カナダからレインコート・ブックス、ジョイ・ググラー文芸編集長の八名が、２０００年11月に日本に招待されました。

レセプションにはグローブ・アトランティック社で大江健三郎氏の作品も出版しているため、大江氏も出席、奥泉光氏の『石の来歴』が英、仏、独版で出版されていることから、それぞれの編集者が各言語で同じ箇所を朗読、奥泉氏はフルートの演奏で感謝を表現しました。島田雅彦氏は新作の詩を日本語と英語で披露して、来日した編集者をよろこばせました。

『彼岸先生』（島田雅彦著）は、セルパンタ・プリュム社が契約、フランス語に翻訳中でした。

「羽をもつ蛇《セルパンタ・プリュム》」と、一風変った社名は、メキシコのアステカ遺跡を見物しているときに、「出版社を興せ」という神の啓示があり、パリに戻ると画廊を辞めて出版社を興し、社名もアステカの神話にちなんだものに決めた、とのことです。ムック形式で日本の作家の短編集を月刊で出すなど、アステア氏は日本語からの翻訳者たちの協力で、日本の作品に主軸を置いた小出版社の社長です。同社は、その後ロシェ社に吸収されましたが、島田作品は、旧社名のインプリントで無事出版されました。

海外出版人のために、大手出版社や印刷会社、取次への訪問、京都や奈良への小旅行が企画され、至るところで八名から感嘆の声が洩れました。個別に出版人や作家との懇談も組みこまれました。

しかし、ハイライトは、日本各社の文芸書・文芸誌の編集長たち、児童書出版社社長たちとの、そして、在日の日本語から海外言語への翻訳者たちとの、二つのシンポジウムでした。

欧米と日本の出版事情のちがいについての意見交換が行われました。日本のように多くの文芸誌が出版され、新人賞など登竜門が用意されている国はなく、驚きと羨望を持って受けとめられました。

一方、日本では作家と出版社の間で「紳士協定」のようなものしかなく、契約書が存在しない場合が多く、一人の作家の作品が複数の出版社から出されることが、不思議がられました。そのために、どこの誰に問い合わせれば、ある作家の翻訳権の情報が得られるのか、日本の出版社に著作権を海外に輸出する部門がないために、翻訳される作品が少ないのではないか、という指摘もありました。この辺りに、日本のエージェントの果たすべき役割が大きいのではないかと思いました。

豊田と東京でのシンポジウムの時と同様、翻訳者の地位が欧米では低く、報酬が少ないばかりか、名前が表紙に印刷もされていない実状が翻訳者から報告されました。

今回の招聘事業で、著者や出版人たちと直接会い、お互いの理解を深め合うことができ、日本の作品に対する関心と理解が深まったことは確実で、日本で自分の体験したことは、今後の仕事に大きな影響を及ぼすことだろう、と口々に語っていました。

「ダイアリー・オブ・アイドルネス」って、何のこと？　天龍寺の境内でパンフレットを見ながら尋ねたのは、ドレンカ・ウィレンさん。「兼好法師という昔のお坊さんが書いたエッセイだけど、内容は午後まで待っててちょうだい」と答えました。その午後、京都の町家にお住まいの杉本秀太郎氏のお宅を見学させていただくことになっていたからです。杉本先生は『徒然草』の一節を朗々と誦してくださり、それを若い女性通訳がわかりやすくみごとな英語にしてご披露、一同大喝采でした。

石庭の裏の池に、紅葉が一葉はらはらと落ちる美しさに感動して、アメリカの夫人に思わず電話で報告をしたアダム・ラーナー氏は、「『だから、どうなの？』と言われてがっかりだ。日本に妻を連れてこなくては」とつぶやいていました。

八名の出版人は、それぞれに「わたしの日本」を見つけ、ビジネス以外に、日本からのおみやげを持ちかえりました。

天から授かった休暇

１９９９年6月に、私は左腎臓摘出手術という思いがけない事態になりました。麻酔から醒めると、執刀医の丸い顔が口を開きました。「栗田さん、癌でしたよ。腸詰のように太いのが七センチ、びっしりでしたが、全部取りました。左腎臓と尿管、念のために膀胱の一部を摘出しました。二週間で退院できますからね。よかったですね」。まるで他人事のように聞いている自分がいました。

「二週間で退院できる」を励みに、翌日からリハビリに励んでいましたが、一〇日目の病理の結果がステージ4と言われ、抗癌剤治療を2クール受けることになりました。血管が細いために、予定より多い時間を要し、結局六月初旬から四ヶ月の「休養」となりました。幸いなことに副作用はほとんどありませんでした。

"What Cancer Cannot Do"（Creators Syndicate 1996）という一編の詩は、乳がんを克服された今村廣・みね子ご夫妻の末娘さんの冷蔵庫に貼ってあったと、みね子さんがワシントンD.C.から、持ち帰ってくださったものです。それを、「癌のやれへんこと」と題して関西弁に訳して病室の壁に貼り、励みの一つにしました。

それまでは、考えるより前に走ってしまうような毎日でしたから、「天から授かった休暇」と自分に言い聞かせ、静養に励み、将来のことを考えることにしました。後継者をどうするかが、差し迫った課題でした。

文芸書の担当者がほしく、挨拶、礼儀、自制心と思いやり、など人間として基本的な条件のほかに、好きな作家と作品がある、人間が好き、好奇心がある、英語の基礎知識がある、日本語がきちんと表現できる、そのような人ならいるにちがいないと、少し前から面接もしていましたが「帯に短し襷《たすき》に長し」で、「これという人」には巡り合えていませんでした。

退院までに結論は出せませんでしたが、最終的には、日本ユニ・エージェンシーに統合されることも、宮田昇氏への恩返しにもなるかもしれず、選択肢の一つでした。

前章で記した国際交流基金からの「ヒアリング」は、退院後間もないことで、自分の仕事で手一杯の社員には、文芸関係の仕事を割り振ることができませんでした。私自身は、仕事復帰はしていましたが、五臓六腑の一つを取ったので、体調を整えることに専念しました。

「出版人招聘事業」は、当時「日本の100冊翻訳の会」事務局長の戸谷美苗さんの知識と経験に頼ることにしました。戸谷さんは、積極的に、しかもきめ細かく目配りをして、シンポジウムの司会もこなしてくださいました。海外から出版人八名の招聘事業は、国際交流基金関係者の全面的な支援に加え、戸谷美苗さんの活躍が成功に導いたと思います。

ナショナル・エージェンシーからの脱却

入院中に考えたことの一つに、財務を根本から見直すことがありました。

文芸書、児童書、一般書、コミックの四部門に分けて、それぞれ独自に責任者（エージェント）として選本、交渉、契約、管理までを任せていました。コミックが効率的に利益を上げていましたが、人を増やすほどの「実力」はまだないと、求人は逡巡していました。そのような時に、社長としては将来にかかわる大きな決断を迫られる、小さなきっかけがありました。

何度も、役員と社員で会合を持ち、意見も聞いた挙句、社員の反対を承知で、コミックのみを扱うエージェントとして鹿嶋明を独立させることにしました。２０００年10月で退社した鹿嶋明氏は、㈲鹿嶋国際著作権事務所を設立しました。

それより少し前、アメリカ、ジョーン・デイヴス・エージェンシーの創立者、ジョーン・デイヴスさんの訃報が「パブリッシャーズ・ウィークリー」に載りました。ギュンター・グラスなど、ノーベル賞作家をも擁した良心的なエージェントです。ご自身の年齢で区切りをつけ、ライターズ・ハウスに身売りをしていました。「ジョーン・デイヴスは選択眼があり、質のよい文芸書を扱うことで一目置かれていた」とその訃報にあり、自分が死んだときは、このような訃報で締めくくられたい、と思いました。コミックをＪＦＣから離す決断に至った理由の一つです。

また、取次、印刷会社も著作権を扱うようになった時代に「ナショナル・エージェンシー」を標榜してデパートのように何でも扱うのではなく、扱うジャンルを特化して「専門店」をめざしてもよいのではないのか、との考えも持ちました。設立時には、日本で専門には手がける人がまだだれもいなかった「著作権の輸出」なので、国を代表する「ナショナル・エージェンシー」を志したのですが、周辺の状況はすっかり変わっていました。

アジア諸国の著作権事情の変化で、それまで関心のなかった人たちがコミックの「版権輸出」を手がけはじめ、日本で売れた本を〝商品として〟扱うようになっていました。他のエージェントも「著作権の輸出」を扱いはじめています。

裾野が広がりはじめたことで、自分がライフワークとして着手した仕事は、若い世代に引き継がれたとしよう。もしＪＦＣで文芸書を扱う人間がいなくても、たとえば「児童書専門」となってもいいではないか。そうして生き残っていくことも一つの選択肢かもしれない、と思いはじめていました。いずれにせよ、自分の扱った作品の管理は本が売れている限り続き、財産として引き継がれるのですから。

後継者へのバトンタッチ

写真集『マザー・テレサ 愛はかぎりなく』（1997年、小学館刊）は、吉田ゆりかが扱い、1998年に英語、スペイン語、イタリア語の三言語版の共同出版が成立しました。吉田は小学館の編集者とともにシンガポールの印刷会社TWPに製作管理のため出張しました。沖守弘氏は、カルカッタを訪問してマザー・テレサの無償の行為に感銘し、写真を撮り続けてこられた写真家です。沖氏の熱意と努力が実り、ミラノを皮切りに、バルセロナ、マザー・テレサの出身地であるスコピエ（マケドニア）で写真展が開催され、沖氏も訪問してメディアにも採り上げられ、大評判になりました。日ごろから、自分の担当でなくても、やりたい企画、作家があれば、手がけるように、と言っており、今回は吉田が積極的に動いた仕事で、歓迎すべきことでした。

このような経験も積み、吉田はチャイルド本社の要請を受け、幼稚園で使用される大型絵本、日本版の製作管理をシンガポールで行い、数年間重版も続きました。文芸書では、江國香織、辻仁成両氏の作品など、若い世代に属する作家の作品を、韓国などアジア諸国に対して扱うようになっていました。また、財務関係の仕事も率先して行い、貸借対照表の他に、部門ごとの分析表を作成して、業務に役立てるようになりました。2004年11月には、吉田ゆりかを専務取締役、2007年11月には私の後継者として代表取締役社長に選任しました。

しかし、二本柱の一本になると思っていた阪井春美が2005年9月に退社したのは、想定外の事でした（翌年、阪井春美さんは、酒井著作権事務所に入社し、2010年に同社の社長になりました。

ＪＦＣ在職中に、日本ユニ著作権センター主宰のセミナーで著作権についても十分学習し、図書展の経験もしています。「ＪＦＣ卒業生」の出世はよろこぶべきことでした）。

アジアでは、特に韓国で「雨後の筍のように」多くなっていたエージェントとの取引を整理し、同国と台湾のパートナーを各一社選んで協力関係を結び、効率的に業務を進行する体制づくりも、吉田が敢行しました。

吉田の社長就任も自然の成り行きで、もはや文芸書担当者を新規に採用することを、私は諦めていました。フランクフルト国際図書展の帰途の汽車で亡くなったイギリスの出版社社長、帰国後心臓麻痺で急死したスペインのエージェント社長、休日に出勤して自室で事切れていたドイツの著作権責任者など、「名誉の戦死」をした出版人の例もあります。

然るべき後継者が出なかったら、私はいつまで働くことになるのだろうか？　との思いで、事務所近くの「シニア・ハウス」を探したこともあります。しかし、こんな小さなエージェントを引き継ごうと思う人間がいることだけでも感謝しなくてはなりません。

私は、いったん去ると決めたからには、すべて後継者に任せることでよしとしました。内外の二代目社長たちから、「オヤジが未だに口を挟んでくるんだ」などと聞かされていたので、そのようにはなるまい、と思いました。売りたいと努力しても売れなかった作品も多くあって心残りですが、どこかで区切りをつけなくてはなりません。黒字のときにバトンタッチできることは幸いでした。

思えば、1970年にニューヨークの出版社、エージェントめぐりにはじまり、㈱日本ユニ・エージェンシーで著作権関係の修行、㈲栗田・板東事務所の設立、同社を㈱日本著作権輸出センターに改組、と「日本の心の輸出」を志してから、三十八年の年月が経っていました。長いようで短かかった年月でした。

事業としては小さなままで、大きくする努力はしませんでした。タイや中国で共同でエージェントを興そうと或る社からの呼びかけもありましたが、お断りしました。その国のエージェントが育つべきだと思っていましたから。地道ながら一筋に歩き続けました。その間、あわやと思うときに何度「誰かに」助けられたことでしょう。株主や、内外出版界の友人たちからの叱咤、激励、援助、協力を得て、何とか「著作権輸出への長い道」が切り開けたように思います。不思議なことに、マイナスの〝事件〟があると、それを補ってあまりあるようなことが何度かありました。そのたびに、「誰かに守られている」と感謝していました。

お世話になったすべての方々をお招きすることはできませんでしたが、翌年二十五周年を目前に、2008年9月、「㈱日本著作権輸出センター 感謝の会」を東京會舘で持つことができました。株主や何名かの著者の出席のもと、ささやかな会でしたが、海外の協力エージェント、そして国内で支えてくださった方々から、心のこもった祝辞をいただきました。2007年の海外翻訳出版契約数は八〇六作品、創業以来の累計契約作品数は一万三〇〇〇作品を超え、交渉国は四〇ヶ国になっていました。

本を〝商品〟とせず、人格ならぬ〝本格〟を大切に、後輩たちがその一筋の道を、さらに歩み続けていくことを願うばかりです。

文化交流ということ

社長職を退いてからの一度（サンパウロ）を含め、出版文化国際交流会（PACE）から、国際図書展に、会員社として四回派遣される光栄に浴しました。

グアダラハラ（メキシコ 1991年）、ニューデリー（インド 1998年）、テッサロニキ（ギリシャ 2007年）、サンパウロ（ブラジル 2008年）で、いずれもはじめて訪れる都市で貴重な経験ができ、仕事に繋がる人脈を得ました。

グアダラハラでは、最小の一コマのブースで、英語版の日本の庭、美術、料理などの豪華な図版本を中心に、語学書、絵本、ビジネス書、文学、一般書が、ところ狭しと並べられました。まるで、日本文化の豪華な「ショウ・ウィンドウ」です。

大勢の入場者が訪れましたが、売って欲しいという要望に応えることができません。いわば国費（外務省直轄の国際交流基金からPACEを通じての）ではお金儲けができないから、そこで本を売れないのです。日本語を学ぶ人たちが大勢訪れましたが、彼らは語学書がほしいので、展示本が入手できないと知り、がっかりしていました。何とか解決する方法はないか、とメキシコ・

小川洋子さん、河野多恵子さん、松浦理英子さんと。
日本著作権輸出センター感謝の会にて。2008 年

シティーの本屋に注文する方法を教えました。現物が目の前にあるので、お小遣いで買おうという気持ちになるものを、わざわざ注文して何週間も待って入手するのは面倒だという声もありましたが、それ以上の方法はありません。図書展終了後に、私はその書店に立ち寄り、注文を受けるよう依頼しました。女性店主は快く応じてくれましたが、果たして買い手の気持ちがそこまで動いたかどうかは不明です。

このような事象は、他の図書展でも同様に起こりました。グアダラハラ国際図書展の日本のお隣、中国のブースでは、日本の約一〇倍の広さで中国図書輸出入公司が出展しています。決して上質の紙ではありませんが、安い値段でスペイン語に訳した絵本を、どんどん売っていきます。それを横目に見て、「文化交流」の目的は、あちらのほうが勝っている、と羨ましく思いました。ニューデリーでも、テッサロニキでも各国のブースでは、要望に応じて、本を売っていました。

サンパウロでは、業者が日本のスタンドに小スペースを持ち、注文に立ち寄る読者の姿が多く見られました。そのような時に限って、日本から送られた図書の数が少なく、展示の書棚にゆとりがありました。「日伯交流一〇〇周年」で、日本がテーマ国に選ばれたため、例年より多くのスペースを用意されたのかもしれません。「サンパウロ方式」が、他の国際図書展でも採用されれば、今後は、文化交流が効果的に行われると思います。多分、派遣された他の方々も同じような感想を持たれたのではないでしょうか。

あとがき

自分では思いがけなく長い今までの人生を、一言で表現すれば、「面白かった」であろうか。好奇心の赴くままに、ここまでたどり着いたような気がする。最初から確たる目的を持っていたわけではなく、自分の置かれた環境から無理をすることなく、ここまできてしまった。「自由」があったからにほかならない。

父がいたら、許されることはなかった単身での上京が、最初の「冒険」、そして二度目は海外旅行、それも一年間だれに縛られもせず、すべてをその時々の流れに任せて一枚の木の葉のように漂った。三つ目の「冒険」は、独立して「著作権輸出」専門のエージェントを設立したことである。凪もあり嵐もあったが、いつか木の葉が小船となり、その帆に風が吹いてきてめざすゴールに達したように思う。

その間、実に多くの経験をすることができた。「なんのためにこんなまどろっこしいことをしているのだろう?」孤独のなかでそう思ったこともある。非効率とも思える、かたつむりのような歩み。しかし、通ったあとの航跡は、真直ぐではないが確かについていた。「千里の道も一歩から」は、友人からの励ましであった。

いろんな出遭いに恵まれた。タイム社の北岡靖男氏、未来社の西谷能雄氏、日本ユニ・エージェンシーの宮田昇氏、こぐま社の佐藤英和氏、安野光雅氏、五味太郎氏、そして数多くの作家、出版人、図書館関係者、伊藤忠やタイム社時代の友人たち、旅の先々で新しく出遇った人たち……数えればきりがない。そのうち、多くの方々が鬼籍に入られた。四〇年の長さを思う。陰に陽に支えてくださったすべての方々に心からのお礼を申し上げる。

アンドレ・シフレン氏を出版界の有志で招いて講演やシンポジウムを行うなど、思い出深い行事もあったが、「著作権の輸出」とは直接関係がないことは省かざるを得なかった。

自分が育ててきた㈱日本著作権輸出センターを後継者の吉田ゆりかに譲る機会に、簡単な社史を、〝著作権の輸出〟をした図書のリストとともに関係者に配りたいと考えていたが、諸般の事情で叶わなかった。社史は、第三者に書かれるべきだが「個人史」のようなものならいいのではないか、と役員からの声があった。

そこに、出版ニュースの清田義昭氏が、今までのことを回顧して連載を、と声をかけてくださった。月一度二十四回とのことだったが、全体の構想を立てないままに書きたいことを書きはじめてしまったため、二十四回では収まらず三〇回に延ばしていただいた。

晶文社の倉田晃宏氏から、思いがけず単行本に、と申し出ていただき、清田氏の許諾を得て、この出版の運びとなった。お二人と、この出版に努力してくださった晶文社の皆様に感謝申し上げる。

装丁を引き受けてくださったクラフト・エヴィング商會の吉田篤弘・浩美ご夫妻にも、心からお礼を申し上げたい。シンプルで洗練された仕上がりとなり、私は、平塚らいてうたち、ブルーストッキングの一員になった気分である。

２０１１年10月吉日

栗田明子

※本書は、「出版ニュース」（出版ニュース社発行）において二〇〇九年一月〜二〇一一年六月にわたり掲載された稿を加筆修正のうえ、単行本にまとめたものです。

参考文献

ベッティーナ・ヒューリマン『子どもの本の世界　３００年の歩み』（野村泫 訳、福音館書店、１９６９年）
赤石正『アメリカの出版界』（出版同人、１９７４年）
西谷能雄『預金者の論理と心理　一出版人の銀行関係論』（未来社、１９８１年）
栗田明子『ゆめの宝石箱』（国土社、１９８６年）

Charles A. Madison, *Book Publishing in America*, McGraw-Hill, 1966
Eugene Exman, *The Brothers Harper A Unique Publishing Partnership and its Impact on the Cultural Life of America from 1817 to 1853*, Harper & Row, 1965
Eugene Exman, *The House of Harper – One Hundred and Fifty Years of Publishing*, Harper & Row, 1967
Robert T. Elson, *TIME INC. - The intimate history of publishing enterprise 1923-1940*, Atheneum, 1968
Robert T. Elson, *The World of Time, Inc. – The intimate history of publishing enterprise 1941-1960*, Atheneum, 1973

Bennett Cerf, *At Random – The Reminiscences of Bennett Cerf,* Random House, 1977

Roger Burlingame, *Endless Frontiers THE STORY OF McGRAW-HILL,* McGraw-Hill Book Company, Inc., 1959

Clifton Fadiman, *Fifty Years BORZOI BOOKS 1915-1965 A Retrospective Collection,* Alfred A.Knopf, 1965

Sixty Photographs by Alfred A. Knopf To celebrate the sixtieth anniversary of Alfred A. Knopf, Publisher, 1975 (booklet)

Bettina Hürlimann, *Seven Houses - My Life with Books,* The Bodley Head, 1983

索引（人名篇）

【ナ行】

【ハ行】

索引（社名他篇）

著者について

栗田明子（くりた・あきこ）

甲南女子高校卒業後、商社、外資系商社、出版社を経て、著作権代理店、日本ユニ・エージェンシーに勤務。一九八一年、日本の著作物を海外出版社に仲介する専門の著作権代理店㈲栗田・板東事務所を設立。ケルンを本拠に三年間欧米出版社を訪問して日本の図書を紹介。一九八四年同社を発展的に解消して㈱日本著作権輸出センターを設立し、二〇〇七年同社代表取締役社長を退任、現在同社相談役。

著書に『ゆめの宝石箱』（国土社）、『オーディオ方式英文速記入門』（研究社出版）。

共著に『バリアを越えて』（岩崎書店）。

翻訳書に絵本『ゆうびんきょくいんねこ』（筆名あしのあき、ほるぷ出版）など。

海《うみ》の向《む》こうに本《ほん》を届《とど》ける
著作権輸出《ちょさくけんゆしゅつ》への道《みち》

二〇一一年一一月一五日初版

著者　栗田明子
発行者　株式会社晶文社
東京都千代田区神田神保町一－一一
電話（〇三）三五一八－四九四〇（代表）・四九四二（編集）
URL http://www.shobunsha.co.jp
ダイトー印刷・ナショナル製本

ISBN978-4-7949-6770-1 Printed in Japan